Contabilidade Aplicada ao Setor Público

O GEN | Grupo Editorial Nacional – maior plataforma editorial brasileira no segmento científico, técnico e profissional – publica conteúdos nas áreas de ciências sociais aplicadas, exatas, humanas, jurídicas e da saúde, além de prover serviços direcionados à educação continuada e à preparação para concursos.

As editoras que integram o GEN, das mais respeitadas no mercado editorial, construíram catálogos inigualáveis, com obras decisivas para a formação acadêmica e o aperfeiçoamento de várias gerações de profissionais e estudantes, tendo se tornado sinônimo de qualidade e seriedade.

A missão do GEN e dos núcleos de conteúdo que o compõem é prover a melhor informação científica e distribuí-la de maneira flexível e conveniente, a preços justos, gerando benefícios e servindo a autores, docentes, livreiros, funcionários, colaboradores e acionistas.

Nosso comportamento ético incondicional e nossa responsabilidade social e ambiental são reforçados pela natureza educacional de nossa atividade e dão sustentabilidade ao crescimento contínuo e à rentabilidade do grupo.

JOÃO EUDES BEZERRA FILHO

Contabilidade Aplicada ao Setor Público

Abordagem objetiva e didática

3ª Edição

✓ Atualizado com as Normas Brasileiras de Contabilidade do CFC (Convergidas com as IPSAS/IFAC) e o Manual de Contabilidade Aplicada ao Setor Público (MCASP) da STN

✓ Questões selecionadas ao final de cada capítulo

- O autor deste livro e a editora empenharam seus melhores esforços para assegurar que as informações e os procedimentos apresentados no texto estejam em acordo com os padrões aceitos à época da publicação, *e todos os dados foram atualizados pelo autor até a data da entrega dos originais à editora.* Entretanto, tendo em conta a evolução das ciências, as atualizações legislativas, as mudanças regulamentares governamentais e o constante fluxo de novas informações sobre os temas que constam do livro, recomendamos enfaticamente que os leitores consultem sempre outras fontes fidedignas, de modo a se certificarem de que as informações contidas no texto estão corretas e de que não houve alterações nas recomendações ou na legislação regulamentadora.

- Data do fechamento do livro: 30/03/2021

- O autor e a editora se empenharam para citar adequadamente e dar o devido crédito a todos os detentores de direitos autorais de qualquer material utilizado neste livro, dispondo-se a possíveis acertos posteriores caso, inadvertida e involuntariamente, a identificação de algum deles tenha sido omitida.

- **Atendimento ao cliente: (11) 5080-0751 | faleconosco@grupogen.com.br**

- Direitos exclusivos para a língua portuguesa
  Copyright © 2021, 2024 (3ª impressão) by
  Editora Atlas Ltda.
  Uma editora integrante do GEN | Grupo Editorial Nacional
  Travessa do Ouvidor, 11
  Rio de Janeiro – RJ – 20040-040
  www.grupogen.com.br

- Reservados todos os direitos. É proibida a duplicação ou reprodução deste volume, no todo ou em parte, em quaisquer formas ou por quaisquer meios (eletrônico, mecânico, gravação, fotocópia, distribuição pela Internet ou outros), sem permissão, por escrito, da Editora Atlas Ltda.

- Capa: Rejane Megale

- Editoração eletrônica: Luciano Assis

CIP-BRASIL. CATALOGAÇÃO NA PUBLICAÇÃO
SINDICATO NACIONAL DOS EDITORES DE LIVROS, RJ

B469c
3. ed.

Bezerra Filho, João Eudes
Contabilidade aplicada ao setor público : abordagem objetiva e didática / João Eudes Bezerra Filho. – 3. ed. – [3ª Reimp.] - São Paulo: Atlas, 2024.

Inclui bibliografia e índice
ISBN 978-85-97-02665-8

1. Contabilidade pública – Brasil. 2. Contabilidade – Normas – Brasil. I. Título.

21-69826   CDD: 657.610981
                                            CDD: 336.13:351

Meri Gleice Rodrigues de Souza – Bibliotecária – CRB-7/6439

SOBRE O AUTOR

João Eudes Bezerra Filho é doutor em Ciências Contábeis e Administração pela FUCAPE Business School, mestre em Ciências Contábeis pela Faculdade de Economia, Administração e Contabilidade da Universidade de São Paulo (FEA/USP), com graduação em Ciências Contábeis e pós-graduação *lato sensu* em Contabilidade e Controladoria Governamental pela Universidade Federal de Pernambuco (UFPE) e graduação em Engenharia Mecânica pela Universidade de Pernambuco (UPE).

Auditor de Controle Externo do Tribunal de Contas do Estado de Pernambuco (TCE-PE) e professor assistente da FUCAPE Business School – Espírito Santo. Consultor e autor de artigos e livros de Contabilidade, Orçamento e Custos no Setor Público.

e-mail: joao@fucape.br

PREFÁCIO

Pode parecer estranho para alguns, mas quando manuseio um livro em vez primeira, procuro pensar sobre o que está nos bastidores, ou seja, no que ali parece estar oculto, mas é indispensável, no que o sustenta, tornando-o concretamente possível.

Compliquei? Logo me apresso em explicar.

Tenho aqui em minhas mãos o livro *Contabilidade aplicada ao setor público: abordagem objetiva e didática*. Eu poderia achar que era mais um dentre tantos livros que tratam da contabilidade. Seria o caminho natural, não é mesmo? Mas, para mim, a resposta é não.

Antes de ler um livro, busco a peça-chave, o personagem que parece secundário, mas que de fato é o principal: o seu autor. Quero, assim, saber de sua história, de sua origem, do que o torna especial a ponto de me fazer acreditar que eu irei me deliciar com o seu livro ou que sua leitura me será crucial.

Fui mais claro agora?

O fato é que este livro ao qual me refiro, e que você, caro leitor ou cara leitora, terá o prazer de ler, sem o menor semblante de dúvida, é obra de um pequeno grande pernambucano da área pública, meu amigo João Eudes. Pequeno no tamanho, mas grande na capacidade, no talento e na dedicação ao aprimoramento da contabilidade aplicada ao setor público.

Aliás, falar em Pernambuco, por si só, já me traz grandes recordações. As lembranças são sempre as melhores possíveis. Não era à toa que Clarice Lispector, uma das poetisas que mais admiro, embora ucraniana de nascença, se considerava uma pernambucana.

Mas, ao falar do Leão do Norte, como esquecer Nelson Rodrigues, Gilberto Freyre, Chico Science, Alceu Valença, Luiz Gonzaga, Romero Britto, dentre tantos outros nascidos na terra do frevo e do maracatu?

Pois é, querido(a) leitor(a), João Eudes, assim como seu conterrâneo Chacrinha tão bem sabia, entende que "quem não se comunica, se trumbica" e, por isso, quando o tema é contabilidade, se expressa, de forma clara e descomplicada, sobre aquilo que tem toda a propriedade para escrever.

Neste livro, João Eudes não poderia se portar de maneira diferente. Aqui, mais uma vez, trata a contabilidade de modo simples e objetivo, pois reúne a experiência de quem faz e de quem audita, visto que, além de professor, palestrante renomado, é auditor de contas públicas do Tribunal de Contas do Estado de Pernambuco.

Como ninguém é perfeito, torce de forma fiel e aguerrida pelo Santa Cruz, de todas "as alegrias e tristezas".

Não por coincidência, mas sim por muita competência, é também professor universitário e auditor de controle externo do Tribunal de Contas do Estado de Pernambuco (TCE-PE) e pertenceu ao grupo assessor da área pública, junto ao Conselho Federal de Contabilidade (CFC), que editou as primeiras normas brasileiras de contabilidade aplicadas ao setor público brasileiro (2010). Esse grupo ao qual pertenci, sem dúvida, modificou a contabilidade pública no Brasil.

Tendo feito as considerações necessárias sobre o autor e sua origem, que tal saber um pouco do livro no qual, em breve, você terá o prazer de se aprofundar?

Este é um livro que possui uma parte teórica, tratada com a experiência de quem sabe, porém cujo texto é enriquecido com compilações de questões objetivas de concursos, às quais o autor, humildemente, chama de "provinhas".

Saliento a importância do Capítulo 4, que versa sobre as demonstrações contábeis aplicadas ao setor público, em que, com maestria, são apresentadas as inovações introduzidas pelo CFC e pela Secretaria do Tesouro Nacional (STN), mostrando como elaborá-las.

É bom conviver com João Eudes como profissional, mas melhor ainda é poder desfrutar dos seus ensinamentos ora materializados neste livro. Posso afirmar, com certeza, que será uma referência na contabilidade pública.

Por isso, leia, releia, deguste, use e abuse sem medo de errar!!!

Contador Inaldo da Paixão Santos Araújo
Conselheiro do Tribunal de Contas do Estado da Bahia

AGRADECIMENTOS

A Deus, pela oportunidade misteriosa e milenar da VIDA.

À minha esposa Ana Cristina e aos filhos Kamila Bezerra e João Vinícius, pelo amor, estímulo e paciência nas incontáveis horas de feliz convívio familiar que lhes foram subtraídas para a produção desta obra.

Aos colegas do TCE-PE, professores da academia e alunos, pela convivência ética, sadia e responsável, em busca da construção de conhecimento socializado para um mundo melhor.

Material Suplementar

Este livro conta com os seguintes materiais suplementares:

- *Slides* para uso nas aulas (exclusivo para professores).

- Gabaritos e resolução das provinhas propostas ao final de cada capítulo do livro (PDF).

- Exercício completo com dados iniciais, lançamentos patrimoniais, orçamentários e de controle, encerramento do exercício, balancetes e elaboração das demonstrações contábeis da Prefeitura de Taboquinha, utilizadas na explanação no Capítulo 4 (Excel).

O acesso ao material suplementar é gratuito. Basta que o leitor se cadastre, faça seu *login* em nosso *site* (www.grupogen.com.br) e, após, clique em Ambiente de aprendizagem.

O acesso ao material suplementar online fica disponível até seis meses após a edição do livro ser retirada do mercado.

Caso haja alguma mudança no sistema ou dificuldade de acesso, entre em contato conosco (gendigital@grupogen.com.br).

SUMÁRIO

1 A contabilidade aplicada ao setor público brasileiro, 1

Apresentação, 1

1.1 Conceito, 2

1.2 Objeto, 2

1.3 Objetivos, 2

1.4 Função social e *accountability*, 2

1.5 Alcance (campo de aplicação) e autoridade, 3

1.6 Autoridade (hierarquia normativa), 3

1.7 Regime contábil: orçamentário × patrimonial, 4

    1.7.1 Regime orçamentário, 5

    1.7.2 Regime patrimonial, 6

1.8 Legislação e normas aplicadas à CASP no Brasil, 7

    1.8.1 Lei Federal nº 4.320/1964, 7

    1.8.2 Lei Complementar nº 101/2000 (Lei de Responsabilidade Fiscal – LRF), 9

    1.8.3 Códigos de administração financeira (CAF), 10

    1.8.4 Edição das normas brasileiras de contabilidade aplicadas ao setor público, 10

    1.8.5 Edição do *Manual de contabilidade aplicada ao setor público* (MCASP), 15

Provinha 1, 16

2 Patrimônio do setor público, 31

Apresentação, 31

2.1 Definição de patrimônio público, 31

2.2 Aspecto qualitativo do patrimônio, 31

    2.2.1 Disponibilidades, 32

    2.2.2 Créditos (direitos), 32

    2.2.3 Estoques, 33

    2.2.4 Investimentos permanentes, 33

2.2.5 Bens (imobilizado), 34

    2.2.5.1 Bens de uso especial, 34

    2.2.5.2 Bens dominiais ou dominicais, 35

    2.2.5.3 Bens de uso comum, 35

2.2.5 Intangíveis, 36

2.2.6 Obrigações (dívidas), 37

    2.2.6.1 Dívida flutuante, 37

    2.2.6.2 Dívida pública fundada ou consolidada, 37

2.3 Aspecto quantitativo do patrimônio, 39

    2.3.1 Ativos, 39

    2.3.2 Passivos, 40

    2.3.3 Relacionamentos de ativos nas visões da Lei nº 4.320/1964 e NBC TSP 11 (CFC, 2018) – os atributos "F" e "P", 41

        2.3.3.1 Classificação dos ativos segundo a Lei Federal nº 4.320/1964, 41

        2.3.3.2 Classificação dos passivos segundo a Lei Federal nº 4.320/1964, 42

        2.3.3.3 Os atributos "F" e "P", 43

        2.3.3.4 Apresentação exemplificativa dos inter-relacionamentos das contas do ativo, 44

        2.3.3.5 Apresentação exemplificativa dos inter-relacionamentos das contas do passivo, 50

    2.3.4 Patrimônio líquido/saldo patrimonial, 56

        2.3.4.1 Classificação do patrimônio líquido, 56

        2.3.4.2 Classificação do patrimônio líquido segundo a Lei nº 4.320/1964, 57

2.4 Variações patrimoniais (visão dinâmica do patrimônio), 58

    2.4.1 Variações patrimoniais quantitativas, 58

        2.4.1.1 Variações patrimoniais aumentativas (VPA), 59

        2.4.1.2 Variações patrimoniais diminutivas (VPD), 59

        2.4.1.3 Resultado patrimonial, 60

    2.4.2 Variações patrimoniais qualitativas, 61

2.5 Mensuração dos ativos e passivos, de forma geral, 63

2.6 Mensuração dos ativos imobilizados, 65

    2.6.1 Mensuração inicial do custo, 66

    2.6.2 Mensuração após o primeiro reconhecimento, 68

    2.6.3 Reavaliação de ativo imobilizado, 69

    2.6.4 Depreciação, 72

        2.6.4.1 Métodos de depreciação, 74

    2.6.5 Amortização, 78

    2.6.6 Exaustão, 78

2.6.7 Redução ao valor recuperável (*impairment*), 79

2.6.8 Desreconhecimento do valor contábil de um ativo imobilizado, 80

2.7 Mensuração dos ativos intangíveis, 82

2.8 Provisões, passivos contingentes e ativos contingentes, 84

    2.8.1 Provisões, 85

    2.8.2 Passivos contingentes, 88

    2.8.3 Ativos contingentes, 88

Provinha 2, 89

3 Plano de contas aplicado ao setor público (PCASP), 95

Apresentação, 95

3.1 Registro dos fatos contábeis, 95

    3.1.1 Diferença entre registro e escrituração, 96

    3.1.2 Características qualitativas do registro e da informação contábil, 96

    3.1.3 Método das partidas dobradas, 97

    3.1.4 Livros obrigatórios para o registro contábil, 99

3.2 Plano de contas aplicado ao setor público (PCASP), 100

    3.2.1 Conceitos, 100

    3.2.2 Objetivos do PCASP, 101

    3.2.3 Competência legal para padronização e manutenção do PCASP, 101

    3.2.4 Alcance do PCASP, 102

    3.2.5 Estrutura do PCASP, 102

        3.2.5.1 Contas de natureza da informação patrimonial, 102

        3.2.5.2 Contas de natureza da informação orçamentária, 103

        3.2.5.3 Contas de natureza de informação de controle, 103

    3.2.6 Aplicação do método da partida dobrada e do regime de competência no PCASP, 104

3.3 Movimentação das contas a partir do PCASP, 104

    3.3.1 Controle patrimonial: classes 1, 2, 3 e 4 (Informações de natureza patrimonial), 105

    3.3.2 Controle orçamentário: classes 5 e 6 (informações de natureza orçamentária), 105

    3.3.3. Outros controles: classes 7 e 8 (informações de natureza de controle), 110

3.4 Código da conta contábil no PCASP, 113

    3.4.1 Detalhamento da conta no PCASP, 113

    3.4.2 Dígito da consolidação – 5º Nível, 114

3.5 PCASP da Federação – Sintético, 117

Provinha 3, 125

4 Demonstrações contábeis aplicadas ao setor público (DCASP), 129

Apresentação, 129

4.1 Necessidade de modernizar a publicação das informações contábeis no setor público com as normas internacionais, 129

4.2 Estrutura das demonstrações contábeis aplicadas ao setor público, apresentadas pelo MCASP – Parte V, 130

    4.2.1 Balanço patrimonial (BP) (anexo 14 da Lei Federal nº 4.320/1964 e Parte V do MCASP/STN), 132

        4.2.1.1 Preceitos, 132

        4.2.1.2 Estrutura do balanço patrimonial (anexo 14 da Lei nº 4.320/1964), 133

        Exercício resolvido: análise do balanço patrimonial, 138

    4.2.2 Demonstração das variações patrimoniais (DVP) (anexo 15 da Lei Federal nº 4.320/1964 e Parte V do MCASP/STN), 146

        4.2.2.1 Preceitos, 146

        4.2.2.2 Estrutura da demonstração das variações patrimoniais (DVP) (anexo 15 da Lei nº 4.320/1964), 147

        4.2.2.3 Orientações para preenchimento da DVP, em conformidade com o MCASP (STN, 2018), 148

        Exercício resolvido – DVP, 151

    4.2.3 Demonstração das mutações do patrimônio líquido (DMPL) (anexo 19 da Lei nº 4.320/1964) e Parte V do MCASP/STN (Parte V), 154

        4.2.3.1 Preceitos, 154

        4.2.3.2 Estrutura da DMPL (anexo 19 da Lei nº 4.320/1964), 155

        4.2.3.3 Orientações para preenchimento da DVP, em conformidade com o MCASP (STN, 2018), 155

        Exercício resolvido – DMPL, 156

    4.2.4 Balanço Orçamentário (BO) (anexo 12 da Lei Federal nº 4.320/1964 e Parte V do MCASP/STN), 159

        4.2.4.1 Preceitos, 159

        4.2.4.2 Estrutura do BO (anexo 12 da Lei nº 4.320/1964), 159

        4.2.4.3 Orientações para preenchimento do balanço orçamentário, em conformidade com o MCASP (STN, 2018), 162

        4.2.4.4 Orientações para preenchimento dos quadros de restos a pagar, de acordo com o MCASP/STN, 165

        Exercício resolvido – balanço orçamentário, 165

    4.2.5 Balanço financeiro (BF) (anexo 13 da Lei nº 4.320/1964 e Parte V do MCASP/SNT), 170

        4.2.5.1 Preceitos, 170

Sumário | **XVII**

4.2.5.2 Estrutura do balanço financeiro (BF) (anexo 13 da Lei Federal nº 4.320/1964), 171

4.2.5.3 Orientações para preenchimento do balanço financeiro, em conformidade com o MCASP (STN, 2018), 174

Exercício resolvido – balanço financeiro, 175

4.2.6 Demonstração dos fluxos de caixa – DFC (anexo 18 da Lei nº 4.320/1964 e Parte V do MCASP/STN), 181

4.2.6.1 Preceitos, 181

4.2.6.2 Estrutura da DFC (no anexo 18 da Lei nº 4.320/1964), 182

4.2.6.3 Orientações para preenchimento da DFC e respectivos quadros, segundo MCASP/STN (Parte V), 186

Exercício resolvido – DFC, 187

4.3 Notas explicativas às demonstrações contábeis (texto do MCASP/STN, Parte V), 190

4.3.1 Definição, 190

4.3.2 Estrutura, 190

4.3.3 Divulgação de políticas contábeis, 191

4.3.4 Bases de mensuração, 191

4.3.5 Alteração de políticas contábeis, 191

4.3.6 Julgamentos pela aplicação das políticas contábeis, 191

4.3.7 Divulgação de estimativas, 192

Provinha 4, 192

Referências, 197

Índice alfabético, 199

1

A CONTABILIDADE APLICADA AO SETOR PÚBLICO BRASILEIRO

APRESENTAÇÃO

A contabilidade pública brasileira passa por um momento de renovação estrutural efetiva e de indispensáveis atualizações daí decorrentes. O foco no patrimônio público, a transparência das informações como indutor dos controles e a necessidade de convergência com as normas internacionais da *International Federation of Accountants* (IFAC) constituem os vetores centrais desse desafio.

O processo de mudança iniciou-se com a edição das normas brasileiras de contabilidade aplicadas ao setor público pelo Conselho Federal de Contabilidade e a inserção da área pública no Comitê de Convergência Brasil (2008). Importante passo foi dado, também, pelo governo federal com a publicação da Portaria MF nº 184/2008, do Decreto nº 6.976/2009 e do *Manual de contabilidade aplicada ao setor público* (MCASP). Este último estabeleceu o novo plano de contas a ser aplicado na contabilidade de todos os órgãos da administração pública brasileira, incorporando, também, aperfeiçoamento dos atuais demonstrativos contábeis, previstos na Lei Federal nº 4.320/1964, e inserindo outros, tais como a demonstração dos fluxos de caixa (DFC) e a demonstração das mutações do patrimônio líquido (DMPL).

A partir daí, houve a necessidade de reaprendizagem, por parte dos contabilistas, das novas mudanças e consequente aplicação em suas plataformas de trabalho. Os desafios são grandes, pois a aplicação das normas não depende apenas do alcance dos contabilistas, mas, principalmente, da integração dos gestores dos diversos segmentos do órgão público à contabilidade, a exemplo de setores como de pessoal, almoxarifado, patrimonial, gestão de contratos etc. Então, além do conhecimento, os profissionais da contabilidade pública precisam estar inseridos no ambiente administrativo que faça parte do contexto das exigências das novas normas. Se isso não acontecer, as dificuldades e os obstáculos serão bem maiores.

Por outro lado, é importante assegurar que os órgãos responsáveis pelo processo de convergência no Brasil (Conselho Federal de Contabilidade e Secretaria do Tesouro Nacional) respeitem as características do país, como costumes, cultura, geografia, ausência de recursos financeiros e profissionais capacitados, sob o risco de comprometer todo o processo. O Brasil é um país continental, miscigenado e com classes sociais bastantes heterogêneas. Ou seja, quando se fala em processo de padronização e convergência da contabilidade pública, precisam ser considerados os vários "brasis" existentes.

1.1 CONCEITO

Contabilidade aplicada ao setor público (CASP) é o ramo da ciência contábil que adota, no processo gerador de informações, os princípios de contabilidade e as normas contábeis direcionados ao controle patrimonial de entidades do setor público. Adicionalmente, a CASP deve controlar os fenômenos relacionados com orçamento público, custos e controles de atos potenciais que possam impactar o patrimônio no futuro e outros controles financeiros, legais e/ou gerenciais, necessários ao bom desempenho da gestão pública, transparência e controle da sociedade.

1.2 OBJETO

O objeto de qualquer contabilidade é o patrimônio. O da contabilidade pública é o patrimônio público.

1.3 OBJETIVOS

De acordo com a NBC TSP EC (CFC, 2016), os objetivos da elaboração e divulgação da informação contábil estão relacionados com o **fornecimento de informações** sobre a entidade do setor público que são úteis aos usuários dos relatórios contábeis de propósitos gerais (RCPG) para a prestação de contas e **responsabilização (*accountability*) e tomada de decisão**.

Ainda segundo a citada norma, a elaboração e a divulgação de informação contábil não são um fim em si mesmas. O propósito é o de fornecer **informações úteis** aos usuários dos RCPG. A elaboração e a divulgação da informação contábil devem ser determinadas com base nos **usuários** dos RCPG e suas **necessidades de informações**.

1.4 FUNÇÃO SOCIAL E *ACCOUNTABILITY*

A finalidade principal das entidades do setor público é prestar serviços à sociedade, em vez de obter lucros e gerar retorno financeiro aos investidores. Por conseguinte, o desempenho das referidas entidades pode ser apenas parcialmente avaliado por meio da análise da situação patrimonial, da execução do orçamento e dos fluxos de caixa.

Conforme dispõe a NBC TSP EC (CFC, 2016), os RCPG (demonstrações contábeis) devem fornecer informações aos seus usuários para subsidiar os processos decisórios e a prestação de contas e responsabilização (*accountability*), de forma a subsidiar as avaliações de questões como:

- Se a entidade prestou seus serviços à sociedade de maneira eficiente e eficaz.
- Quais são os recursos atualmente disponíveis para gastos futuros, e até que ponto há restrições ou condições para a utilização desses recursos.
- A extensão na qual a carga tributária, que recai sobre os contribuintes em períodos futuros para pagar por serviços correntes, tem mudado.
- Se a capacidade da entidade para prestar serviços melhorou ou piorou em comparação com exercícios anteriores.

Em suma, o objetivo dos governos do setor público é prestar os serviços demandados pela respectiva sociedade. A *performance* desses governos, na maioria das vezes, não está totalmente ou adequadamente refletida em qualquer medida de resultados financeiros e orçamentários. Isso significa dizer que eles precisam ser avaliados no contexto dos resultados da prestação de serviços à sociedade (efetividade).

1.5   ALCANCE (CAMPO DE APLICAÇÃO) E AUTORIDADE

O alcance da contabilidade aplicada ao setor público (estrutura conceitual e das demais NBCs TSP publicadas pelo CFC) refere-se, obrigatoriamente, às **entidades do setor público**, compreendidas como tais: governos nacionais, estaduais, distrital e municipais e seus respectivos poderes (abrangidos os tribunais de contas, as defensorias e o ministério público), órgãos, secretarias, departamentos, agências, autarquias, fundações (instituídas e mantidas pelo poder público), fundos, consórcios públicos e outras repartições públicas congêneres das administrações direta e indireta (inclusive as empresas estatais dependentes) (CFC, 2016).

Entendem-se por empresas estatais dependentes aquelas controladas que recebem do ente controlador recursos financeiros para pagamento de despesas com pessoal, despesas de custeio em geral ou despesas de capital, excluídos, no último caso, aqueles provenientes de aumento de participação acionária (BRASIL, 2000). São, normalmente, empresas públicas e sociedades de economia mista deficitárias, que não arrecadam recursos próprios suficientes para seu custeio e seus investimentos.

Os conselhos profissionais e as demais entidades não compreendidas no conceito de entidades do setor público, incluídas as empresas estatais independentes, poderão aplicar as normas estabelecidas no *Manual de contabilidade aplicada ao setor público* (MCASP), publicado pela Secretaria do Tesouro Nacional (STN), de **maneira facultativa ou por determinação dos respectivos órgãos reguladores, fiscalizadores e congêneres** (STN, 2018). Veja resumo na Figura 1.1.

1.6   AUTORIDADE (HIERARQUIA NORMATIVA)

De acordo com o STN (2018), os requisitos obrigatórios relacionados com reconhecimento, mensuração e evidenciação das transações e dos eventos nas demonstrações contábeis são especificados no MCASP.

Em caso de eventuais conflitos com outros normativos, prevalecem as disposições do referido manual, aplicando-se subsidiariamente os conceitos descritos nas demais normas, conforme a seguinte ordem de observância:

- Norma brasileira de contabilidade (NBC TSP) relativa ao assunto.
- Norma brasileira de contabilidade (NBC TSP) – estrutura conceitual

As disposições das normas internacionais de contabilidade, *International Public Sector Accounting Standards* (IPSAS), editadas pelo *International Public Sector Accounting Standards Board* (IPSASB), podem ser observadas em caráter residual e não obrigatório.

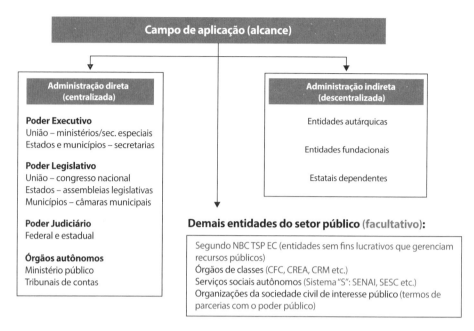

Figura 1.1   Campo de alcance das normas brasileiras de contabilidade aplicadas ao setor público.

1.7   REGIME CONTÁBIL: ORÇAMENTÁRIO × PATRIMONIAL

A doutrina contábil, que diversos autores acabaram por consagrar com base em uma interpretação equivocada do art. 35 da Lei nº 4.320/1964, observa que a contabilidade do setor público adota como regime contábil o misto, ou seja, regime de competência para a despesa e de caixa para a receita:

> Art. 35. Pertencem ao exercício financeiro:
> I – as receitas nele arrecadadas;
> II – as despesas nele legalmente empenhadas (BRASIL, 1964).

Ao resgatar os princípios e os postulados da ciência contábil, verifica-se que a CASP, assim como qualquer outro ramo da ciência contábil, obedece aos princípios de contabilidade. Dessa forma, aplica-se o princípio da competência em sua integralidade, ou seja, tanto na receita quanto na despesa, sob o enfoque patrimonial. Na verdade, o art. 35 refere-se ao regime orçamentário e não ao regime patrimonial, conforme esquema da Figura 1.2.

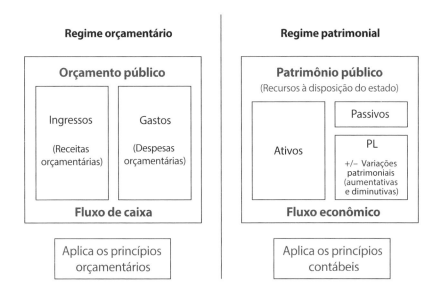

Figura 1.2   Regime contábil – diferenças entre os regimes orçamentário e patrimonial.

1.7.1   Regime orçamentário

Os registros orçamentários devem atender aos princípios orçamentários, previstos na Constituição Federal e na legislação do direito financeiro, contemplando, inclusive, o citado art. 35 da Lei nº 4.320/1964 (regime orçamentário de caixa para a receita orçamentária e competência para a despesa orçamentária). Nesses registros, a receita orçamentária é contabilizada pela arrecadação (caixa) e a despesa orçamentária por meio do empenho (competência orçamentária), conforme esquemas das Figuras 1.3 e 1.4.

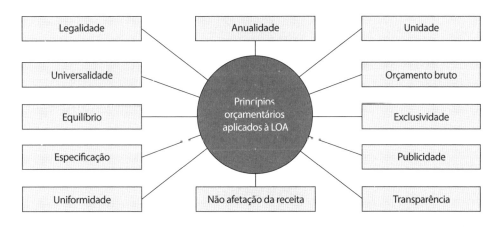

Fonte: Bezerra Filho (2013).

Figura 1.3   Princípios orçamentários aplicados à Lei Orçamentária Anual (LOA) – visam assegurar o cumprimento dos fins a que se propõe o orçamento público.

```
┌─────────────────────────────────────────────────────────┐
│                  Regime orçamentário                     │
│  ┌───────────────────────────────────────────────────┐  │
│  │  Contabilidade orçamentária (art. 35 da Lei nº 4.320/64)  │
│  │                                                    │  │
│  │  Caixa (pela arrecadação) = Receita orçamentária (RO)  │
│  │                                                    │  │
│  │  Competência (pelo empenho) = Despesa orçamentária (DO) │
│  └───────────────────────────────────────────────────┘  │
│                                                          │
│  ┌───────────────────────────────────────────────────┐  │
│  │       Resultado da execução orçamentária (REO)     │  │
│  │                  REO = RO − DO                     │  │
│  └───────────────────────────────────────────────────┘  │
└─────────────────────────────────────────────────────────┘
```

Figura 1.4   Regime orçamentário.

1.7.2 Regime patrimonial

No campo dos registros do controle e das variações do patrimônio (bens, direitos e obrigações – ativos, passivos e patrimônio líquido), é preciso atender aos princípios da ciência contábil (entidade, continuidade, oportunidade, registro pelo valor original, competência e prudência, que estão intrínsecos à NBC TSP EC), sem nenhuma restrição. Nesse caso, as receitas e as despesas pela competência são escrituradas como variações patrimoniais aumentativas (receitas patrimoniais) e variações patrimoniais diminutivas (despesas patrimoniais), conforme esquema da Figura 1.5.

A preocupação da Lei nº 4.320/1964, ao tratar dos fenômenos patrimoniais, inicia-se no Título IX, principalmente nos seus arts. 85, 89, 100 e 104, transcritos no item 1.8 desta obra.

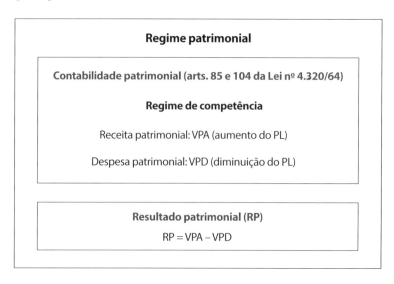

Figura 1.5   Regime patrimonial.

Cap. 1 • A contabilidade aplicada ao setor público brasileiro | 7

1.8   LEGISLAÇÃO E NORMAS APLICADAS À CASP NO BRASIL

A legislação e a normatização brasileiras que disciplinam a contabilidade aplicada ao setor público encontram-se nos dispositivos citados a seguir.

1.8.1   Lei Federal nº 4.320/1964

Legalmente, a CASP, seja nas áreas federal, estadual, municipal ou no Distrito Federal, está normatizada na Lei Federal nº 4.320, de 17.03.1964, que estatui normas gerais de direito financeiro para a elaboração e o controle dos orçamentos e balanços da União, dos estados, dos municípios e do Distrito Federal.

Costuma-se dizer que a Lei nº 4.320/1964 está para a contabilidade aplicada ao setor público assim como a Lei das Sociedades por Ações, Lei nº 6.404/1976, está para a contabilidade aplicada à atividade comercial e empresarial.

Atualmente, a Lei Federal nº 4.320/1964 tem *status* de lei complementar, até que seja aprovada a legislação prevista no art. 165, § 9º, da Constituição Federal.

Dentre os dispositivos que versam sobre a contabilidade pública, na Lei nº 4.320/1964, destacam-se os arts. 83 ao 106, transcritos a seguir.

> **Da contabilidade – arts. 83 a 89**
>
> Art. 83. A contabilidade evidenciará perante a Fazenda Pública a situação de todos quantos, de qualquer modo, arrecadem receitas, efetuem despesas, administrem ou guardem bens a ela pertencentes ou confiados.
>
> Art. 84. Ressalvada a competência do Tribunal de Contas ou órgão equivalente, a tomada de contas dos agentes responsáveis por bens ou dinheiros públicos será realizada ou superintendida pelos serviços de contabilidade.
>
> Art. 85. Os serviços de contabilidade serão organizados de forma a permitirem o acompanhamento da execução orçamentária, o conhecimento da composição patrimonial, a determinação dos custos dos serviços industriais, o levantamento dos balanços gerais, a análise e a interpretação dos resultados econômicos e financeiros.
>
> Art. 86. A escrituração sintética das operações financeiras e patrimoniais efetuar-se-á pelo método das partidas dobradas.
>
> Art. 87. Haverá controle contábil dos direitos e obrigações oriundos de ajustes ou contratos em que a Administração Pública for parte.
>
> Art. 88. Os débitos e créditos serão escriturados com individuação do devedor ou do credor e especificação da natureza, importância e data do vencimento, quando fixada.
>
> Art. 89. A contabilidade evidenciará os fatos ligados à administração orçamentária, financeira, patrimonial e industrial.
>
> **Da contabilidade orçamentária e financeira – arts. 90, 91 e 93**
>
> Art. 90. A contabilidade deverá evidenciar, em seus registros, o montante dos créditos orçamentários vigentes, a despesa empenhada e a despesa realizada, à conta dos mesmos créditos, e as dotações disponíveis.
>
> Art. 91. O registro contábil da receita e da despesa far-se-á de acordo com as especificações constantes da Lei de Orçamento e dos créditos adicionais.
>
> Art. 93. Todas as operações de que resultem débitos e créditos de natureza financeira, não compreendidas na execução orçamentária, serão também objeto de registro, individuação e controle contábil.

Da contabilidade patrimonial – arts. 94 a 100

Art. 94. Haverá registros analíticos de todos os bens de caráter permanente, com indicação dos elementos necessários para a perfeita caracterização de cada um deles e dos agentes responsáveis pela sua guarda e administração.

Art. 95. A contabilidade manterá registros sintéticos dos bens móveis e imóveis.

Art. 96. O levantamento geral dos bens móveis e imóveis terá por base o inventário analítico de cada unidade administrativa e os elementos da escrituração sintética na contabilidade.

Art. 97. Para fins orçamentários e determinação dos devedores, ter-se-á o registro contábil das receitas patrimoniais, fiscalizando-se sua efetivação.

Art. 98. A dívida fundada compreende os compromissos de exigibilidade superior a doze meses, contraídos para atender a desequilíbrio orçamentário ou a financiamento de obras e serviços públicos.

Parágrafo único. A dívida fundada será escriturada com individuação e especificações que permitam verificar, a qualquer momento, a posição dos empréstimos, bem como os respectivos serviços de amortização de juros.

Art. 99. Os serviços públicos industriais, ainda que não organizados como empresa pública ou autárquica, manterão contabilidade especial para determinação dos custos, ingressos e resultados, sem prejuízos da escrituração patrimonial e financeira comum.

Art. 100. As alterações da situação líquida patrimonial, que abrangem os resultados da execução orçamentária, bem como as variações independentes dessa execução e as superveniências e insubsistências ativas e passivas, constituirão elementos da conta patrimonial.

Dos balanços – arts. 101 a 106

Art. 101. Os resultados gerais do exercício serão demonstrados no Balanço Orçamentário, no Balanço Financeiro, no Balanço Patrimonial, na Demonstração das Variações Patrimoniais, segundo os Anexos números 12, 13, 14 e 15 e os quadros demonstrativos constantes dos Anexos números 1, 6, 7, 8, 9, 10, 11, 16 e 17.

Art. 102. O Balanço Orçamentário demonstrará as receitas e despesas previstas em confronto com as realizadas.

Art. 103. O Balanço Financeiro demonstrará a receita e a despesa orçamentárias, bem como os recebimentos e os pagamentos de natureza extraorçamentária, conjugados com os saldos em espécie provenientes do exercício anterior, e os que se transferem para o exercício seguinte.

Parágrafo único. Os Restos a Pagar do exercício serão computados na receita extraorçamentária para compensar sua inclusão na despesa orçamentária.

Art. 104. A Demonstração das Variações Patrimoniais evidenciará as alterações verificadas no patrimônio, resultantes ou independentes da execução orçamentária, e indicará o resultado patrimonial do exercício.

Art. 105. O Balanço Patrimonial demonstrará:

I – O Ativo Financeiro;

II – O Ativo Permanente;

III – O Passivo Financeiro;

IV – O Passivo Permanente;

V – O Saldo Patrimonial;

VI – As Contas de Compensação.

§ 1º O Ativo Financeiro compreenderá os créditos e valores realizáveis independentemente de autorização orçamentária e os valores numerários.

Cap. 1 • A contabilidade aplicada ao setor público brasileiro | 9

§ 2º O Ativo Permanente compreenderá os bens, créditos e valores cuja mobilização ou alienação dependa de autorização legislativa.

§ 3º O Passivo Financeiro compreenderá os compromissos exigíveis cujo pagamento independa de autorização orçamentária.

§ 4º O Passivo Permanente compreenderá as dívidas fundadas e outras que dependam de autorização legislativa para amortização ou resgate.

§ 5º Nas contas de compensação serão registrados os bens, valores, obrigações e situações não compreendidas nos parágrafos anteriores e que, mediata ou indiretamente, possam vir a afetar o patrimônio.

Art. 106. A avaliação dos elementos patrimoniais obedecerá às normas seguintes:

I – os débitos e créditos, bem como os títulos de renda, pelo seu valor nominal, feita a conversão, quando em moeda estrangeira, à taxa de câmbio vigente na data do balanço;

II – os bens móveis e imóveis, pelo valor de aquisição ou pelo custo de produção ou de construção;

III – os bens de almoxarifado, pelo preço médio ponderado das compras.

§ 1º Os valores em espécie, assim como os débitos e créditos, quando em moeda estrangeira, deverão figurar ao lado das correspondentes importâncias em moeda nacional.

§ 2º As variações resultantes da conversão dos débitos, créditos e valores em espécie serão levadas à conta patrimonial.

§ 3º Poderão ser feitas reavaliações dos bens móveis e imóveis.

1.8.2 Lei Complementar nº 101/2000 (Lei de Responsabilidade Fiscal – LRF)

No que tange às exigências que a LRF remete à contabilidade pública, destacam-se os arts. 50 e 51, que tratam da escrituração e consolidação das contas, transcritos a seguir.

Da escrituração e consolidação das contas

Art. 50. Além de obedecer às demais normas de contabilidade pública, a escrituração das contas públicas observará as seguintes:

I – a disponibilidade de caixa constará de registro próprio, de modo que os recursos vinculados a órgão, fundo ou despesa obrigatória fiquem identificados e escriturados de forma individualizada;

II – a despesa e a assunção de compromisso serão registradas segundo o regime de competência, apurando-se, em caráter complementar, o resultado dos fluxos financeiros pelo regime de caixa;

III – as demonstrações contábeis compreenderão, isolada e conjuntamente, as transações e operações de cada órgão, fundo ou entidade da administração direta, autárquica e fundacional, inclusive empresa estatal dependente;

IV – as receitas e despesas previdenciárias serão apresentadas em demonstrativos financeiros e orçamentários específicos;

V – as operações de crédito, as inscrições em Restos a Pagar e as demais formas de financiamento ou assunção de compromissos junto a terceiros deverão ser escrituradas de modo a evidenciar o montante e a variação da dívida pública no período, detalhando, pelo menos, a natureza e o tipo de credor;

VI – a demonstração das variações patrimoniais dará destaque à origem e ao destino dos recursos provenientes da alienação de ativos.

§ 1º No caso das demonstrações conjuntas, excluir-se-ão as operações intragovernamentais.

§ 2º A edição de normas gerais para consolidação das contas públicas caberá ao órgão central de contabilidade da União, enquanto não implantado o conselho de que trata o art. 67.

§ 3º A Administração Pública manterá sistema de custos que permita a avaliação e o acompanhamento da gestão orçamentária, financeira e patrimonial.

Art. 51. O Poder Executivo da União promoverá, até o dia trinta de junho, a consolidação, nacional e por esfera de governo, das contas dos entes da Federação relativas ao exercício anterior, e a sua divulgação, inclusive por meio eletrônico de acesso público.

§ 1º Os Estados e os Municípios encaminharão suas contas ao Poder Executivo da União nos seguintes prazos:

I – Municípios, com cópia para o Poder Executivo do respectivo Estado, até trinta de abril;

II – Estados, até trinta e um de maio.

§ 2º O descumprimento dos prazos previstos neste artigo impedirá, até que a situação seja regularizada, que o ente da Federação receba transferências voluntárias e contrate operações de crédito, exceto as destinadas ao refinanciamento do principal atualizado da dívida mobiliária.

1.8.3 Códigos de administração financeira (CAF)

Os CAF, legislação de competência dos estados e municípios, podem disciplinar matéria de direito financeiro e orçamento público, incluindo, então, a contabilidade pública, desde que sejam normas suplementares à Lei Federal nº 4.320/1964. Referida competência está disciplinada no art. 24, I, II, da Constituição Federal.

1.8.4 Edição das normas brasileiras de contabilidade aplicadas ao setor público[1]

No plano estratégico, qualquer ente da Federação que deseje conhecer as atividades relacionadas com a gestão do patrimônio público deve se organizar sob os aspectos normativo, administrativo e tecnológico. Assim, um dos passos fundamentais é estabelecer os sistemas organizacionais e suas competências, que, por sua natureza e complexidade, devem ser apoiados por estruturas administrativas e sistemas informatizados. As boas práticas de governança exigem implantação e constante aperfeiçoamento, no mínimo, dos seguintes sistemas organizacionais, no âmbito do setor público:

I. Planejamento e de orçamento.
II. Administração financeira.
III. Tributos.
IV. Pessoal.
V. Patrimônio.
VI. Contabilidade.
VII. Controle interno.

Entre esses, o sistema de contabilidade caracteriza-se pelo seu papel de transversalidade, ao proporcionar apoio aos demais sistemas, pela própria natureza da ciência contábil.

---

[1] Adaptado do documento intitulado *Orientações estratégicas para a contabilidade aplicada ao setor público no Brasil*, publicado, em conjunto, pelo CFC, pela ATRICON e pela STN, por ocasião do 18º Congresso Brasileiro de Contabilidade, realizado em Gramado/RS, no período de 24 a 28 de agosto de 2008.

Como ciência, a contabilidade aplica, no processo gerador de informações, os princípios, as normas e as técnicas contábeis direcionados à evidenciação das mutações do patrimônio das entidades, oferecendo aos usuários informações sobre os atos praticados pelos gestores públicos, os resultados alcançados e o diagnóstico detalhado da situação orçamentária, econômica, financeira e física do patrimônio da entidade.

A CASP, como sistema de informações específico, vem incorporando novas metodologias e recuperando seu papel, adotando parâmetros de boa governança, demonstrando a importância de um sistema que forneça o apoio necessário à integração das informações macroeconômicas do setor público e à consolidação das contas nacionais. Entretanto, ressente-se de um conjunto de normas profissionais que contemple a teoria da contabilidade como base para o registro, a mensuração e a evidenciação dos atos e fatos do setor público.

Para tanto, é preciso resgatar o tratamento dos fenômenos do setor público, em bases teóricas que reflitam a essência das transações governamentais e seu impacto no patrimônio, e não meramente cumprir os aspectos legais e formais.

A inadequada evidenciação do patrimônio público e a ausência de procedimentos contábeis suportados por adequados conceitos e princípios revelam a necessidade de se desenvolverem diretrizes estratégicas para o aperfeiçoamento da CASP.

É inquestionável que todo o processo de acompanhamento e controle do patrimônio público deve partir do estudo dos fenômenos e transações que o afetam. Consequentemente, deve existir a necessária integração e harmonização na interpretação de atos e fatos administrativos.

Objetivando dar efetividade à CASP como fonte de informações, é preciso concentrar esforços para melhor aplicar os princípios da contabilidade sob a perspectiva de tal setor. A adoção de princípios e normas diferentes do que seja recomendável pela boa técnica, ou decorrentes da falta de consenso entre os diversos órgãos das unidades da Federação, pode ocasionar demonstrações que não representem adequadamente a situação patrimonial. Na Figura 1.6, temos uma representação da necessidade de integração entre o sistema de informação contábil e os segmentos geradores de informações que gerenciam recursos no ente.

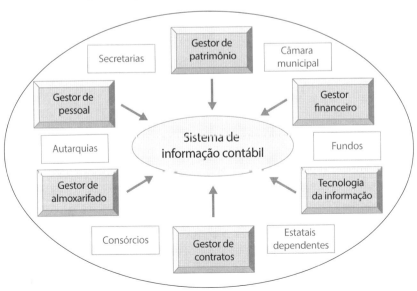

Figura 1.6   Integração do sistema contábil com geradores de informações.

O ponto de partida para qualquer área do conhecimento humano deve ser os princípios que a sustentam. Esses princípios espelham a ideologia de determinado sistema, seus postulados básicos e seus fins.

Os princípios possuem o condão de declarar e consolidar os altos valores da vida humana e, por isso, são considerados pedras angulares e vigas-mestras do sistema.

Adicionalmente, as novas demandas sociais estão a exigir um novo padrão de informações geradas pela CASP, e que seus demonstrativos – item essencial das prestações de contas dos gestores públicos – sejam elaborados de modo a facilitar, por parte dos seus usuários e por toda a sociedade, a adequada interpretação dos fenômenos patrimoniais do setor público, o acompanhamento do processo orçamentário e a análise dos resultados econômicos.

Por isso, é importante reafirmar a condição da CASP como ciência e seu objeto de estudo: o patrimônio público. Os demais controles orçamentários, fiscais, custos etc. são gerados, de fato, a partir do que se passa no patrimônio das entidades. Veja esquema da Figura 1.7.

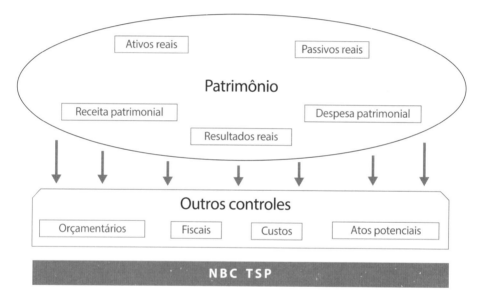

Figura 1.7   Edição das normas brasileiras de contabilidade aplicadas ao setor público.

Assim, o desafio passa a ser a concepção de um conjunto de ações que visem ao seu desenvolvimento conceitual, com vistas a:

a) Convergência aos padrões internacionais de contabilidade aplicados ao setor público (IPSAS).

b) Implementação de procedimentos e práticas contábeis que permitam o reconhecimento, a mensuração, a avaliação e a evidenciação dos elementos que integram o patrimônio público.

c) Implantação de sistema de custos no âmbito do setor público brasileiro.

d) Melhoria das informações que integram as demonstrações contábeis e os relatórios necessários à consolidação das contas nacionais.

e) Possibilitar a avaliação do impacto das políticas públicas e da gestão, nas dimensões social, econômica e fiscal, segundo aspectos relacionados com a variação patrimonial.

Em suma, pode-se afirmar que a contabilidade pública é a provedora das informações patrimoniais, orçamentárias, fiscais no setor público, e precisa estar constantemente se atualizando, ou se recriando, para atender às demandas informacionais de usuários internos e externos, que dela dependem para tomada de decisões.

Nesse cenário de desafios para a evolução da contabilidade aplicada ao setor público brasileiro, o CFC criou o assessor das normas brasileiras de contabilidade aplicadas ao setor público (2004 até os dias atuais), formado por contadores da área pública com notório conhecimento contábil.

O grupo foi instituído com o objetivo de elaborar e disseminar entre os profissionais e os diversos níveis de usuários, para fins de discussão e debates, as propostas das normas brasileiras de contabilidade aplicadas ao setor público (NBC TSP), inicialmente alinhadas (até 2014) e, a partir de 2015, convergidas com as normas internacionais de contabilidade aplicadas ao setor público (IPSAS, sigla em inglês), editadas pela *International Federation of Accountants* (IFAC), conforme esquema da Figura 1.8.

A contabilidade pública brasileira vem convergindo aos conceitos e procedimentos internacionais. O Conselho Federal de Contabilidade (CFC) e o governo federal, por meio da Secretaria do Tesouro Nacional (STN), vêm publicando e aperfeiçoando as normas brasileiras de contabilidade técnicas do setor público (NBC TSP ou NBCASP) e o *Manual de contabilidade aplicada ao setor público* (MCASP), cujos conteúdos são motivo de estudo desta obra.

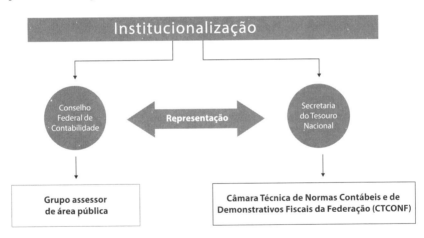

Figura 1.8 Processo de mudança na contabilidade pública brasileira.

Conforme já foi dito, as NBC T SP, publicadas pelo CFC, são partes do processo de convergência das normas brasileiras aos padrões internacionais de contabilidade do setor público. Até o encerramento desta obra, as NBC TSP publicadas e em vigência são as informadas no Quadro 1.1, todas disponibilizadas no *site* do CFC.[2]

---

[2] *Site* para acesso às NBC TSP disponível em: https://cfc.org.br/tecnica/normas-brasileiras-de-contabilidade/nbc-tsp-do-setor-publico/. Acesso em: 11 jan. 2021.

Quadro 1.1 NBC TSP publicadas e vigentes

NBC	Resolução CFC	Nome da Norma	Correlação IFAC
NBC TSP ESTRUTURA CONCEITUAL	DOU 04/10/16	Estrutura conceitual para elaboração e divulgação de informação contábil de propósito geral pelas entidades do setor público	Conceptual framework
NBC TSP 01	DOU 28/10/16	Receita de transação sem contraprestação	IPSAS 23
NBC TSP 02	DOU 28/10/16	Receita de transação com contraprestação	IPSAS 9
NBC TSP 03	DOU 28/10/16	Provisões, passivos contingentes e ativos contingentes	IPSAS 19
NBC TSP 04	DOU 06/12/16	Estoques	IPSAS 12
NBC TSP 05	DOU 06/12/16	Contratos de concessão de serviços públicos: concedente	IPSAS 32
NBC TSP 06	DOU 28/9/17	Propriedade para investimento	IPSAS 16
NBC TSP 07	DOU 28/9/17	Ativo imobilizado	IPSAS 17
NBC TSP 08	DOU 28/9/17	Ativo intangível	IPSAS 31
NBC TSP 09	DOU 28/9/17	Redução ao valor recuperável de ativo não gerador de caixa	IPSAS 21
NBC TSP 10	DOU 28/9/17	Redução ao valor recuperável de ativo gerador de caixa	IPSAS 26
NBC TSP 11	DOU 31/10/18	Apresentação das demonstrações contábeis	IPSAS 1
NBC TSP 12	DOU 31/10/18	Demonstração dos fluxos de caixa	IPSAS 2
NBC TSP 13	DOU 31/10/18	Apresentação de informação orçamentária nas demonstrações contábeis	IPSAS 24
NBC TSP 14	DOU 31/10/18	Custos de empréstimos	IPSAS 5
NBC TSP 15	DOU 31/10/18	Benefícios a empregados	IPSAS 39
NBC TSP 16	DOU 31/10/18	Demonstrações contábeis separadas	IPSAS 34
NBC TSP 17	DOU 31/10/18	Demonstrações contábeis consolidadas	IPSAS 35
NBC TSP 18	DOU 31/10/18	Investimento em coligada e em empreendimento controlado em conjunto	IPSAS 36
NBC TSP 19	DOU 31/10/18	Acordos em conjunto	IPSAS 37
NBC TSP 20	DOU 31/10/18	Divulgação de participações em outras entidades	IPSAS 38
NBC TSP 21	DOU 31/10/18	Combinações no setor público	IPSAS 40
NBC TSP 22	DOU 28/11/19	Divulgação sobre partes relacionadas	IPSAS 20
NBC TSP 23	DOU 28/11/19	Políticas contábeis, mudança de estimativa e retificação de erro	IPSAS 3
NBC TSP 24	DOU 28/11/19	Efeitos das mudanças nas taxas de câmbio e conversão de demonstrações contábeis	IPSAS 4
NBC TSP 25	DOU 28/11/19	Evento subsequente	IPSAS 14
NBC TSP 26	DOU 28/11/19	Ativo biológico e produto agrícola	IPSAS 27
NBC TSP 27	DOU 04/11/20	Informações por segmento	IPSAS 18
NBC TSP 28	DOU 04/11/20	Divulgação de informação financeira do setor governo geral	IPSAS 22
NBC TSP 29	DOU 04/11/20	Benefícios sociais	IPSAS 42
NBC T 16.11	RES. 1.366/11	Sistema de informação de custos do setor público	não há

Fonte: adaptado do CFC (2020).

A NBC T SP – Estrutura Conceitual foi a primeira norma convergida integralmente às normas internacionais de contabilidade do setor público (IPSAS). Essa norma se relaciona com a IPSAS – *Conceptual Framework* e define a sociedade como usuário principal dos demonstrativos produzidos pela CASP (FRAGOSO *et al.*, 2017 CFC, 2016). Pela sua importância para o arcabouço conceitual das demais normas e para os objetivos deste livro, principalmente nas questões propostas e para resolução de várias questões da Provinha 1, faz-se necessária a leitura da NBC TSP EC, disponível em http://www1.cfc.org.br/sisweb/SRE/docs/NBCTSPEC.pdf.

1.8.5 Edição do *Manual de contabilidade aplicada ao setor público* (MCASP)

O MCASP, editado a partir de 2011 e com abrangência nos órgãos e nas entidades da administração pública brasileira (diretas e indiretas), regulamenta procedimentos contábeis que perpassam por execução do orçamento público, mensuração, registros específicos e controle do patrimônio, plano de contas patronizado e demonstrações contábeis convergidas com os padrões internacionais (IPSAS), consoante a legislação nacional vigente e os princípios da ciência contábil. A estrutura no MCASP está representada na Figura 1.9.

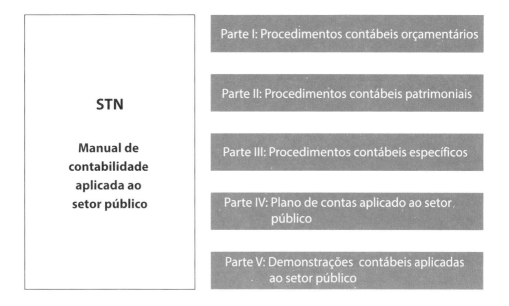

Figura 1.9   Estrutura do MCASP – STN.

À integra do MCASP você tem acesso no *site* da STN (www.stn.fazenda.gov.br).

Nesta obra, serão tratadas as temáticas mais importantes do MCASP, necessárias ao estudo da contabilidade pública, buscando sempre apresentar os conteúdos de forma didática, objetiva e prática. Desse modo, a partir das NBC TSP e MCASP, o Capítulo 2 aborda os principais procedimentos contábeis patrimoniais (Parte II do MCASP), o Capítulo 3 versa sobre o estudo do plano de contas aplicado ao setor público (PCASP) e das demonstrações contábeis aplicadas ao setor público (DCASP) e seus desdobramentos, e, ao final, o Capítulo 4 contribui com a análise das DCASP, apresentando índices e indicadores que possibilitam extrair informações para tomada de decisão.

PROVINHA 1

ATENÇÃO!
Para resolver as questões que seguem, faz-se necessária a leitura da NBC TSP EC (http://www1.cfc.org.br/sisweb/SRE/docs/NBCTSPEC.pdf).

1. Observe as seguintes afirmativas e depois escolha a resposta correta:
   I. As estatísticas de finanças públicas permitem a análise macroeconômica e auxiliam na tomada de decisão.
   Por isso,
   II. É muito importante que os entes públicos produzam informações de estatísticas de finanças públicas.
   a) As duas afirmativas são corretas, mas a segunda não justifica a primeira.
   b) A primeira afirmativa é correta e a segunda é incorreta.
   c) A primeira afirmativa é incorreta e a segunda é correta.
   d) As duas afirmativas são corretas e a primeira justifica a segunda.
   e) As duas afirmativas são corretas e a segunda justifica a primeira.

2. São características qualitativas incluídas nos RCPGS, **exceto**:
   a) Relevância.
   b) Essência sobre a forma.
   c) Representação fidedigna.
   d) Comparabilidade.
   e) Verificabilidade.

3. Qual é o principal propósito das entidades do setor público? Marque a resposta correta:
   a) Gerar dividendos aos acionistas.
   b) Prestar serviços aos contribuintes.
   c) Manter o funcionamento do estado.
   d) Regular o funcionamento da economia.
   e) Prestar serviços à sociedade.

4. O que está diretamente ligado com o conceito de *accountability*? Marque a resposta correta:
   a) Contabilidade pública.
   b) Responsabilização.
   c) Construção de relatórios.
   d) Utilidade da informação.
   e) Normas australianas de contabilidade.

5. Quanto a função, autoridade e alcance da estrutura conceitual, marque a alternativa **incorreta**:
   a) Os RCPG são os componentes centrais da transparência da informação contábil dos governos e de outras entidades do setor público, aprimorando-a e favorecendo-a.
   b) Os RCPG são relatórios contábeis elaborados para atender às necessidades dos usuários em geral, tendo o propósito de atender a finalidades ou necessidades específicas de determinados grupos de usuários.

Cap. 1 ● A contabilidade aplicada ao setor público brasileiro **17**

c) Alguns usuários da informação contábil podem ter a prerrogativa de exigir a elaboração de relatórios para atender às suas necessidades específicas.

d) O alcance dos relatórios é determinado pela necessidade de informações dos usuários primários dos RCPG e pelos objetivos da elaboração e divulgação da informação contábil.

e) As empresas estatais dependentes são empresas controladas que recebem do ente controlador recursos financeiros para pagamento de despesas com pessoal, despesas de custeio em geral ou despesas de capital, excluídos, no último caso, aqueles provenientes de aumento de participação acionária.

6. A respeito do volume e da significância das transações, julgue as afirmativas a seguir.

I. As transações sem contraprestação são relativamente comuns no setor público.

II. A quantidade de serviços públicos prestados a um indivíduo, normalmente, é diretamente proporcional ao volume de tributos cobrados dele.

III. A tributação é uma transação.

IV. Os governos e as entidades do setor público são responsáveis perante os contribuintes.

Somente é correto o que se afirma em:

a) I, II e III.
b) II, III e IV.
c) I, III e IV.
d) II e III.
e) I e IV.

7. Julgue as seguintes afirmativas e depois escolha a resposta correta:

I. O governo e outras entidades do setor público elaboram orçamentos.

II. A Constituição brasileira exige a elaboração do orçamento anual.

III. Cabe ao Poder Legislativo e ao ministério público a aprovação do orçamento anual.

IV. A sociedade deve auxiliar na fiscalização da gestão das entidades públicas.

Somente é correto o que está em:

a) I, II e III.
b) II, III e IV.
c) I, III e IV.
d) I, II e IV.
e) I e II.

8. A respeito da longevidade do setor público, julgue as seguintes afirmativas e depois escolha a resposta correta:

I. Muitos programas do setor público são de longo prazo.

II. A capacidade de um ente público para cumprir seus compromissos depende dos tributos e das contribuições a serem arrecadados no futuro.

III. Os efeitos financeiros de determinadas decisões poderão ser observados após muitos anos.

É correto o que está em:

a) Todas.
b) I e II somente.
c) I e III somente.
d) II e III somente.
e) III somente.

9.
Qual é a razão para um ente público manter ativos imobilizados e outros ativos? Marque a resposta correta:

a) O valor de mercado.

b) O ente não precisa de liquidez.

c) O potencial de geração de serviços.

d) O potencial de geração de fluxo de caixa.

e) A necessidade de grande especialização.

10.
Os relatórios estatísticos de finanças públicas (EFP) são utilizados, principalmente, para:

I. Analisar opções de política fiscal.

II. Definir as políticas fiscais e avaliar os seus impactos.

III. Determinar o impacto das políticas fiscais sobre a economia.

IV. Comparar os resultados fiscais nacional e internacionalmente.

São corretas:

a) I, II e III somente.

b) II, III e IV somente.

c) I, III e IV somente.

d) III e IV somente.

e) Todas.

11.
Qual das alternativas a seguir **não** está entre os objetivos da elaboração e divulgação da informação contábil?

a) Fornecer informações.

b) Exercer autoridade.

c) Auxiliar na prestação de contas.

d) Auxiliar na responsabilização.

e) Auxiliar na tomada de decisões.

12.
Fazem parte das informações fornecidas pelos relatórios contábeis de propósitos gerais (RCPG):

I. Situação patrimonial.

II. Fluxos de caixa.

III. Informação orçamentária.

IV. Notas explicativas.

São corretas:

a) I, II e III somente.

b) I, III e IV somente.

c) I, II e IV somente.

d) Todas.

e) I e IV somente.

13.
As características qualitativas da informação contábil incluída nos RCPG são:

a) A relevância, o custo-benefício, o alcance do benefício apropriado, a compreensibilidade e a verificabilidade.

b) A representação fidedigna, a materialidade, a compreensibilidade e a tempestividade.

c) A representação fidedigna, a compreensibilidade, a tempestividade, a materialidade e o custo-benefício.

d) A relevância, a representação fidedigna, a compreensibilidade, a tempestividade, a comparabilidade e a verificabilidade.

e) A relevância, a representação fidedigna, a compreensibilidade, a tempestividade, a comparabilidade e a materialidade.

14. As restrições inerentes à informação contida nos RCPG são:

a) A materialidade, o valor confirmatório, o preditivo e o custo-benefício.

b) A materialidade, o custo-benefício e o alcance do equilíbrio apropriado entre as características qualitativas.

c) O custo-benefício, o valor confirmatório, o preditivo e as premissas-chave.

d) O alcance do equilíbrio apropriado, as premissas-chave e o preditivo.

e) O valor confirmatório, a materialidade, e as premissas-chave.

15. A representação fidedigna é alcançada:

a) Com a informação similar sobre a mesma entidade referente a algum outro exercício ou a algum outro momento no tempo.

b) Quando a representação do fenômeno é completa, neutra e livre de erro material. Na prática, essa certeza nem sempre é possível, mas deve-se chegar o mais próximo.

c) A informação representa os fenômenos econômicos e de outra natureza, os quais se pretendem representar sem erro material ou viés.

d) A informação contábil impõe custos, e seus benefícios devem justificá-los.

e) A informação precisa ser tempestiva e compreensível.

16. Os elementos das demonstrações contábeis são:

a) Ativo, passivo, receita, despesa.

b) Ativo, passivo, receita, despesa, contribuição dos proprietários.

c) Ativo, passivo, receita, despesas e distribuição aos proprietários.

d) Ativo, passivo, receita e distribuição aos proprietários.

e) Ativo, passivo, receita, despesas, contribuição dos proprietários e distribuição aos proprietários.

17. Tempestividade é:

a) A informação estar disponível para os usuários a qualquer tempo.

b) A informação ser útil para fins de prestação de contas e responsabilização e tomada de decisão.

c) Ter informação disponível para os usuários antes que ela perca a sua capacidade de ser útil para fins de prestação de contas e responsabilização e tomada de decisão.

d) A informação intempestiva para fins de prestação de contas e responsabilização e tomada de decisão.

e) Ter informação disponível para os usuários após a perda de sua capacidade de ser útil.

18. Compreensibilidade é:

a) A informação não precisa ser um ponto único estimado.

b) A qualidade da informação que permite que os usuários compreendam o seu significado.

c) A qualidade da informação que possibilita aos usuários identificar semelhanças e diferenças entre dois conjuntos de fenômenos.

d) Idêntica à consistência.

e) A informação contribui para a utilidade dos tomadores de decisões.

19. Comparabilidade é:

a) O reconhecimento apropriado, a mensuração ou o método de representação aplicado sem erro material ou viés.

b) A qualidade da informação que possibilita aos usuários identificar semelhanças e diferenças entre dois conjuntos de fenômenos.

c) A qualidade da suportabilidade que é utilizada para descrever uma característica que não é absoluta.

d) O fato de haver alguma informação que pode ser mais ou menos passível de verificação do que outra.

e) Assegurar aos usuários que a informação representa fielmente os fenômenos econômicos.

20. Verificabilidade é:

a) A qualidade da informação que ajuda a assegurar aos usuários que a informação contida nos RCPG representa fielmente os fenômenos econômicos ou de outra natureza que se propõe a representar.

b) Todos os esforços devem ser realizados para representar os fenômenos econômicos e de outra natureza incluídos nos RCPG de maneira que seja compreensível para a grande quantidade de usuários.

c) A compreensão é aprimorada quando a informação é classificada e apresentada de maneira clara e sucinta.

d) A informação do RCPG não é aprimorada ao se fazer com que coisas distintas pareçam semelhantes, assim como ao fazer com que coisas semelhantes pareçam distintas.

e) A utilidade da informação é aprimorada se puder ser comparada.

21. De acordo com a estrutura conceitual para elaboração e divulgação de informação contábil de propósito geral pelas entidades do setor público, assinale a alternativa correta:

a) A seleção da base de mensuração para ativos e passivos não contribui para satisfazer aos objetivos da elaboração e divulgação da informação contábil pelas entidades do setor público.

b) A estrutura conceitual propõe uma única base de mensuração (ou a combinação de bases de mensuração) para todas as transações, eventos e condições.

c) Custo histórico de um ativo é a importância fornecida para se adquirir ou desenvolver um ativo, o qual corresponde ao caixa ou equivalentes de caixa ou o valor de outra importância fornecida à época de sua aquisição ou desenvolvimento.

d) Potencial de serviços apropriado é aquele que a entidade não espera utilizar, tendo em vista a incerteza de se manter a capacidade de serviços.

e) Custo de reposição do ativo reflete o aumento na capacidade de serviço exigida.

22. São bases de mensuração dos ativos, **exceto**:

a) Valor em uso.

b) Custo de liberação.

c) Custo histórico.

d) Valor de mercado.

e) Custo de reposição ou substituição.

23. São bases de mensuração dos passivos, **exceto**:

a) Valor de mercado.

b) Custo de cumprimento da obrigação.

c) Preço presumido.

d) Valor em uso.

e) Custo de liberação.

24. Existem quatro bases de mensuração a valor corrente. São elas:

a) Valor de mercado; custo de reposição ou substituição; preço líquido de venda; e valor de uso.

b) Custo de cumprimento da obrigação; preço presumido; valor de mercado; e preço líquido de venda.

c) Valor em uso; custo de liberação; preço presumido; e valor de mercado.

d) Valor de mercado; valor em uso; custo de liberação; e preço líquido de venda.

e) Custo de liberação; valor de mercado; preço presumido; e custo de reposição ou substituição.

25. São características dos mercados abertos, ativos e organizados:

a) Existem barreiras que impedem a entidade de realizar transações no mercado; eles não são mercados ativos e, assim, não há frequência e volume suficientes de transações para fornecer informação sobre o valor; e eles são desorganizados, com compradores e vendedores mal informados, agindo por impulso, de modo que não há garantia de imparcialidade na determinação dos preços correntes.

b) Não existem barreiras que impeçam a entidade de realizar transações no mercado; eles são mercados ativos e, assim, há frequência e volume suficientes de transações para fornecer informação sobre o valor; e eles são organizados, com compradores e vendedores bem informados, agindo sem impulsos, de modo a haver garantia de imparcialidade na determinação dos preços correntes, inclusive que os preços não representem vendas precipitadas.

c) Livre concorrência; concorrência perfeita; e atividade plena.

d) Não representam vendas precipitadas; são organizados pela lei da oferta e procura; são mercados de livre concorrência.

e) Vendas precipitadas; concorrência perfeita; sem barreiras que impeçam a entidade de realizar transações no mercado.

26. A avaliação da capacidade financeira requer a informação sobre o montante que deveria ser recebido na venda do ativo. Essa informação é fornecida:

a) Pelo valor em uso.

b) Pelo custo de cumprimento da obrigação.

c) Pelo preço presumido.

d) Pelo custo de liberação.

e) Pelo valor de mercado.

27. Assinale a alternativa **incorreta**:

a) Valor em uso é o valor presente, para a entidade, do potencial de serviços ou da capacidade de gerar benefícios econômicos remanescentes do ativo, caso este continue a ser utilizado, e do valor líquido que a entidade receberá pela sua alienação ao final da sua vida útil.

b) Valor em uso é o valor futuro de determinado ativo, e a expectativa do potencial de serviços ou da capacidade de gerar benefícios econômicos futuros, até o final da sua vida útil.

c) O valor em uso é base de mensuração apropriada para a avaliação de determinados ajustes de redução ao valor recuperável porque é utilizado na determinação do montante recuperável para o ativo ou grupo de ativos.

d) O valor em uso também não é base de mensuração apropriada quando for menor que o preço líquido de venda, já que, nesse caso, o uso mais eficiente do ativo é vendê-lo em vez de continuar a utilizá-lo.

e) O valor em uso será apropriado quando for menor do que o custo de reposição e maior do que o seu preço líquido de venda.

28. Assinale a alternativa correta:

a) As vantagens e desvantagens do valor de mercado para os passivos não são as mesmas que para os ativos.

b) O custo de liberação é o montante que o credor rejeita no cumprimento da sua demanda.

c) O preço presumido é o termo utilizado no contexto dos passivos para se referir ao mesmo conceito do custo histórico para os ativos.

d) Valor de mercado para passivos é o montante pelo qual um passivo pode ser liquidado entre partes cientes e interessadas em transação sob condições normais de mercado.

e) Custo de cumprimento da obrigação corresponde aos custos nos quais a entidade incorre no cumprimento das obrigações representadas pelo passivo, assumindo que o faz da maneira mais onerosa.

29. Julgue as alternativas a seguir:

I. O potencial de serviços apropriado é aquele no qual a entidade seja capaz de utilizar ou espera utilizar, tendo em vista a necessidade de se manter capacidade de serviços suficiente para lidar com as contingências.

II. A informação sobre o valor de mercado dos ativos mantidos para prestar serviços futuros não é útil se refletir o valor que a entidade é capaz de obter deles ao utilizá-los na prestação de serviços.

III. O custo histórico de um ativo é a importância fornecida para se adquirir ou desenvolver um ativo, o qual corresponde ao caixa ou equivalentes de caixa ou o valor de outra importância fornecida à época de sua aquisição ou desenvolvimento.

Assinale a opção correta:

a) Somente I está correta.

b) I e III estão corretas.

c) II e III estão corretas.

d) Todas as alternativas estão corretas.

e) Todas as alternativas estão incorretas.

30. De acordo com a estrutura conceitual para elaboração e divulgação de informação contábil de propósito geral pelas entidades do setor público, assinale a alternativa **incorreta**:

a) O objetivo da mensuração é selecionar bases que reflitam de modo mais adequado o custo dos serviços, a capacidade operacional e a capacidade financeira da entidade de forma que seja útil para a prestação de contas e responsabilização (*accountability*) e tomada de decisão.

b) Custo histórico de um ativo é a importância fornecida para se adquirir ou desenvolver um ativo, o qual corresponde ao caixa ou equivalentes de caixa ou o valor de outra importância fornecida à época de sua aquisição ou desenvolvimento.

c) Valor em uso para ativos é o montante pelo qual um ativo pode ser trocado entre partes cientes e dispostas, em transação sob condições normais de mercado.

d) Determinadas medidas podem ser classificadas como sendo ou não observáveis em mercado aberto, ativo e organizado. As medidas observáveis em mercado são, provavelmente, mais fáceis de serem compreendidas e verificadas do que as medidas não observáveis. Elas também podem representar mais fielmente os fenômenos que estejam mensurando.

e) As bases de mensuração para o passivo também podem ser classificadas em termos de valores de entrada ou de saída. Os valores de entrada se relacionam com a transação na qual a obrigação é contraída ou com o montante que a entidade aceitaria para assumir um passivo. Os valores de saída refletem o montante exigido para cumprir a obrigação ou o montante exigido para liberar a entidade da obrigação.

31. As decisões sobre o agrupamento efetivo da informação consideram as conexões entre os conjuntos de informações, a natureza dos diferentes conjuntos de informações e, na extensão apropriada, os fatores específicos a determinada jurisdição. Com relação à organização da informação, é correto afirmar, **exceto**:

a) Ela dá suporte ao alcance dos objetivos da elaboração e da divulgação da informação contábil e auxilia a informação evidenciada a satisfazer às características qualitativas.

b) As conexões com a informação proveniente de outras fontes não prejudicam o alcance das características qualitativas do RCPG.

c) A data de emissão de qualquer informação conectada deve ser tão próxima quanto possível à data da divulgação das demonstrações contábeis, de modo que a informação evidenciada seja intempestiva.

d) A informação evidenciada está conectada por meio da utilização de cabeçalhos consistentes, ordem de apresentação e/ou outros métodos apropriados à relação e ao tipo de informação.

e) Ela busca assegurar que as mensagens-chave sejam compreensíveis, identifica claramente as relações importantes, fornece o destaque apropriado à informação que transmite mensagens--chave e facilita as comparações.

32. Leia os textos a seguir para responder a esta questão:

– As características qualitativas da informação incluída nos RCPG são atributos que tornam a informação útil para os usuários e dão suporte ao cumprimento dos objetivos da informação contábil.

– A mesma informação auxilia a confirmar ou a corrigir as expectativas e as previsões passadas dos usuários acerca da capacidade da entidade de responder a tais alterações.

– Na prática, pode não ser possível ter certeza ou saber se a informação apresentada nos RCPG está completa, neutra e livre de erro material. Entretanto, a informação deve estar completa, neutra e livre de erro material tanto quanto possível.

– Alguns fenômenos econômicos e de outra natureza são particularmente complexos e difíceis de serem representados nos RCPG, e alguns usuários podem precisar de ajuda de assistente para auxiliá-los em sua compreensão.

Esses textos fazem referência, respectivamente, a:

a) Tempestividade, relevância, compreensibilidade e fidedignidade.

b) Relevância, representação fidedignidade e compreensibilidade.

c) Compreensibilidade, tempestividade e representação fidedigna.

d) Representação fidedigna, compreensibilidade e tempestividade.

e) Relevância, compreensibilidade, tempestividade e fidedignidade.

33. Para fins de prestação de contas e responsabilização (*accountability*) e tomada de decisão, os usuários de serviço e os provedores de recursos necessitam de informações que possam dar suporte às avaliações de questões como:

a) Desempenho da entidade durante o exercício seguinte.

b) Liquidez (por exemplo, a capacidade de satisfazer às obrigações atuais) e a insolvência (por exemplo, a capacidade de satisfazer às obrigações em longo prazo) da entidade.

c) Sustentabilidade da prestação de serviços pela entidade e de outras operações em curto prazo, e as mudanças decorrentes como resultado das atividades da entidade durante o exercício.

d) Capacidade da entidade de continuar a financiar as suas atividades para satisfazer aos seus objetivos operacionais no futuro (sua capacidade financeira), inclusive as fontes prováveis de financiamento.

e) Capacidade da entidade de se adaptar a novas situações, devido a mudanças geográficas ou nas condições econômicas nacionais ou globais que provavelmente irão impactar a natureza ou a composição das atividades que realiza ou os serviços que são prestados.

34. O objetivo principal da maioria das entidades do setor público é prestar serviços à sociedade, em vez de obter lucros e gerar retorno financeiro aos investidores. Os usuários dos RCPG das entidades do setor público precisam de informações para subsidiar as avaliações de algumas questões, tais como:

a) Se a entidade prestou seus serviços à sociedade de maneira eficiente e eficaz.

b) Quais são os recursos atualmente disponíveis para gastos futuros, e até que ponto há restrições ou condições para a utilização desses recursos.

c) A extensão na qual a carga tributária, que recai sobre os contribuintes em períodos futuros para pagar por serviços correntes, tem mudado.

d) Se a capacidade da entidade para prestar serviços melhorou ou piorou em comparação com exercícios anteriores.

e) Todas as alternativas estão corretas.

35. Acerca das características qualitativas, marque a opção **incorreta**:

a) As características qualitativas da informação incluída nos RCPG são atributos que a tornam útil para os usuários e dão suporte ao cumprimento dos objetivos da informação contábil.

b) As características qualitativas da informação incluída nos RCPG são a relevância, a representação fidedigna, a compreensibilidade, a tempestividade, a comparabilidade e a verificabilidade.

c) As restrições inerentes à informação contida nos RCPG são a materialidade, o custo-benefício e o alcance do equilíbrio apropriado entre as características qualitativas.

d) Cada uma das características qualitativas é integrada e funciona em conjunto com as outras características, de modo a fornecer informação útil nos RCPG para cumprir os objetivos da informação contábil.

e) As características qualitativas não se aplicam a todas as informações financeiras e não financeiras apresentadas nos RCPG, inclusive às informações histórica e prospectiva, além da informação explicativa.

36. Acerca dos elementos das demonstrações contábeis, marque a opção **incorreta**:

a) Ativo é um recurso controlado no presente pela entidade como resultado de evento passado.

b) Passivo é uma obrigação presente, derivada de evento passado, cuja extinção deva resultar na saída de recursos da entidade.

c) Receita corresponde a aumentos na situação patrimonial líquida da entidade não oriundos de contribuições dos proprietários.

d) Despesa corresponde a diminuições na situação patrimonial líquida da entidade oriundas de distribuições aos proprietários.

e) Contribuição dos proprietários corresponde a entrada de recursos para a entidade a título de contribuição de partes externas, que estabelece ou aumenta a participação delas no patrimônio líquido da entidade.

37. Acerca do reconhecimento nas demonstrações contábeis, marque a opção **incorreta**:

a) Reconhecimento é o processo de incorporar e de incluir um item, expresso em valores a serem demonstrados no corpo da demonstração contábil apropriada.

b) O reconhecimento envolve a avaliação da incerteza relacionada com a existência e a mensuração do elemento.

c) Para se reconhecer um item nas demonstrações contábeis, não é necessário atribuir um valor monetário a ele.

d) Pode haver incerteza associada à mensuração de montantes apresentados nas demonstrações contábeis.

Cap. 1 • A contabilidade aplicada ao setor público brasileiro | 25

e) O desreconhecimento é o processo de avaliar se ocorreram mudanças, desde a data do relatório anterior, que justifiquem a remoção de elemento que tenha sido previamente reconhecido nas demonstrações contábeis.

38. Acerca da mensuração de ativos e passivos nas demonstrações contábeis, marque a opção **incorreta**:

a) O objetivo da mensuração é selecionar bases que reflitam de modo mais adequado o custo dos serviços, a capacidade operacional e a capacidade financeira da entidade de forma que seja útil para a prestação de contas e responsabilização (*accountability*) e tomada de decisão.

b) A seleção da base de mensuração pressupõe a avaliação do grau de observância das características qualitativas, enquanto considera as restrições sobre a informação nos RCPG.

c) Para o ativo, os valores de entrada refletem o custo da venda.

d) Os valores de entrada relacionam-se com a transação na qual a obrigação é contraída ou com o montante que a entidade aceitaria para assumir um passivo.

e) Custo histórico de um ativo é a importância fornecida para se adquirir ou desenvolver um ativo, o qual corresponde ao caixa ou equivalentes de caixa ou o valor de outra importância fornecida à época de sua aquisição ou desenvolvimento.

39. Acerca da definição de ativo, assinale a afirmativa **incorreta**:

a) É um recurso controlado no presente pela entidade como resultado de evento passado.

b) Benefícios econômicos correspondem a entradas de caixa ou a reduções de saída de caixa.

c) O potencial de serviços possibilita à entidade alcançar os seus objetivos gerando entrada líquida de caixa, necessariamente.

d) A forma física não é uma condição indispensável para ser um ativo.

e) A propriedade legal do recurso não é condição indispensável para caracterizar um ativo.

40. São características qualitativas incluídas nos RCPG, **exceto**:

a) Relevância.

b) Representação fidedigna.

c) Comparabilidade.

d) Verificabilidade.

e) Essência sobre a forma.

41. São exemplos de entidades públicas alcançadas pelas NBC TSP, **exceto**:

a) Tribunais de contas.

b) Banco do Brasil.

c) Embrapa.

d) Superintendência de seguros privados.

e) Ministério público.

42. Sobre a estrutura conceitual das NBC TSP, assinale a alternativa **incorreta**:

a) O objetivo principal da maioria das entidades públicas é prestar serviços à sociedade.

b) Governos e outras entidades devem prestar contas à sociedade.

c) As empresas estatais independentes não são alcançadas pelas NBC TSP.

d) O objetivo das demonstrações contábeis do setor público é o fornecimento de informações para subsidiar os processos decisórios e a prestação de contas e responsabilização.

e) O fluxo de caixa dos governos não é uma informação fornecida pelo RCPG.

43. Com base na estrutura conceitual das NBC TSP, marque a afirmativa correta:

a) Os RCPG restringem-se às informações financeiras.

b) As informações financeiras contidas nos RCPG são relevantes se forem capazes de influenciar significativamente o cumprimento do objetivo da divulgação.

c) A verificabilidade é uma restrição inerente às informações contidas nos RCPG.

d) A divulgação da informação contábil não visa fornecer subsídio para responsabilização, apenas para fins de prestação de contas.

e) As características qualitativas não se aplicam às informações explicativas.

44. Em relação ao custo de reposição, assinale a alternativa **incorreta**:

a) É o custo mais econômico exigido para a entidade substituir o potencial de serviços de ativo na data do relatório.

b) Inclui todos os custos que seriam, necessariamente, incorridos na reposição potencial de serviços do ativo.

c) É específico à entidade e, portanto, reflete a posição econômica dela, em vez da posição predominante em mercado hipotético.

d) Difere do custo de reprodução, que é o custo de se adquirir um ativo idêntico.

e) No contexto do setor público, é, explicitamente, um valor de saída que reflete o custo de reposição do potencial de serviços do ativo.

45. Os custos dos serviços devem ser evidenciados em termos presentes quando baseados no custo de reposição. Assim, o montante do ativo consumido deve ser reconhecido pelo valor dos ativos na época em que foram adquiridos. Essa afirmação é:

a) Verdadeira.

b) Falsa.

46. A organização da informação nas demonstrações contábeis inclui decisões sobre:

I. O tipo e o número de demonstrações.

II. O detalhamento dos totais em subcategorias significativas.

III. O ordenamento e o agrupamento de itens expostos em cada demonstração.

IV. A identificação de agregados (aditivos ou subtrativos).

V. A identificação de outra informação para inclusão na demonstração.

Assinale a alternativa correta:

a) Somente I está correta.

b) I e II estão corretas.

c) II e III estão corretas.

d) Todas as alternativas estão corretas.

e) I, II, III e V estão corretas.

47. Quanto às características relacionadas com as decisões sobre a organização da informação, é **incorreto** afirmar:

a) São importantes relacionamentos entre a informação.

b) Indicam se a informação é para exposição ou para evidenciação.

c) Os relacionamentos restringem-se a aprimoramento, similaridade e propósito comum.

d) Facilitam as comparações.

e) Identificam claramente as relações importantes.

Cap. 1 • A contabilidade aplicada ao setor público brasileiro | **27**

48. A respeito da elaboração e divulgação da informação contábil:

I. A necessidade de informação dos usuários influencia as decisões relativas à apresentação das informações.

II. As demonstrações contábeis evidenciam de modo abrangente o desempenho dos serviços da entidade.

III. Outros relatórios nos RCPG apresentam informação adicional às demonstrações contábeis.

Assinale a alternativa correta:

a) Somente I está correta.

b) I e II estão corretas.

c) II e III estão corretas.

d) I e III estão corretas.

e) Todas as alternativas estão corretas.

49. Quanto à apresentação de informação no RCPG das entidades do setor público, marque a alternativa **incorreta**:

a) O idioma (ou idiomas) no(s) qual(is) as demonstrações contábeis e outros RCPG são divulgados dá suporte à realização dos objetivos da elaboração e da divulgação da informação contábil e as características qualitativas.

b) Todas as versões traduzidas precisam ser fiéis à versão do idioma original.

c) A versão traduzida é disponibilizada para satisfazer às necessidades dos usuários em referência a: dispositivos legais na jurisdição da entidade; e relação custo-benefício da tradução.

d) A apresentação não corresponde à seleção, à localização e à organização da informação que é evidenciada nos RCPG.

e) A apresentação visa fornecer informação que contribua com os objetivos da elaboração e da divulgação da informação contábil e alcança as características qualitativas, enquanto considera as restrições na informação incluída nos RCPG.

50. Quanto à apresentação de informação no RCPG das entidades do setor público, marque a alternativa **incorreta**:

a) As decisões sobre a seleção, a localização e a organização da informação são tomadas em resposta às necessidades dos usuários pela informação sobre os fenômenos econômicos, financeiros e de outra natureza.

b) Adicionalmente às demonstrações contábeis, os RCPG fornecem informação relevante, por exemplo, para avaliações do desempenho dos serviços da entidade e a sustentabilidade das suas finanças.

c) Os objetivos da elaboração e divulgação da informação contábil aplicados à área coberta por determinado relatório orientam as decisões sobre a apresentação daquele relatório.

d) As decisões sobre a seleção, a localização e a organização da informação não estão interligadas e, na prática, provavelmente são consideradas em conjunto.

e) O montante ou o tipo de informação selecionada pode ter implicações sobre se o relatório é elaborado em separado ou organizado em quadros ou tabelas separadas.

51. Quanto à apresentação de informação no RCPG das entidades do setor público, marque a alternativa **incorreta**:

a) Os objetivos da elaboração e da divulgação da informação contábil são o de fornecer informação sobre a entidade que seja útil para os usuários dos RCPG para fins de prestação de contas e responsabilização (*accountability*) e tomada de decisão.

b) A informação é selecionada para exposição e não para evidenciação nos RCPG.

28 | Contabilidade aplicada ao setor público • *Bezerra Filho*

c) A informação selecionada para exposição comunica mensagens-chave no RCPG, enquanto a informação selecionada para evidenciação torna a informação exposta mais útil ou fornece detalhes que auxiliam os usuários a entenderem a informação exposta.

d) A evidenciação não substitui a exposição.

e) A repetição da informação no RCPG geralmente precisa ser evitada.

52. Quanto à apresentação de informação no RCPG das entidades do setor público, marque a alternativa **incorreta**:

a) Nenhum RCPG contém mensagens-chave que são comunicadas, uma vez que todos eles contêm informação exposta.

b) A informação exposta observa um nível conciso e compreensível, de modo que os usuários possam focar nas mensagens-chave apresentadas e não serem distraídos por algum detalhe que, de outra maneira, poderia obscurecer essas mensagens.

c) A informação exposta é destacadamente apresentada utilizando-se técnicas de apresentação apropriadas, como classificações, margens, quadros e gráficos.

d) Os itens expostos nas demonstrações contábeis fornecem informação sobre questões como, por exemplo, a situação patrimonial, o desempenho e os fluxos de caixa da entidade que reporta a informação.

53. Quanto à apresentação de informação no RCPG das entidades do setor público, marque a alternativa **incorreta**:

a) A avaliação de se o item satisfaz os critérios de reconhecimento é um dos principais mecanismos para se determinar se a informação não deve ser exposta no demonstrativo que evidencia a situação patrimonial ou no demonstrativo que evidencia o desempenho das entidades do setor público e/ou divulgada nas notas explicativas ou em outro lugar nos RCPG.

b) O desenvolvimento de requisitos para a exposição das rubricas dos relatórios e os respectivos totais envolve equilibrar a padronização da informação exposta (a qual facilita a compreensibilidade) com a informação que é elaborada para os fatores específicos à entidade.

c) O objetivo tanto dos requisitos da exposição padronizada como da informação específica à entidade é assegurar que a informação necessária para satisfazer aos objetivos da elaboração e da divulgação da informação contábil esteja disponível para todas as entidades.

d) O nível de detalhe fornecido pela informação exposta contribui para a realização dos objetivos da elaboração e da divulgação da informação contábil, desde que não seja excessivo.

e) A informação evidenciada, assim como a informação exposta, é necessária para a realização dos objetivos da elaboração e da divulgação da informação contábil.

54. Com relação aos elementos das demonstrações contábeis, são definidos pela NBC TSP – PEC:

a) Contribuição dos proprietários.

b) Passivo.

c) Receita.

d) Distribuição dos proprietários.

e) Todas as alternativas anteriores.

55. Para avaliar se a entidade controla o recurso no presente, deve ser observada a existência dos seguintes indicadores de controle:

a) Direito legítimo ao potencial de serviços.

b) Acesso ao recurso.

c) Capacidade de negar ou restringir acesso aos recursos.

Cap. 1 • A contabilidade aplicada ao setor público brasileiro | 29

d) Capacidade para gerar os benefícios econômicos advindos do recurso.

e) Todas as alternativas anteriores.

56. No setor público, as obrigações podem surgir em uma série de eventos. Por exemplo, na implementação de programa ou serviço, a obrigação pode decorrer:

a) Da ideologia do partido no poder.

b) Do Senado e suas concessões.

c) Do anúncio de política.

d) Do patrimônio estatal.

e) Nenhuma das alternativas.

57. Acerca das receitas e despesas públicas que formam o resultado, pode-se afirmar:

a) Receita é todo aumento de ativo.

b) Receita corresponde a aumentos do PL decorrentes unicamente da arrecadação.

c) Receita corresponde a aumentos na situação patrimonial líquida da entidade não oriundos de contribuição dos proprietários.

d) Despesa corresponde a aumento de gastos oriundos de orçamento público.

e) Despesa corresponde a perdas e gastos orçados ou não pagos no exercício.

58. Ao se avaliar o surgimento do direito de controle de recursos, deve-se considerar:

a) A capacidade individual para exercer o poder.

b) A constituição de poder por meio de lei, estatuto ou instrumento congênere.

c) O exercício do poder de criar um direito.

d) O evento que dá origem ao direito de receber recursos de terceiros.

59. A seleção da base de mensuração para ativos e passivos contribui para satisfazer aos objetivos de elaboração e divulgação da informação contábil pelas entidades do setor público, ao fornecer informação que possibilite os usuários avaliarem:

I. O custo dos serviços prestados no período, em termos históricos ou atuais.

II. A capacidade operacional – a capacidade da entidade em dar suporte à prestação de serviços no futuro por meio de recursos físicos e outros.

III. A capacidade financeira – a capacidade da entidade em financiar as suas próprias atividades.

Estão corretas as alternativas:

a) I.

h) I e III

c) I, II e III.

d) II e III

60. São objetivos da elaboração e divulgação dos RCPG previstos na NBC TSP Estrutura Conceitual:

a) Estabelecer normas gerais de direito financeiro para elaboração e controle dos orçamentos e balanços da União, dos estados, dos municípios e do Distrito Federal.

b) Fornecer informações que sejam úteis na tomada de decisões econômicas e avaliações por parte dos usuários, tendo o propósito de atender finalidade ou necessidade específica de determinados grupos de usuários.

c) Fornecer informações úteis aos usuários dos serviços e provedores de recursos com a finalidade de prestação de contas e responsabilização (*accountability*) e tomada de decisão.

30 | Contabilidade aplicada ao setor público • *Bezerra Filho*

d) Estabelecer normas de finanças públicas voltadas para a responsabilidade na gestão fiscal.

e) Fornecer informações úteis aos usuários dos serviços e provedores de recursos com a finalidade exclusiva de prestação de contas, no entanto os RCPG não auxiliam na responsabilização da atuação do gestor público.

61. No âmbito da norma brasileira de contabilidade, no que diz respeito ao relacionamento com as estatísticas de finanças públicas (EFP):

I. Os objetivos das informações contábeis e das estatísticas de finanças públicas são distintos e podem ocasionar interpretações diferentes para o mesmo fenômeno, mas deve-se buscar, sempre que possível, o alinhamento entre essas informações.

II. Os objetivos e o alcance distintos levam ao tratamento também distinto de algumas transações e eventos. A eliminação das diferenças não fundamentais para os objetivos das duas estruturas conceituais e a utilização de um único sistema de informação contábil integrado para gerar tanto as demonstrações contábeis quanto os relatórios de EFP podem proporcionar benefícios aos usuários em termos de qualidade, tempestividade e compreensibilidade dos relatórios.

III. As NBC TSP e as diretrizes para relatórios de EFP têm objetivos similares, que é o fornecimento de informações úteis sobre a entidade que reporta a informação, voltadas para os usuários dos RCPG para fins de prestação de contas e responsabilização (*accountability*) e para a tomada de decisão.

a) Somente I está correta.

b) Somente II está correta.

c) Estão corretas I e II.

d) Estão corretas II e III.

e) Estão corretas I e III.

62. Com base na norma brasileira de contabilidade NBC TSP, no que diz respeito à comparabilidade, assinale a opção **incorreta**:

a) Comparabilidade é a qualidade da informação que possibilita aos usuários identificar semelhanças e diferenças entre dois conjuntos de fenômenos.

b) A comparabilidade difere da consistência. A consistência refere-se à utilização dos mesmos princípios ou políticas contábeis e da mesma base de elaboração, seja de período a período dentro da entidade ou de um único período entre duas ou mais entidades.

c) A comparabilidade não difere da uniformidade. Para que a informação seja comparável, coisas semelhantes devem parecer semelhantes e coisas distintas não precisam parecer distintas.

d) A aplicação consistente dos princípios contábeis, das políticas e da base de elaboração para as informações financeiras e não financeiras prospectivas aprimora a utilidade de qualquer comparação entre os resultados projetados e os reais.

e) A informação sobre a situação patrimonial da entidade, o desempenho, os fluxos de caixa, a conformidade com os orçamentos aprovados ou com outra legislação relevante ou com os demais regulamentos relacionados com a captação e com a utilização dos recursos, o desempenho da prestação de serviços e os seus planos futuros, é necessária para fins de prestação de contas e responsabilização (*accountability*) e tomada de decisão.

Para o livro impresso, as respostas estão disponíveis como material suplementar no ambiente virtual de aprendizagem do GEN (www.grupogen.com.br).

2

PATRIMÔNIO DO SETOR PÚBLICO

APRESENTAÇÃO

No cenário atual e potencial de desenvolvimento econômico e social do país, de quebras de paradigmas, *accountability*, transparência, eficiência na gestão e instrumentalização do controle social, faz-se necessária a modernização dos conceitos e dos procedimentos da ciência contábil no setor público, tudo sob o alicerce dos princípios contábeis e das diretrizes estabelecidas na estrutura conceitual (CFC, 2016).

Daí a importância da temática apresentada no presente capítulo, que enfoca, nos planos conceitual e pragmático, os aspectos de maior relevância para implantação e adoção sistemática de uma verdadeira contabilidade patrimonial no setor público brasileiro.

2.1 DEFINIÇÃO DE PATRIMÔNIO PÚBLICO

Comumente, **patrimônio** é definido como o conjunto de bens, direitos e obrigações, sob o controle de pessoa(s) física(s) ou jurídica(s), cuja operacionalidade e/ou utilização deve resultar no cumprimento da missão e dos objetivos para os quais foi concebido.

No caso do patrimônio público, esse conceito também se aplica, com uma visão mais voltada ao setor, podendo ser definido como segue:

Patrimônio público é o conjunto de recursos que representam os bens e os direitos, onerados ou não (obrigações), adquiridos, formados, produzidos, recebidos, mantidos, controlados e/ou utilizados pelo poder público (União, estados e municípios), que seja portador ou represente um fluxo de benefícios, presente ou futuro, inerente à prestação de serviços ou à exploração econômica por parte das entidades do setor público, no cumprimento das atribuições e dos objetivos que lhes concebem.

Fonte: Adaptado do grupo assessor da área pública junto ao CFC (2008).

O patrimônio público deve ser analisado sob dois aspectos: quantitativo e qualitativo, aprofundados a seguir.

2.2 ASPECTO QUALITATIVO DO PATRIMÔNIO

O aspecto qualitativo não indaga o valor dos elementos patrimoniais, mas, sim, a sua qualidade funcional, isto é, as formas e as composições qualitativas que podem adquirir na instituição, procurando estabelecer a composição que melhor concorra para alcançar seus fins com a máxima economicidade, qualidade e produtividade.

Sob esse prisma, o patrimônio é visto como o conjunto dos elementos ou espécies de que é constituído, segregado em Patrimônio positivo (bens e direitos) e oneroso (obrigações), que serão analisados separadamente.

2.2.1 Disponibilidades

Compreendem o somatório dos valores em caixa e em bancos, bem como equivalentes, que representam recursos com livre movimentação para aplicação nas operações da entidade e para os quais não haja restrições para uso imediato (STN, 2018).

As disponibilidades têm as seguintes características:

- São mensuradas ou avaliadas pelo valor original, feita a conversão, quando em moeda estrangeira, à taxa de câmbio vigente na data do balanço patrimonial.
- As aplicações financeiras de liquidez imediata são mensuradas ou avaliadas pelo valor original, atualizadas até a data da publicação do balanço patrimonial da entidade.
- As atualizações apuradas são contabilizadas em contas de resultado.

Exemplos: caixa, depósitos bancários à vista, aplicações de liquidez imediata.

2.2.2 Créditos (direitos)

Como em qualquer outra entidade administrável, o ente público possui valores a receber por conta do lançamento de créditos tributários e contribuições sociais, dívida ativa inscrita, fornecimento de bens, serviços, transferências e empréstimos e financiamentos concedidos realizáveis no curso do exercício social subsequente.

Além dos exemplos citados, existem os créditos oriundos de:

- Adiantamentos concedidos a servidores a título de suprimento de fundos, diárias, ajuda de custos e outros, que só deixam de existir por ocasião da prestação de contas ou devolução dos recursos.
- Desembolsos antecipados, a exemplo da aquisição dos títulos de prêmio de seguro e aquisição de periódicos (tidos da contabilidade privada como "despesas antecipadas").
- Débitos de agentes arrecadadores, depósitos bancários não creditados, pagamentos efetuados a maior ou indevidamente e outros que deverão ser convertidos em numerário.

Os créditos e direitos têm as seguintes características:

- Os direitos e os títulos de créditos são mensurados ou avaliados pelo valor original, feita a conversão, quando em moeda estrangeira, à taxa de câmbio vigente na data do balanço patrimonial.
- Os riscos de recebimento de dívidas são reconhecidos em conta de ajuste, a qual será reduzida ou anulada quando deixarem de existir os motivos que a originaram.
- Os direitos e os títulos de crédito prefixados são ajustados a valor presente.
- Os direitos e os títulos de crédito pós-fixados são ajustados, considerando-se todos os encargos incorridos até a data de encerramento do balanço.

- As provisões são constituídas com base em estimativas pelos prováveis valores de realização para os ativos.
- As atualizações e os ajustes apurados são contabilizados em contas de resultado.

2.2.3 Estoques

Os estoques estão interligados às principais áreas de operação dos órgãos e das entidades do setor público e representam um dos itens de grande relevância do patrimônio público, pois de seus controles decorrem consumos de insumos necessários à geração dos serviços públicos.

São exemplos de estoques: material de consumo (escritório, limpeza, informática, gêneros alimentícios, manutenção e suprimento etc.) e material permanente (bens com duração superior a dois anos ainda sem destinação: computadores, mobiliários, equipamentos em geral).

Os estoques têm as seguintes características:

- São mensurados ou avaliados com base no valor de aquisição ou no valor de produção ou de construção.
- Os gastos de distribuição, de administração geral e financeiros são considerados despesas do período em que ocorrerem.
- Se o valor de aquisição, de produção ou de construção for superior ao valor de mercado, deve ser adotado o valor de mercado.
- O método para mensuração e avaliação das saídas do almoxarifado é o custo médio ponderado.
- Quando não for viável a identificação de custos específicos dos estoques, deve ser utilizado o custo médio ponderado.
- Quando houver deterioração física parcial, obsolescência, bem como outros fatores análogos, deve ser utilizado o valor de mercado.
- Os resíduos e os refugos devem ser mensurados, na falta de critério mais adequado, pelo valor realizável líquido.
- Relativamente às situações previstas nos itens anteriores, as diferenças de valor de estoques devem ser refletidas em contas de resultado.
- Os estoques de animais e de produtos agrícolas e extrativos devem ser mensurados ao valor justo menos a despesa de venda no momento do reconhecimento inicial e no final de cada período de competência (na data das demonstrações contábeis), exceto quando o valor justo não puder ser mensurado de forma confiável.

2.2.4 Investimentos permanentes

Os investimentos de caráter permanente são aqueles destinados a produzir benefícios pela sua permanência no patrimônio ao ente público. No setor público, tradicionalmente, são concebidos na forma de participações do estado no capital social de empresas estatais (empresas públicas e sociedades de economia mista), por meio de ações ou de quotas, por exemplo, participação do governo federal no capital social de empresas estatais como Petrobras, Banco do Brasil, Serpro etc.

Os investimentos permanentes têm as seguintes características:

- As participações em empresas sobre cuja administração se tenha influência significativa devem ser mensuradas ou avaliadas pelo método da equivalência patrimonial.

ATENÇÃO!

Pelo método da equivalência patrimonial, o investimento é inicialmente registrado a preço de custo e o valor contábil é aumentado ou reduzido conforme o patrimônio líquido da investida aumente ou diminua em contrapartida à conta de resultado.

A entidade investidora somente reconhece o rendimento na medida em que recebe as distribuições de lucros do item investido. As distribuições provenientes de rendimentos sobre investimentos do ativo permanente são reconhecidas como receita patrimonial.

- As demais participações podem ser mensuradas ou avaliadas de acordo com o custo de aquisição.
- Os ajustes apurados são contabilizados em contas de resultado.

Também são considerados investimentos permanentes os ativos denominados propriedades para investimento, como terrenos ou edifícios, mantidos com fins de renda e/ou ganho de capital, desde que não usados:

- Na produção ou suprimento de bens e serviços ou para propósitos administrativos.
- Como venda no curso ordinário das operações.

2.2.5 Bens (imobilizado)

Conjunto de recursos tangíveis, mantidos para o uso na produção ou fornecimento de bens ou serviços, pelos quais o ente público desenvolve suas atividades de prestação de serviços, direta ou indiretamente, à sociedade ou coletividade. São subdivididos em:

- Bens de uso especial.
- Bens dominiais ou dominicais.
- Bens de uso comum.

2.2.5.1 Bens de uso especial

São os destinados ao uso das repartições públicas, como instrumentos da administração pública para a prestação de serviços à sociedade – hospitais, museus, bibliotecas, instalações militares, residências oficiais, prédios escolares, prédios administrativos, com seus mobiliários e/ou equipamentos etc. São bens de uso duradouro e dividem-se em:

- **Bens móveis:** mobiliários, utensílios, equipamentos, veículos, aeronaves etc.
- **Bens semoventes**: animais destinados à produção, ao trabalho, à reprodução etc.
- **Bens imóveis**: terrenos urbanos, propriedades rurais, prédios, salas etc.
- **Bens imóveis em andamento**: obras públicas em andamento, estudos e projetos (que englobem limpeza do terreno, serviços topográficos etc.), benfeitoria em propriedade de terceiros, entre outros.

Os bens de uso especial têm as seguintes características:

- São inventariados, avaliados e contabilizados no patrimônio (ativo) da entidade que os controla.

- São depreciados quando têm vida útil limitada.
- São inalienáveis quando empregados no serviço público; nos demais casos são alienáveis, mas sempre nos casos e na forma que a lei estabelecer.

2.2.5.2 Bens dominiais ou dominicais

São os que integram o domínio público com características diferentes, pois podem ser utilizados em qualquer fim ou, mesmo, alienados, se a administração julgar conveniente.

Trata-se do patrimônio das pessoas jurídicas de direito público, ditos como de direito pessoal, ou real, das entidades. Compreendem ainda, não dispondo a lei em contrário, os bens pertencentes às pessoas jurídicas de direito público a que se tenha dado estrutura de direito privado, como apartamentos, armazéns, casas, glebas, terrenos, lojas, bens destinados a reforma agrária, bens imóveis a alienar, entre outros.

Os bens dominiais possuem as seguintes características:

- São inventariados, avaliados e contabilizados no patrimônio (ativo) da entidade que os controla.
- Podem ser alienados nos casos e na forma que a lei estabelecer.
- São e podem produzir renda.

2.2.5.3 Bens de uso comum

São imóveis de domínio público, construídos ou não por pessoas jurídicas de direito público, também chamados de **patrimônio comunitário, cultural ou social**. Podem ser:

- **Infraestrutura construída pela ação do homem**: ruas, estradas, pontes, praças, sistemas de esgoto, sistemas de abastecimento de água, rede de comunicação etc. Os bens de infraestrutura devem ser contabilizados como ativos da entidade que os controla, seguindo a mesma base utilizada para os demais ativos.
- **Naturais**: praias, quedas d'água, rios, lagos etc. Apresentam as seguintes características:
  - não podem ser alienados;
  - são impenhoráveis e imprescritíveis;
  - o uso pode ser oneroso ou gratuito;
  - ainda carecem de normatização específica para contabilização como ativos de um ente público.
- **Bens do patrimônio cultural**: são os bens com significância histórica, cultural ou ambiental. Alguns exemplos são monumentos e prédios históricos, sítios arqueológicos, áreas de conservação e reservas naturais. Apresentam as seguintes características:
  - o seu valor cultural, ambiental, educacional e histórico provavelmente não é refletido totalmente no valor financeiro puramente baseado no preço de mercado;
  - as obrigações legais ou estatutárias podem impor proibições ou restrições severas na alienação por venda;
  - são geralmente insubstituíveis e seus valores podem aumentar ao longo do tempo mesmo se sua condição física se deteriorar;
  - pode ser difícil estimar sua vida útil, a qual, em alguns casos, é de centenas de anos;

- o reconhecimento, a mensuração, o registro contábil desses bens (ativos) são facultativos e podem seguir bases outras que não as utilizadas para os ativos imobilizados;
- sugere-se que sejam relacionados em notas explicativas que acompanham as demonstrações contábeis de um ente.

ATENÇÃO!
Têm contabilização obrigatória no patrimônio da entidade:
- Bens de uso especial
- Bens dominiais ou dominicais
- Bens de uso comum (apenas os de infraestrutura)

Os bens (imobilizados) têm as seguintes características:

- O imobilizado, incluindo os gastos adicionais ou complementares, é mensurado ou avaliado com base no valor de aquisição, produção ou construção.
- Quando os elementos do ativo imobilizado tiverem vida útil econômica limitada, ficam sujeitos a depreciação, amortização ou exaustão sistemática durante esse período, sem prejuízo das exceções expressamente consignadas.
- Quando se tratar de ativos do imobilizado obtidos a título gratuito, deve ser considerado o valor resultante da avaliação obtida com base em procedimento técnico ou valor patrimonial definido nos termos da doação.
- O critério de avaliação dos ativos do imobilizado obtidos a título gratuito e a eventual impossibilidade de sua mensuração devem ser evidenciados em notas explicativas.
- Os gastos posteriores à aquisição ou ao registro de elemento do ativo imobilizado devem ser incorporados ao valor desse ativo quando houver possibilidade de geração de benefícios econômicos futuros ou potenciais de serviços. Qualquer outro gasto que não gere benefícios futuros deve ser reconhecido como despesa do período em que seja incorrido.
- No caso de transferências de ativos, o valor a atribuir deve ser o valor contábil líquido constante nos registros da entidade de origem. Em caso de divergência desse critério com o fixado no instrumento de autorização da transferência, ele deve ser evidenciado em notas explicativas.
- Os bens de uso comum que absorveram ou absorvem recursos públicos, ou aqueles eventualmente recebidos em doação, devem ser incluídos no ativo não circulante da entidade responsável pela sua administração ou controle, estejam ou não afetos a sua atividade operacional.
- A mensuração dos bens de uso comum será efetuada, sempre que possível, ao valor de aquisição ou ao valor de produção e construção.

2.2.5 Intangíveis

Intangíveis constituem os recursos não monetários identificáveis e sem essência física, controlados e geradores de benefícios econômicos futuros ou serviços potenciais.

As entidades frequentemente despendem recursos ou contraem obrigações com aquisição, desenvolvimento, manutenção ou aprimoramento de recursos intangíveis como conhecimento científico ou técnico, desenho e implantação de novos processos ou sistemas, licenças, propriedade intelectual e marcas registradas.

São exemplos que se enquadram como itens intangíveis: *softwares*, patentes, direitos autorais, direitos sobre filmes cinematográficos etc.

Os intangíveis têm as seguintes características:

- Os direitos que tenham por objeto bens incorpóreos destinados à manutenção da atividade pública ou exercidos com essa finalidade são mensurados ou avaliados com base no valor de aquisição ou de produção.
- O critério de mensuração ou avaliação dos ativos intangíveis obtidos a título gratuito e a eventual impossibilidade de sua valoração devem ser evidenciados em notas explicativas.
- Os gastos posteriores à aquisição ou ao registro de elemento do ativo intangível devem ser incorporados ao valor desse ativo quando houver possibilidade de geração de benefícios econômicos futuros ou potenciais de serviços. Qualquer outro gasto deve ser reconhecido como despesa do período em que seja incorrido.

2.2.6 Obrigações (dívidas)

Constituem o conjunto das dívidas do ente público para com terceiros, divididas em:

- **Dívida flutuante (extraorçamentária).**
- **Dívida fundada (orçamentária).**

2.2.6.1 Dívida flutuante

São aquelas em que a legislação vigente não exige autorização orçamentária para o seu pagamento. São ditas, à luz da Lei Federal nº 4.320/1964, dívidas extraorçamentárias – "Restos a pagar", empréstimos por antecipação de receita orçamentária (débito de tesouraria) e depósitos recebidos ou consignados. Integra o **Passivo financeiro** (Lei nº 4.320/1964) ou **Passivo circulante (F)** (MCASP), distinguindo-se da **dívida fundada** nos seguintes aspectos:

- Não está sujeita a encargos financeiros, à exceção dos empréstimos por antecipação de receita orçamentária, e, neste caso, tais encargos constituirão despesas orçamentárias.
- Sua inscrição constitui receita (ingresso) "extraorçamentária", e seu resgate, despesa (desembolso) "extraorçamentária".
- O prazo de resgate, geralmente, não é um parâmetro muito bem definido, pois, no caso de "Restos a pagar processados" e suas derivações, é uma dívida vencida, já que o Estado compra por meio de "contra-apresentação de contas"; e no "depósito", seu vencimento será à época de sua desobrigação, que pode ser de curto, médio ou longo prazos.

2.2.6.2 Dívida pública fundada ou consolidada

Constitui o montante total, apurado sem duplicidade, das obrigações financeiras do ente da Federação, assumidas em virtude de leis, contratos, convênios ou tratados e da realização de operações de crédito, para amortização em prazo superior a doze meses (art. 29, I, da LRF).

Deve ser dividida em:

- **Dívida interna**: quando assumida com instituições que operem no território nacional.
- **Dívida externa**: quando assumida com instituições que operem fora dos limites do território nacional.
- **Dívida judicial**: assumida por conta de sentenças judiciais transitadas em julgado.

As principais características da dívida fundada ou consolidada são:

- Normalmente originada das operações de crédito e financiamentos orçamentários.
- Há necessidade de autorização orçamentária para sua amortização ou resgate; constitui despesa orçamentária.
- No patrimônio, integra o **Passivo permanente** (Lei nº 4.320/1964); na visão do MCASP, enquanto não empenhada orçamentariamente, pode ser um passivo circulante (P) ou passivo não circulante (P) – o "P" é atributo de "permanente" –, neste caso, dependente do prazo de exigibilidade.
- As operações de crédito de prazo inferior a 12 meses, cujas receitas tenham constado do orçamento, integram a dívida fundada.

A Lei de Responsabilidade Fiscal confere, ainda, as seguintes definições para as dívidas públicas específicas (art. 29, II, III, IV e V):

- **Dívida pública mobiliária**: dívida pública representada por títulos emitidos pela União, inclusive os do Banco Central do Brasil, dos estados e dos municípios.
- **Operação de crédito**: compromisso financeiro assumido em razão de mútuo, abertura de crédito, emissão e aceite de título, aquisição financiada de bens, recebimento antecipado de valores provenientes da venda a termo de bens e serviços, arrendamento mercantil e outras operações assemelhadas, inclusive com o uso de derivativos financeiros.
- **Concessão de garantia**: compromisso de adimplência de obrigação financeira ou contratual assumida por ente da Federação ou entidade a ele vinculada.
- **Refinanciamento da dívida mobiliária**: emissão de títulos para pagamento do principal, acrescido da atualização monetária.

As obrigações têm as seguintes características:

- São mensuradas ou avaliadas pelo valor original, feita a conversão, quando em moeda estrangeira, à taxa de câmbio vigente na data do balanço patrimonial.
- As obrigações prefixadas são ajustadas a valor presente.
- As obrigações pós-fixadas são ajustadas considerando-se todos os encargos incorridos até a data de encerramento do balanço.
- As provisões são constituídas com base em estimativas pelos prováveis valores de reconhecimento para os passivos.
- As atualizações e os ajustes apurados são contabilizados em contas de resultado.

2.3 ASPECTO QUANTITATIVO DO PATRIMÔNIO

O patrimônio público deve ser apresentado em valores monetários, em data estabelecida legalmente (normalmente no encerramento do exercício), distribuídos em dois grupos: Ativos e Passivos, tratados a seguir.

2.3.1 Ativos

Ativo é um recurso controlado no presente pela entidade como resultado de evento passado (CFC, 2016).

Recurso é um item com potencial de serviços ou com a capacidade de gerar benefícios econômicos. A forma física não é condição necessária para um recurso. O **potencial de serviços ou a capacidade** de gerar benefícios econômicos podem surgir diretamente do próprio recurso ou dos direitos de sua utilização (CFC, 2016).

Os **benefícios econômicos** correspondem a entradas de caixa ou a reduções das saídas de caixa. As entradas de caixa (ou as reduções das saídas de caixa) podem derivar, por exemplo, da utilização do ativo na produção e na venda de serviços ou da troca direta do ativo por caixa ou por outros recursos (CFC, 2016).

Potencial de serviços é a capacidade de prestar serviços que contribuam para alcançar os objetivos da entidade. Ele possibilita à entidade alcançar os seus objetivos sem, necessariamente, gerar entrada líquida de caixa, como, por exemplo, ativos do patrimônio cultural, de defesa nacional, entre outros (CFC, 2016).

O **controle do recurso** envolve a capacidade da entidade em utilizar o recurso (ou controlar o uso por terceiros) de modo que haja a geração do potencial de serviços ou dos benefícios econômicos originados do recurso para o cumprimento dos seus objetivos de prestação de serviços, entre outros. Para avaliar se a entidade controla o recurso no presente, deve ser observada a existência dos seguintes indicadores de controle (CFC, 2016):

- Propriedade legal.
- Acesso ao recurso ou a capacidade de negar ou restringir tal acesso.
- Meios que assegurem que o recurso seja utilizado para alcançar os seus objetivos.
- A existência de direito legítimo ao potencial de serviços ou à capacidade para gerar os benefícios econômicos advindos do recurso.

> **ATENÇÃO!**
>
> A propriedade legal do recurso não é **característica essencial** de um ativo, mas é um indicador de controle.
>
> Por exemplo, os direitos ao potencial de serviços ou à capacidade de gerar benefícios econômicos são verificados por meio da manutenção e utilização de equipamento arrendado (por arredamento mercantil financeiro) sem que haja a propriedade legal (CFC, 2016).

Os **ativos** devem ser classificados como **circulantes**, quando satisfizerem a um dos seguintes critérios (CFC, 2016):

- Estiverem disponíveis para realização imediata.
- Tiverem a expectativa de realização até 12 meses após a data das demonstrações contábeis.

Exemplo de Ativo circulante
Caixa
Bancos
Aplicações financeiras de curto prazo
Créditos a receber de curto prazo
Estoques de curto prazo
Desembolso antecipado de curto prazo

Os demais ativos devem ser classificados como **não circulantes**.

Exemplo de Ativo não circulante
Créditos a receber de longo prazo
Estoques de longo prazo
Ações (investimentos)
Bens móveis e imóveis (tangíveis)
Softwares (intangíveis)

2.3.2 Passivos

Passivo é uma obrigação presente, **derivada de evento passado**, cuja extinção deva resultar na saída de recursos da entidade (CFC, 2016).

Uma característica essencial para a existência de passivo é que a entidade tenha uma **obrigação presente**. Obrigação presente é aquela que ocorre por força de lei (obrigação legal ou obrigação legalmente vinculada) ou não (obrigação não legalmente vinculada), a qual não possa ser evitada pela entidade (CFC, 2016).

ATENÇÃO!
Um passivo **deve envolver saída de recursos** (monetários ou não) da entidade para ser extinto. A obrigação que pode ser extinta sem a saída de recursos da entidade não é um passivo. Por exemplo, perdão de dívidas.

Para satisfazer a definição de passivo, é necessário que a obrigação presente surja como resultado de um **evento passado** e necessite da **saída de recursos da entidade para ser extinta**.

Na administração pública, também são reconhecidos no passivo os depósitos financeiros de terceiros, caracterizados como entradas compensatórias no ativo. São exemplos desses depósitos as cauções em dinheiro para garantia de contratos, consignações a pagar, retenção de obrigações de terceiros a recolher etc.

Os **Passivos** devem ser classificados como **circulantes**, quando corresponderem a valores exigíveis até 12 meses após a data das demonstrações contábeis (CFC, 2016).

Exemplo de Passivo circulante
Pessoal a pagar de curto prazo
Encargos sociais a pagar de curto prazo
Fornecedor a pagar de curto prazo
Valores de terceiros a recolher de curto prazo
Financiamentos a pagar de curto prazo

Os demais passivos devem ser classificados como **não circulantes**.

Exemplo de Passivo não circulante
Encargos sociais a pagar de longo prazo (parcelamentos)
Financiamentos a pagar de longo prazo
Dívida mobiliária de longo prazo
Precatórios a pagar de longo prazo

2.3.3 Relacionamentos de ativos nas visões da Lei nº 4.320/1964 e NBC TSP 11 (CFC, 2018) – os atributos "F" e "P"

2.3.3.1 Classificação dos ativos segundo a Lei Federal nº 4.320/1964

Nos termos da Lei Federal nº 4.320/1964, §§ 1º e 2º, do art. 105, o atributo de classificação dos ativos **não** é o **tempo** de realização ou consumo, mas a natureza do ativo: se é financeiro ou não. Daí por que a lei exige o desdobramento em dois grupos:

a) **Ativo financeiro**: constituído do numerário, em caixa ou depositado em conta-corrente bancária, das aplicações financeiras de curto e médio prazos, em fundos de ações ou caderneta de poupança, dos depósitos bancários vinculados a programas especiais ou importações (**disponibilidades**) e dos créditos realizáveis (aqueles cujos recursos deveriam estar no caixa, mas, por motivos supervenientes, não estão disponíveis, a exemplo de pagamentos indevidos, alcance, desvios, recursos em poder de agente arrecadador cuja arrecadação se concretizou, adiantamentos sem empenho etc.).

Exemplo de acordo com a Lei nº 4.320/1964
  Ativo financeiro
  Caixa
  Bancos
  Aplicações financeiras
  Realizável (adiantamento não empenhado)

b) **Ativo permanente ou Ativo não financeiro**: constituído dos Bens (móveis, imóveis e semoventes), dos Valores (almoxarifado, ações, títulos etc.) e dos Créditos não financeiros (dívida ativa, empréstimos concedidos etc.).

> **Exemplo de acordo com a Lei nº 4.320/1964**
>
> **Ativo permanente**
>
> Créditos a receber (de curto ou longo prazos)
>
> Estoques (de curto ou longo prazos)
>
> Bens móveis e imóveis (tangíveis)
>
> *Softwares* (intangíveis)
>
> Despesas pagas antecipadamente (empenhadas)

2.3.3.2   Classificação dos passivos segundo a Lei Federal nº 4.320/1964

Nos termos da Lei Federal nº 4.320/1964, §§ 1º e 2º do art. 105, o atributo de classificação dos passivos **não** é o **tempo** de exigibilidade para o pagamento das obrigações, mas a natureza do passivo: se é financeiro ou não, daí por que a lei exige o desdobramento em dois grupos.

Nos termos da Lei Federal nº 4.320/1964, §§ 1º e 2º do art. 105, o **Passivo** é desdobrado em dois grupos:

a) **Passivo financeiro**: constituído pela Dívida flutuante (obrigações que não precisam de autorização orçamentária para serem pagas, porque já foram empenhadas em exercício anterior e não pagas (restos a pagar), ou porque se trata de valores de terceiros recebidos, retidos ou consignados a recolher (recursos extraorçamentários)).

> **Exemplo de acordo com a Lei nº 4.320/1964**
>
> **Passivo financeiro**
>
> Pessoal a pagar de curto prazo (empenhado – restos a pagar)
>
> Encargos sociais a pagar de curto prazo (empenhado – restos a pagar)
>
> Fornecedores a pagar de curto prazo (empenhado – restos a pagar)
>
> Depósitos de terceiros a recolher de curto prazo (extraorçamentário)
>
> Operações de créditos por antecipação da receita (extraorçamentário)

b) **Passivo permanente**: constituído pela Dívida fundada (obrigações que precisam de autorização orçamentária, e consequente empenho, para serem pagas).

> **Exemplo de acordo com a Lei nº 4.320/1964**
>
> **Passivo permanente**
>
> Pessoal a pagar de CP (sem empenho)
>
> Encargos sociais a pagar de CP (sem empenho)
>
> Fornecedor a pagar de CP (sem empenho)
>
> Operações de créditos de curto prazo e longo prazo (sem empenho)
>
> Precatórios de curto prazo e longo prazo (sem empenho)

2.3.3.3 Os atributos "F" e "P"

A classificação de ativos e passivos em **financeiros (F)** e **permanentes (P)** é importante para que se faça a apuração do superávit financeiro, necessário para a abertura de créditos adicionais no exercício seguinte, conforme disposto no art. 43 da Lei nº 4.320/1964.

> Art. 43. A abertura dos créditos suplementares e especiais depende da existência de recursos disponíveis para ocorrer à despesa e será precedida de exposição justificativa.
>
> § 1º Consideram-se recursos para o fim deste artigo, desde que não comprometidos:
>
> I – o superávit financeiro apurado em balanço patrimonial do exercício anterior;
>
> [...]
>
> § 2º Entende-se por superávit financeiro a diferença positiva entre o ativo financeiro e o passivo financeiro, conjugando-se, ainda, os saldos dos créditos adicionais transferidos e as operações de crédito a eles vinculados.

RECURSOS DISPONÍVEIS PARA ABERTURA DE CRÉDITOS ORÇAMENTÁRIOS ADICIONAIS

Superávit financeiro (BP ant.) – art. 43, § 2º, Lei nº 4.320/1964

$$SF_{líquido} = AF - PF - (CAT - OCVñR)$$

Em que:

AF = Ativo financeiro

PF = Passivo financeiro

CAT = Créditos adicionais transferidos

OCVñR = Operação de crédito vinculada ao CAT não recebida

Objetivando o cálculo do superávit financeiro nos termos do art. 43, § 1º, da Lei nº 4.320/1964, faz-se necessário que as contas do **Ativo** e do **Passivo** sejam diferenciadas por um **atributo específico** que atenda ao critério do art. 105 da citada lei, permitindo separar o Ativo e o Passivo em financeiro e permanente.

Para isso, as contas de **Ativo** e **Passivo** deverão estar acompanhadas das letras "**F**" ou "**P**", entre parênteses, de forma a indicar se são contas financeiras ou permanentes, podendo acontecer as seguintes alternativas:

a) **Ativo circulante (F)**: são contas de bens e direitos que têm natureza financeira, nos termos da Lei nº 4.320/1964, e, ao mesmo tempo, atendem à definição de curto prazo (CP), tais como: Caixa, Banco, Aplicações financeiras e Depósitos restituíveis de CP.

b) **Ativo circulante (P)**: são contas de bens e direitos que **não** têm natureza financeira, nos termos da Lei nº 4.320/1964, mas atendem à definição de curto prazo (CP), tais como: Créditos a receber de CP, Estoques de CP e VPD pagas antecipadamente (despesas empenhadas, líquidas e pagas em regime de adiantamento).

c) **Ativo não circulante (F)**: são contas de bens e direitos que têm natureza financeira, nos termos da Lei nº 4.320/1964, e, ao mesmo tempo, atendem à definição de longo prazo (LP), tais como: Aplicações financeiras de LP e Depósitos restituíveis de LP.

d) **Ativo não circulante (P)**: são contas de bens e direitos que **não** têm natureza financeira, nos termos da Lei nº 4.320/1964, mas atendem à definição de longo prazo (LP), tais como: Créditos a receber de CL, Estoques de CL, Bens imobilizados e Intangíveis.

44 | Contabilidade aplicada ao setor público • *Bezerra Filho*

e) **Passivo circulante (F)**: são contas de obrigações que têm natureza financeira, nos termos da Lei nº 4.320/1964, e, ao mesmo tempo, atendem à definição de curto prazo (CP), tais como: Pessoal e encargos a pagar de CP e Fornecedor a pagar de CP, todos empenhados, em liquidação ou liquidados orçamentariamente; além dos Valores de terceiro a restituir (consignações, retenções e depósitos), tidos como controles extraorçamentários.

Obs.: "obrigações em liquidação" são as despesas empenhadas em que o processo de liquidação, nos termos do art. 63 da Lei nº 4.320/1964, já começou, mas que não se finalizou. Ex.: recebimento, por parte do órgão público, da nota fiscal junto com material de consumo empenhado, porém ainda não conferido pelo servidor liquidante. Neste caso, o fato gerador da despesa patrimonial se concretizou, embora a liquidação orçamentária não tenha sido concluída.

f) **Passivo circulante (P)**: são contas de obrigações que **não** têm natureza financeira, nos termos da Lei nº 4.320/1964, e, ao mesmo tempo, atendem à definição de curto prazo (CP), nos termos da NBC T 16.6, tais como: Pessoal e encargos a pagar de CP, Fornecedor a pagar de CP, Financiamento a pagar de CP e Precatórios a pagar de CP, todos ainda não empenhados, mas cujo fato gerador já incorreu fundamentado no princípio contábil da competência.

g) **Passivo não circulante (P)**: são contas de obrigações que **não** têm natureza financeira, nos termos da Lei nº 4.320/1964, e, ao mesmo tempo, atendem à definição de longo prazo (LP), tais como: Pessoal e encargos a pagar de CP, Fornecedor a pagar de CP, Financiamento a pagar de CP e Precatórios a pagar de CP, todos ainda não empenhados, mas cujo fato gerador já incorreu fundamentado no princípio contábil da competência.

2.3.3.4 Apresentação exemplificativa dos inter-relacionamentos das contas do ativo

a) **Conta Caixa**: atende, simultaneamente, às condições de Ativo financeiro (visão da Lei nº 4.320) e Ativo circulante (visão da NBC TSP 11).

Classificação de ativos: relação Lei 4.320/64 × MCASP – (por meio dos atributos "F" e "P")

Conta:	Caixa

Exemplo Lei 4.320/64	Exemplo NBC TSP
Ativo financeiro (AF)	Ativo circulante (AC)
Caixa — (F)	Caixa — (F)
Ativo permanente (AP)	
	Ativo não circulante (ANC)

Figura 2.1   Exemplo de conta Caixa.

b) Conta Banco: atende, simultaneamente, às condições de Ativo financeiro (visão da Lei nº 4.320) e Ativo circulante (visão da NBC TSP 11).

Classificação de ativos: relação Lei 4.320/64 × MCASP – (por meio dos atributos "F" e "P")

Conta: Banco

Exemplo Lei 4.320/64		
Ativo financeiro (AF)		
Caixa		(F)
Banco		(F)
Ativo permanente (AP)		

Exemplo NBC T		
Ativo circulante (AC)		
Caixa		(F)
Banco		(F)
Ativo não circulante (ANC)		

Figura 2.2   Exemplo de conta Banco.

c) Conta Aplicações financeiras: atende, simultaneamente, às condições de Ativo financeiro (visão da Lei nº 4.320) e Ativo circulante (visão da NBC TSP 11).

Classificação de ativos: relação Lei 4.320/64 × MCASP – (por meio dos atributos "F" e "P")

Conta: Aplicações financeiras

Exemplo Lei 4.320/64		
Ativo financeiro (AF)		
Caixa		(F)
Banco		(F)
Aplicações financeiras		(F)
Ativo permanente (AP)		

Exemplo NBC TSP		
Ativo circulante (AC)		
Caixa		(F)
Banco		(F)
Aplicações financeiras		(F)
Ativo não circulante (ANC)		

Figura 2.3   Exemplo de conta Aplicações financeiras.

d) Conta Créditos de curto prazo: atende, simultaneamente, às condições de Ativo permanente (visão da Lei nº 4.320) e Ativo circulante (visão da NBC TSP 11).

Classificação de ativos: relação Lei 4.320/64 × MCASP – (por meio dos atributos "F" e "P")

Conta: Créditos de curto prazo

Exemplo Lei 4.320/64		Exemplo NBC TSP	
Ativo financeiro (AF)		**Ativo circulante (AC)**	
Caixa	(F)	Caixa	(F)
Banco	(F)	Banco	(F)
Aplicações financeiras	(F)	Aplicações financeiras	(F)
Ativo permanente (AP)			
Créditos de curto prazo	(P)	Créditos de curto prazo	(P)
		Ativo não circulante (ANC)	

Figura 2.4   Exemplo de conta Créditos de curto prazo.

e) Conta Estoques de curto prazo: atende, simultaneamente, às condições de Ativo permanente (visão da Lei nº 4.320) e Ativo circulante (visão da NBC TSP 11).

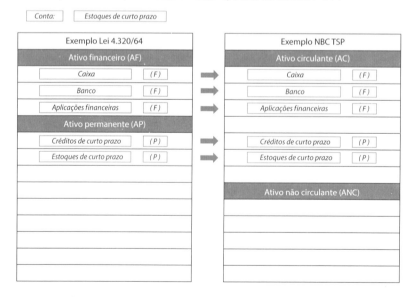

Figura 2.5   Exemplo de conta Estoques de curto prazo.

f) Conta Despesas pagas antecipadamente: atende, simultaneamente, às condições de Ativo permanente (visão da Lei nº 4.320) e Ativo circulante (visão da NBC TSP 11).

Classificação de ativos: relação Lei 4.320/64 × MCASP – (por meio dos atributos "F" e "P")

Conta:	Desp. pg. antecipadamente

Exemplo Lei 4.320/64		Exemplo NBC TSP	
Ativo financeiro (AF)		**Ativo circulante (AC)**	
Caixa	(F)	Caixa	(F)
Banco	(F)	Banco	(F)
Aplicações financeiras	(F)	Aplicações financeiras	(F)
Ativo permanente (AP)			
Créditos de curto prazo	(P)	Créditos de curto prazo	(P)
Estoques de curto prazo	(P)	Estoques de curto prazo	(P)
Desp. pg. antecip.	(P)	Desp. pg. antecip.	(P)
		Ativo não circulante (ANC)	

Figura 2.6   Exemplo de conta Despesas pagas antecipadamente.

g) Conta Créditos de longo prazo: atende, simultaneamente, às condições de Ativo permanente (visão da Lei nº 4.320) e Ativo não circulante (visão da NBC TSP 11).

Classificação de ativos: relação Lei 4.320/64 × MCASP – (por meio dos atributos "F" e "P")

Conta:	Créditos de longo prazo

Exemplo Lei 4.320/64		Exemplo NBC TSP	
Ativo financeiro (AF)		**Ativo circulante (AC)**	
Caixa	(F)	Caixa	(F)
Banco	(F)	Banco	(F)
Aplicações financeiras	(F)	Aplicações financeiras	(F)
Ativo permanente (AP)			
Créditos de curto prazo	(P)	Créditos de curto prazo	(P)
Estoques de curto prazo	(P)	Estoques de curto prazo	(P)
Desp. pg. antecip.	(P)	Desp. pg. antecip.	(P)
		Ativo não circulante (ANC)	
Créditos de LP	(P)	Créditos de LP	(P)

Figura 2.7   Exemplo de conta Créditos de longo prazo.

h) **Conta Estoques de longo prazo**: atende, simultaneamente, às condições de Ativo permanente (visão da Lei nº 4.320) e Ativo não circulante (visão da NBC TSP 11).

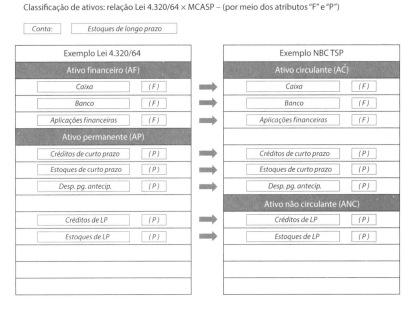

Figura 2.8   Exemplo de conta Estoques de longo prazo.

i) **Conta Ações**: atende, simultaneamente, às condições de Ativo permanente (visão da Lei nº 4.320) e Ativo não circulante (visão da NBC TSP 11).

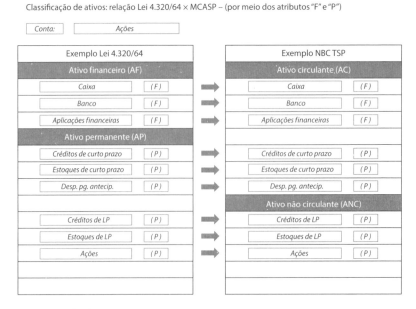

Figura 2.9   Exemplo de conta Ações.

j) **Conta Bens móveis e imóveis**: atende, simultaneamente, às condições de Ativo permanente (visão da Lei nº 4.320) e Ativo não circulante (visão da NBC TSP 11).

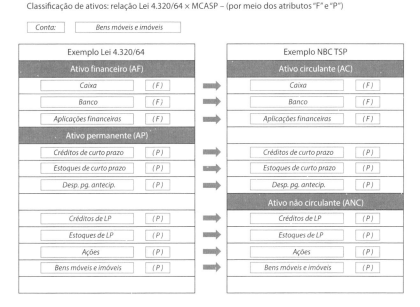

Figura 2.10 Exemplo de conta Bens móveis e imóveis.

k) **Conta *Softwares***: atende, simultaneamente, às condições de Ativo permanente (visão da Lei nº 4.320) e Ativo não circulante (visão da NBC TSP 11).

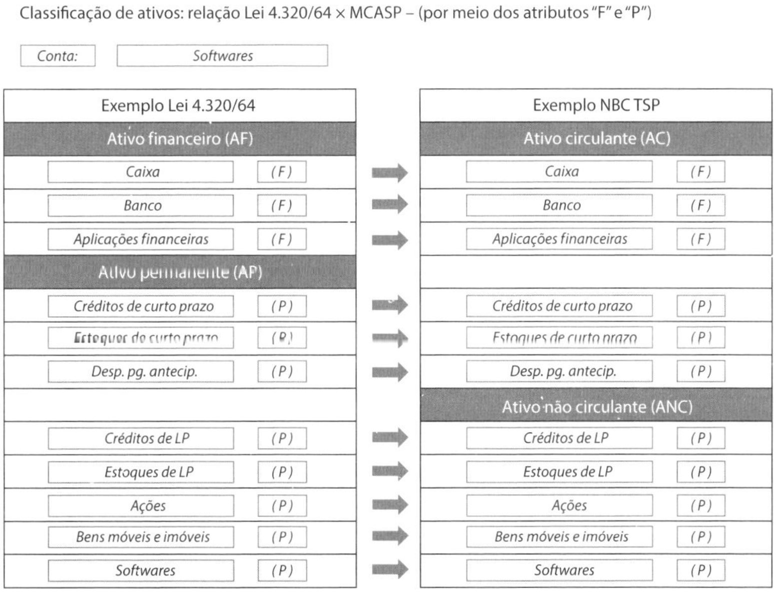

Figura 2.11 Exemplo de conta *Softwares*.

ATENÇÃO!
Observe que, relacionando a classificação dos ativos, nos formatos exigidos pela Lei nº 4.320/1964 e pela NBC TSP, pode-se afirmar que todos os Ativos financeiros são Ativos circulantes, mas nem todos os Ativos circulantes são financeiros.

2.3.3.5 Apresentação exemplificativa dos inter-relacionamentos das contas do passivo

a) **Conta Pessoal a pagar de CP (empenhado)**: atende, simultaneamente, às condições de Passivo financeiro (visão da Lei nº 4.320) e Passivo circulante (visão da NBC TSP 11).

Classificação de passivos: relação Lei 4.320/64 × MCASP – (por meio dos atributos "F" e "P")

| Conta: | Pessoal a pg. de CP (empenhado) |

Exemplo Lei 4.320/64	Exemplo NBC TSP
Passivo financeiro (PF)	**Passivo circulante (PC)**
Pessoal a pg. de CP (empenhado) (F)	Pessoal a pg. de CP (empenhado) (F)
Passivo permanente (PP)	
	Passivo não circulante (PNC)

Figura 2.12   Exemplo de conta Pessoal a pagar de CP (empenhado).

b) **Conta Encargos sociais a pagar de CP (empenhado)**: atende, simultaneamente, às condições de Passivo financeiro (visão da Lei nº 4.320) e Passivo circulante (visão da NBC TSP 11).

Classificação de passivos: relação Lei 4.320/64 × MCASP – (por meio dos atributos "F" e "P")

| Conta: | Enc. sociais a pg. de CP (empenhado) |

Exemplo Lei 4.320/64			Exemplo NBC TSP	
Passivo financeiro (PF)			**Passivo circulante (PC)**	
Pessoal a pg. de CP (empenhado)	(F)	⇒	Pessoal a pg. de CP (empenhado)	(F)
Enc. sociais a pg. de CP (empenhado)	(F)	⇒	Enc. sociais a pg. de CP (empenhado)	(F)
Passivo permanente (PP)				
			Passivo não circulante (PNC)	

Figura 2.13   Exemplo de conta Encargos sociais a pagar de CP (empenhado).

c) **Conta Fornecedor a pagar de CP (empenhado)**: atende, simultaneamente, às condições de Passivo financeiro (visão da Lei nº 4.320) e Passivo circulante (visão da NBC TSP).

Classificação de passivos: relação Lei 4.320/64 × MCASP – (por meio dos atributos "F" e "P")

| Conta: | Fornecedor a pg. de CP (empenhado) |

Exemplo Lei 4.320/64			Exemplo NBC TSP	
Passivo financeiro (PF)			**Passivo circulante (PC)**	
Pessoal a pg. de CP (empenhado)	(F)	⇒	Pessoal a pg. de CP (empenhado)	(F)
Enc. sociais a pg. de CP (empenhado)	(F)	⇒	Enc. sociais a pg. de CP (empenhado)	(F)
Fornecedor a pg. de CP (empenhado)	(F)	⇒	Fornecedor a pg. de CP (empenhado)	(F)
Passivo permanente (PP)				
			Passivo não circulante (PNC)	

Figura 2.14   Exemplo de conta Fornecedor a pagar de CP (empenhado).

Contabilidade aplicada ao setor público • *Bezerra Filho*

d) Conta Depósitos de terceiros a recolher de CP (empenhado): atende, simultaneamente, às condições de Passivo financeiro (visão da Lei nº 4.320) e Passivo circulante (visão da NBC TSP 11).

Classificação de passivos: relação Lei 4.320/64 × MCASP – (por meio dos atributos "F" e "P")

Conta:	Depósito de terceiros a recolher de CP

Exemplo Lei 4.320/64

Passivo financeiro (PF)

Pessoal a pg. de CP (empenhado)	(F)
Enc. sociais a pg. de CP (empenhado)	(F)
Fornecedor a pg. de CP (empenhado)	(F)
Depósitos de terceiros a rec. CP	(F)

Passivo permanente (PP)

Exemplo NBC TSP

Passivo circulante (PC)

Pessoal a pg. de CP (empenhado)	(F)
Enc. sociais a pg. de CP (empenhado)	(F)
Fornecedor a pg. de CP (empenhado)	(F)
Depósitos de terceiros a rec. CP	(F)

Passivo não circulante (PNC)

Figura 2.15   Exemplo de conta Depósitos de terceiros a recolher de CP (empenhado).

e) Conta Operação de crédito por antecipação da receita (extraorçamentária): atende, simultaneamente, às condições de Passivo financeiro (visão da Lei nº 4.320) e Passivo circulante (visão da NBC TSP 11).

Classificação de passivos: relação Lei 4.320/64 × MCASP – (por meio dos atributos "F" e "P")

Conta:	Operação de créd. por antec. da receita

Exemplo Lei 4.320/64

Passivo financeiro (PF)

Pessoal a pg. de CP (empenhado)	(F)
Enc. sociais a pg. de CP (empenhado)	(F)
Fornecedor a pg. de CP (empenhado)	(F)
Depósitos de terceiros a rec. CP	(F)
Operação de créd. por antec. da receita	(F)

Passivo permanente (PP)

Exemplo NBC TSP

Passivo circulante (PC)

Pessoal a pg. de CP (empenhado)	(F)
Enc. sociais a pg. de CP (empenhado)	(F)
Fornecedor a pg. de CP (empenhado)	(F)
Depósitos de terceiros a rec. CP	(F)
Operação de créd. por antec. da receita	(F)

Passivo não circulante (PNC)

Figura 2.16   Exemplo de conta Operação de crédito por antecipação da receita (extraorçamentária).

f) Conta Pessoal a pagar de CP (sem empenho): atende, simultaneamente, às condições de Passivo permanente (visão da Lei nº 4.320) e Passivo circulante (visão da NBC TSP 11).

Classificação de passivos: relação Lei 4.320/64 × MCASP – (por meio dos atributos "F" e "P")

| Conta: | Pessoal a pg. de CP (sem empenho) |

Exemplo Lei 4.320/64		Exemplo NBC TSP	
Passivo financeiro (PF)		**Passivo circulante (PC)**	
Pessoal a pg. de CP (empenhado)	(F)	Pessoal a pg. de CP (empenhado)	(F)
Enc. sociais a pg. de CP (empenhado)	(F)	Enc. sociais a pg. de CP (empenhado)	(F)
Fornecedor a pg. de CP (empenhado)	(F)	Fornecedor a pg. de CP (empenhado)	(F)
Depósitos de terceiros a rec. CP	(F)	Depósitos de terceiros a rec. CP	(F)
Operação de créd. por antec. da receita	(F)	Operação de créd. por antec. da receita	(F)
Passivo permanente (PP)			
Pessoal a pg. de CP (sem empenho)	(P)	Pessoal a pg. de CP (sem empenho)	(P)
		Passivo não circulante (PNC)	

Figura 2.17   Exemplo de conta Pessoal a pagar de CP (sem empenho).

g) Conta Encargos sociais a pagar de CP (sem empenho): atende, simultaneamente, às condições de Passivo permanente (visão da Lei nº 4.320) e Passivo circulante (visão da NBC TSP 11).

Classificação de passivos: relação Lei 4.320/64 × MCASP – (por meio dos atributos "F" e "P")

| Conta: | Enc. sociais a pg. de CP (sem empenho) |

Exemplo Lei 4.320/64		Exemplo NBC TSP	
Passivo financeiro (PF)		**Passivo circulante (PC)**	
Pessoal a pg. de CP (empenhado)	(F)	Pessoal a pg. de CP (empenhado)	(F)
Enc. sociais a pg. de CP (empenhado)	(F)	Enc. sociais a pg. de CP (empenhado)	(F)
Fornecedor a pg. de CP (empenhado)	(F)	Fornecedor a pg. de CP (empenhado)	(F)
Depósitos de terceiros a rec. CP	(F)	Depósitos de terceiros a rec. CP	(F)
Operação de créd. por antec. da receita	(F)	Operação de créd. por antec. da receita	(F)
Passivo permanente (PP)			
Pessoal a pg. de CP (sem empenho)	(P)	Pessoal a pg. de CP (sem empenho)	(P)
Enc. sociais a pg. de CP (sem empenho)	(P)	Enc. sociais a pg. de CP (sem empenho)	(P)
		Passivo não circulante (PNC)	

Figura 2.18   Exemplo de conta Encargos sociais a pagar de CP (sem empenho).

54 | Contabilidade aplicada ao setor público • *Bezerra Filho*

h) Conta Fornecedor a pagar de CP (sem empenho): atende, simultaneamente, às condições de Passivo permanente (visão da Lei nº 4.320) e Passivo circulante (visão da NBC TSP 11).

Classificação de passivos: relação Lei 4.320/64 × MCASP – (por meio dos atributos "F" e "P")

Conta: Fornecedor a pg. de CP (sem empenho)

Exemplo Lei 4.320/64		
Passivo financeiro (PF)		
Pessoal a pg. de CP (empenhado)	(F)	
Enc. sociais a pg. de CP (empenhado)	(F)	
Fornecedor a pg. de CP (empenhado)	(F)	
Depósitos de terceiros a rec. CP	(F)	
Operação de créd. por antec. da receita	(F)	
Passivo permanente (PP)		
Pessoal a pg. de CP (sem empenho)	(P)	
Enc. sociais a pg. de CP (sem empenho)	(P)	
Fornecedor a pg. de CP (sem empenho)	(P)	

Exemplo NBC TSP		
Passivo circulante (PC)		
Pessoal a pg. de CP (empenhado)	(F)	
Enc. sociais a pg. de CP (empenhado)	(F)	
Fornecedor a pg. de CP (empenhado)	(F)	
Depósitos de terceiros a rec. CP	(F)	
Operação de créd. por antec. da receita	(F)	
Pessoal a pg. de CP (sem empenho)	(P)	
Enc. sociais a pg. de CP (sem empenho)	(P)	
Fornecedor a pg. de CP (sem empenho)	(P)	
Passivo não circulante (PNC)		

Figura 2.19   Exemplo de conta Fornecedor a pagar de CP (sem empenho).

i) Conta Operações de créditos ou financiamentos a pagar de CP (sem empenho): atende, simultaneamente, às condições de Passivo permanente (visão da Lei nº 4.320) e Passivo circulante (visão da NBC TSP 11).

Classificação de passivos: relação Lei 4.320/64 × MCASP – (por meio dos atributos "F" e "P")

Conta: Operações de crédito de CP

Exemplo Lei 4.320/64		
Passivo financeiro (PF)		
Pessoal a pg. de CP (empenhado)	(F)	
Enc. sociais a pg. de CP (empenhado)	(F)	
Fornecedor a pg. de CP (empenhado)	(F)	
Depósitos de terceiros a rec. CP	(F)	
Operação de créd. por antec. da receita	(F)	
Passivo permanente (PP)		

Exemplo NBC TSP		
Passivo circulante (PC)		
Pessoal a pg. de CP (empenhado)	(F)	
Enc. sociais a pg. de CP (empenhado)	(F)	
Fornecedor a pg. de CP (empenhado)	(F)	
Depósitos de terceiros a rec. CP	(F)	
Operação de créd. por antec. da receita	(F)	
Passivo permanente (PP)		
Passivo não circulante (PNC)		

Figura 2.20   Exemplo de conta Operações de créditos ou financiamentos a pagar de CP (sem empenho).

j) Conta Operações de créditos ou financiamentos a pagar de LP: atende, simultaneamente, às condições de Passivo permanente (visão da Lei nº 4.320) e Passivo não circulante (visão da NBC TSP 11).

Classificação de passivos: relação Lei 4.320/64 × MCASP – (por meio dos atributos "F" e "P")

Conta: Operações de crédito de LP

Exemplo Lei 4.320/64		Exemplo NBC TSP	
Passivo financeiro (PF)		**Passivo circulante (PC)**	
Pessoal a pg. de CP (empenhado)	(F)	Pessoal a pg. de CP (empenhado)	(F)
Enc. sociais a pg. de CP (empenhado)	(F)	Enc. sociais a pg. de CP (empenhado)	(F)
Fornecedor a pg. de CP (empenhado)	(F)	Fornecedor a pg. de CP (empenhado)	(F)
Depósitos de terceiros a rec. CP	(F)	Depósitos de terceiros a rec. CP	(F)
Operação de créd. por antec. da receita	(F)	Operação de créd. por antec. da receita	(F)
Passivo permanente (PP)			
Pessoal a pg. de CP (sem empenho)	(P)	Pessoal a pg. de CP (sem empenho)	(P)
Enc. sociais a pg. de CP (sem empenho)	(P)	Enc. sociais a pg. de CP (sem empenho)	(P)
Fornecedor a pg. de CP (sem empenho)	(P)	Fornecedor a pg. de CP (sem empenho)	(P)
Operações de crédito de CP (sem empenho)	(P)	Operações de crédito de CP (sem empenho)	(P)
		Passivo não circulante (PNC)	
Operações de crédito de LP	(P)	Operações de crédito de LP	(P)

Figura 2.21 Exemplo de conta Operações de créditos ou financiamentos a pagar de LP.

k) Conta Precatórios a pagar de LP: atende, simultaneamente, às condições de Passivo permanente (visão da Lei nº 4.320) e Passivo não circulante (visão da NBC TSP 11).

Classificação de passivos: relação Lei 4.320/64 × MCASP – (por meio dos atributos "F" e "P")

Conta: Precatórios a pg. de LP

Exemplo Lei 4.320/64		Exemplo NBC TSP	
Passivo financeiro (PF)		**Passivo circulante (PC)**	
Pessoal a pg. de CP (empenhado)	(F)	Pessoal a pg. de CP (empenhado)	(F)
Enc. sociais a pg. de CP (empenhado)	(F)	Enc. sociais a pg. de CP (empenhado)	(F)
Fornecedor a pg. de CP (empenhado)	(F)	Fornecedor a pg. de CP (empenhado)	(F)
Depósitos de terceiros a rec. CP	(F)	Depósitos de terceiros a rec. CP	(F)
Operação de créd. por antec. da receita	(F)	Operação de créd. por antec. da receita	(F)
Passivo permanente (PP)			
Pessoal a pg. de CP (sem empenho)	(P)	Pessoal a pg. de CP (sem empenho)	(P)
Enc. sociais a pg. de CP (sem empenho)	(P)	Enc. sociais a pg. de CP (sem empenho)	(P)
Fornecedor a pg. de CP (sem empenho)	(P)	Fornecedor a pg. de CP (sem empenho)	(P)
Operações de crédito de CP (sem empenho)	(P)	Operações de crédito de CP (sem empenho)	(P)
		Passivo não circulante (PNC)	
Operações de crédito de LP	(P)	Operações de crédito de LP	(P)
Precatório a pg. de LP	(P)	Precatório a pg. de LP	(P)

Figura 2.22 Exemplo de conta Precatórios a pagar de LP.

ATENÇÃO!

Observe que, relacionando-se a classificação dos passivos, nos formatos exigidos pela Lei nº 4.320/1964 e pela NBC TSP 11, pode-se afirmar que todos os Passivos financeiros são Passivos circulantes, mas nem todos os Passivos circulantes são financeiros.

2.3.4 Patrimônio líquido/saldo patrimonial

O **patrimônio líquido/saldo patrimonial** representa o valor residual dos **ativos** (bens, direitos e intangíveis) da entidade depois de deduzidos todos os seus **passivos** (obrigações).

2.3.4.1 Classificação do patrimônio líquido

Integram o **patrimônio líquido**: patrimônio/capital social, reservas de capital, ajustes de avaliação patrimonial, reservas de lucros, ações em tesouraria, resultados acumulados e outros desdobramentos.

Quando o valor do **ativo** for maior que o valor do **passivo**, o resultado será denominado **patrimônio líquido positivo**.

Quando o valor do **passivo** for maior que o valor do **ativo**, o resultado será denominado **patrimônio líquido negativo**.

No patrimônio líquido, deve ser evidenciado o resultado do período segregado dos resultados acumulados de períodos anteriores.

Segue, no Quadro 2.1, exemplo de informações qualitativas e quantitativas de um patrimônio na visão da NBC TSP 11, conjugado com os atributos "F" e "P" estudados anteriormente (visão da Lei nº 4.320/1964).

Quadro 2.1 Patrimônio na visão da NBC TSP 11

Ativo		Passivo	
Ativo circulante	**154.250,00**	**Passivo circulante**	**124.000,00**
Caixa e equiv. de Caixa (F)	106.250,00	Pessoal a pagar (F)	65.000,00
Depósitos restituíveis (F)	13.000,00	Encargos sociais a pagar (P)	12.000,00
Créditos a receber (P)	10.000,00	Fornecedores e contas a pagar (F)	24.000,00
Estoque (P)	20.000,00	Financiamentos a pagar (P)	13.000,00
Desembolsos antecipados (P)	5.000,00	Valores de terceiros restituíveis (F)	10.000,00
Ativo não circulante	**198.000,00**	**Passivo não circulante**	**65.000,00**
Créditos a receber (P)	50.000,00	Encargos sociais a pagar (P)	20.000,00
Estoque (P)	40.000,00	Fornecedores de LP (P)	9.000,00
Ações (P)	25.000,00	Precatórios a pagar (P)	16.000,00
Imobilizado (P)	65.000,00	Empréstimos e financiamentos (P)	20.000,00
Intangíveis (P)	18.000,00		
Total do ativo	**352.250,00**	**Total do passivo**	**189.000,00**

Ativo		Passivo	
		Patrimônio líquido	
		Patrimônio social/capital social	
		Reservas de capital	163.250,00
		Resultados acumulados	
		Ajustes de exercícios anteriores	
		Total do patrimônio líquido	163.250,00
Total	352.250,00	Total	352.250,00

2.3.4.2 Classificação do patrimônio líquido segundo a Lei nº 4.320/1964

A Lei nº 4.320/1964 trata a diferença entre **ativo** e **passivo** como **saldo patrimonial**.

Se, em determinado momento, o **ativo** for maior que o **passivo**, o **saldo patrimonial** será positivo e chamado, também, de **ativo real líquido**. Se o ativo for menor que o **passivo**, o **saldo patrimonial** será negativo e denominado, também, **passivo real a descoberto ou passivo real líquido** (Quadro 2.2).

Quadro 2.2   Patrimônio na visão da Lei nº 4.320/1964

Ativo		Passivo	
Ativo financeiro	119.250,00	Passivo financeiro	99.000,00
Caixa e equiv. de caixa (F)	106.250,00	Pessoal a pagar (F)	65.000,00
Depósitos restituíveis (F)	13.000,00	Fornecedores e contas a pagar (F)	24.000,00
		Valores de terceiros restituíveis (F)	10.000,00
Ativo permanente	233.000,00	Passivo não circulante	90.000,00
Créditos a receber (P)	60.000,00	Encargos sociais a pagar (P)	32.000,00
Estoque (P)	60.000,00	Fornecedores de LP (P)	9.000,00
Desembolsos antecipados (P)	5.000,00	Precatórios a pagar (P)	16.000,00
Ações (P)	25.000,00	Empréstimos e financiamentos (P)	33.000,00
Imobilizado (P)	65.000,00		
Intangíveis (P)	18.000,00		
Total do ativo	352.250,00	Total do passivo	189.000,00
		Saldo patrimonial	163.250,00
Total	352.250,00	Total	352.250,00

Exemplo

Considerando os balanços patrimoniais anteriores, qual o valor do superávit financeiro para fins de abertura de créditos adicionais nos exercícios, nos termos do art. 43, § 2º, da Lei nº 4.320/1964? Considere que houve um crédito adicional reaberto de R$ 10.000,00 e que não houve operação de crédito vinculada não recebida.

$$SF = AF - PF - (CAT - OPCVñR)$$

Resposta: SF = 119.250,00 − 99.000,00 − (10.000 − 0,00) = 10.250,00

2.4 VARIAÇÕES PATRIMONIAIS (VISÃO DINÂMICA DO PATRIMÔNIO)

As variações patrimoniais são transações que resultam em alterações nos elementos patrimoniais da entidade do setor público, mesmo em caráter compensatório, afetando, ou não, o seu patrimônio líquido, e devem ser classificadas em **quantitativas e qualitativas**.

2.4.1 Variações patrimoniais quantitativas

As variações patrimoniais quantitativas decorrem de transações que aumentam ou diminuem o patrimônio líquido e devem ser registradas no momento da ocorrência do seu fato gerador, independentemente de recebimento ou pagamento (princípio da competência). Constituem-se, pois, em fenômenos modificativos que afetam a situação líquida (patrimônio líquido) da entidade, subdividindo-se em: variação patrimonial aumentativa (VPA) e variação patrimonial diminutiva (VPD).

ATENÇÃO!

Receita (sob o enfoque patrimonial) corresponde a aumentos na situação patrimonial líquida da entidade não oriundos de contribuições dos proprietários.

Despesa (sob o enfoque patrimonial) corresponde a diminuições na situação patrimonial líquida da entidade não oriundas de distribuições aos proprietários.

Contribuição dos proprietários corresponde à entrada de recursos para a entidade a título de contribuição de partes externas, que estabelece ou aumenta a participação delas no patrimônio líquido da entidade.

Fonte: CFC (2016).

Para fins desta obra, a **receita** sob o enfoque patrimonial será denominada **variação patrimonial aumentativa** (VPA) e a **despesa** sob o enfoque patrimonial será denominada **variação patrimonial diminutiva** (VPD) (contabilizadas no plano de contas de natureza patrimonial, veja o Capítulo 3). Ambas não devem ser confundidas com as **receitas e as despesas orçamentárias**, que são definidas na Lei Federal nº 4.320/1964 e vinculadas ao controle do orçamento público seguindo o regime de caixa nos termos do art. 35, I, da citada lei (contabilizadas no plano de contas de natureza orçamentária, veja o Capítulo 3).

ATENÇÃO!

No Regime Patrimonial, aplica-se o REGIME DE COMPETÊNCIA considerando-se, pois, Receita Patrimonial = VPA (aumento do PL) e Despesa Patrimonial = VPD (diminuição do PL), de forma que, no final do período, é possível apurar o resultado patrimonial = VPA − VPA, impactando o patrimônio líquido.

2.4.1.1 Variações patrimoniais aumentativas (VPA)

São aquelas que aumentam o resultado patrimonial e, simultaneamente, o patrimônio líquido da entidade. Trata-se de **receitas** sob o enfoque patrimonial, pois decorrem de aumentos nos benefícios econômicos da entidade, durante o período contábil, sob a forma de aumento de ativos ou diminuição de passivos, que resultem em aumento do patrimônio líquido.

São exemplos de VPA:

- Lançamento de tributos e contribuições a receber, a partir do fato gerador respectivo.
- Arrecadação de recursos sem o lançamento do direito a receber anterior.
- Direitos a receber por contas de juros, doações, subvenções, subsídios, auxílios, transferências intergovernamentais e intragovernamentais.
- Reavaliação positiva de ativos.
- Ganhos com alienação.
- Cancelamento de obrigações (dívidas) a pagar.

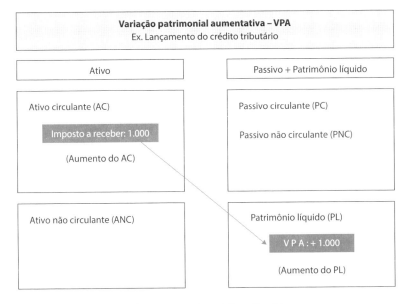

Figura 2.23   Exemplo de VPA em lançamento de crédito tributário.

2.4.1.2 Variações patrimoniais diminutivas (VPD)

Quando diminuem o resultado e, simultaneamente, o **patrimônio líquido** – PL (fatos modificativos aumentativos ou diminutivos do PL), trata-se de **despesas** sob o enfoque patrimonial, pois decorrem de decréscimos nos benefícios econômicos durante o período contábil sob a forma de redução de ativos ou incremento em passivos.

São exemplos de VPD:

- Apropriação de obrigações com pessoal e seus encargos, a partir do fato gerador respectivo.
- Redução de estoques (ativos) pelo consumo.

- Depreciação, amortização e exaustão de ativos.
- Incorporação de obrigações (dívidas) a pagar sem o concomitante aumento de ativos.
- Ajustes a valor recuperável de ativos.
- Ajustes para créditos de devedores duvidosos.
- Provisões de obrigações (passivos).
- Incorporações com transferências financeiras a realizar (passivo): doações, subvenções, subsídios, auxílios, transferências intergovernamentais e intragovernamentais concedidas, entre outros.

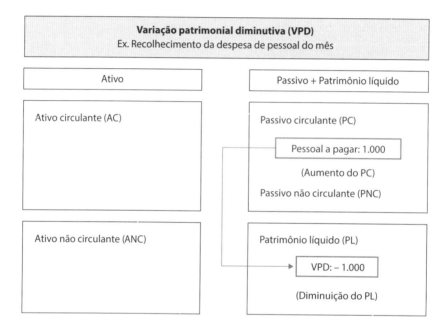

Figura 2.24 Exemplo de VPD com reconhecimento da despesa de pessoal do mês.

2.4.1.3 Resultado patrimonial

Também chamado de resultado econômico do período, representa a diferença entre o valor total das **variações patrimoniais aumentativas** (VPA) e o valor total das **variações patrimoniais diminutivas** (VPD) de um dado período, como representado na Figura 2.25.

ATENÇÃO!
As possibilidades do resultado patrimonial (RP) são:
Superavitário (VPA > VPD)
Deficitário (VPA < VPD)
Nulo (VPA = VPD)

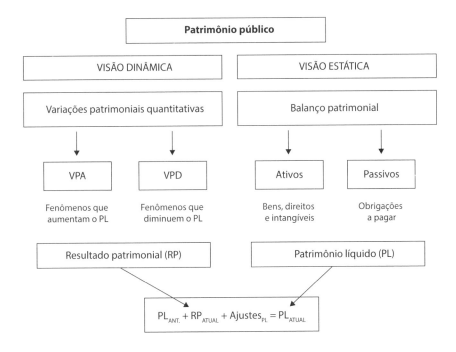

Figura 2.25   Resultado patrimonial.

2.4.2   Variações patrimoniais qualitativas

As variações patrimoniais qualitativas alteram a composição dos elementos patrimoniais sem afetar o **patrimônio líquido** (fatos permutativos), determinando modificações apenas na composição específica dos elementos patrimoniais.

> **Exemplo**
> - Aquisição de bens móveis (↓ A, ↑ A, ΔPL = 0).
> - Construção de obras públicas (↓ A, ↑ A, ΔPL = 0).
> - Realização de operações de crédito (empréstimos) (↑ A, ↓ P, ΔPL = 0).
> - Arrecadação de tributos já anteriormente registrados como direito a receber (↑ A, ↓ A, ΔPL = 0).
> - Alienação de bens pelo valor contábil (sem ganho ou perda) (↓ A, ↑A, ΔPL = 0).

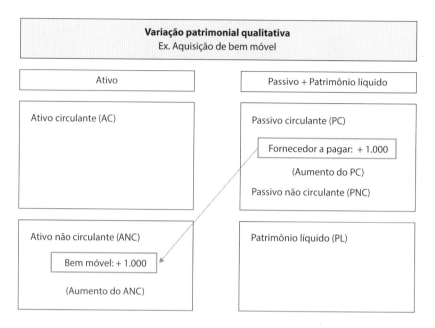

Figura 2.26   Exemplo de variação patrimonial qualitativa para aquisição de bem móvel.

Existem variações que, simultaneamente, alteram a composição qualitativa e a expressão quantitativa dos elementos patrimoniais e são conhecidas como variações mistas ou compostas, como, por exemplo, a alienação (venda) de bens com ganho, representada na Figura 2.27.

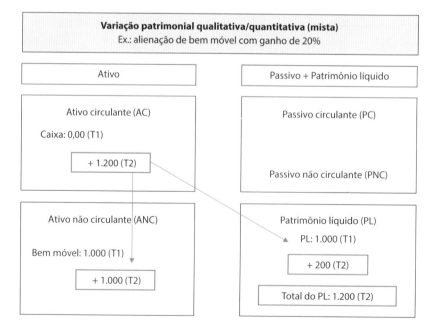

Figura 2.27   Exemplo de variação patrimonial mista para alienação de bem móvel com ganho de 20%.

A falta de registro de bens, direitos e obrigações oriundas das variações patrimoniais quantitativas e qualitativas, já incorridas, resultará em demonstrações incompatíveis com os princípios e as normas de contabilidade.

2.5 MENSURAÇÃO DOS ATIVOS E PASSIVOS, DE FORMA GERAL

Mensuração é o processo que consiste em **determinar os valores** pelos quais os elementos das demonstrações contábeis devem ser nelas reconhecidos e apresentados (CFC, 2016).

O objetivo da mensuração é selecionar bases que reflitam de modo mais adequado o custo dos serviços, a capacidade operacional e a capacidade financeira da entidade, de forma que seja útil para a prestação de contas e responsabilização (*accountability*) e tomada de decisão. A seleção da base de mensuração para ativos e passivos contribui para satisfazer aos objetivos da elaboração e divulgação da informação contábil pelas entidades do setor público ao fornecer informação que possibilita aos usuários avaliarem (CFC, 2016):

- O custo dos serviços prestados no período, em termos históricos ou atuais.
- A capacidade operacional – a capacidade da entidade em dar suporte à prestação de serviços no futuro por meio de recursos físicos e outros.
- A capacidade financeira – a capacidade da entidade em financiar as suas próprias atividades.

A NBC TSP – Estrutura Conceitual (CFC, 2016) propõe as estruturas de bases de mensuração apresentadas no Quadro 2.3.

Quadro 2.3   Resumo das bases de mensuração dos ativos

Base de mensuração	Entrada ou saída	Observável, ou não, no mercado	Específica, ou não, à entidade
Custo histórico	Entrada	Geralmente observável	Específica para a entidade
Valor de mercado (quando o mercado é aberto, ativo e organizado)	Entrada e saída	Observável	Não específica para a entidade
Valor de mercado (em mercado inativo)	Saída	Depende da técnica de atribuição de valor	Depende da técnica de atribuição de valor
Custo de reposição ou substituição	Entrada	Observável	Específica para a entidade
Preço líquido de venda	Saída	Observável	Específica para a entidade
Valor em uso	Saída	Não observável	Específica para a entidade

Fonte: CFC (2016).

ATENÇÃO!

De acordo com o Quadro 2.3, os valores de entrada refletem o custo da compra. O custo histórico e o custo de reposição são valores de entrada. Os valores de saída refletem os benefícios econômicos da venda e também o montante que será obtido com a utilização do ativo (CFC, 2016).

Em economia diversificada, os valores de entrada e saída diferem à medida que as entidades, normalmente:

- Adquirem ativos concebidos para suas particularidades operacionais para as quais outros participantes do mercado não estariam dispostos a pagar valor semelhante.
- Incorrem em custos de transação na aquisição.

O Quadro 2.4 resume as bases de mensuração dos passivos, de acordo com a NBC TSP EC (CFC, 2016).

Quadro 2.4 Resumo das bases de mensuração dos passivos

Base de mensuração	Entrada ou saída	Observável, ou não, no mercado	Específica, ou não, à entidade
Custo histórico	Entrada	Geralmente observável	Específica para a entidade
Custo de cumprimento da obrigação	Saída	Não observável	Específica para a entidade
Valor de mercado (quando o mercado é aberto, ativo e organizado)	Entrada e saída	Observável	Não específica para a entidade
Valor de mercado (em mercado inativo)	Saída	Depende da técnica de atribuição de valor	Depende da técnica de atribuição de valor
Custo de liberação	Saída	Observável	Específica para a entidade
Preço presumido	Entrada	Observável	Específica para a entidade

Fonte: CFC (2016).

ATENÇÃO!

As bases de mensuração para o passivo também podem ser classificadas em termos de valores de entrada ou de saída. Os valores de entrada se relacionam com a transação na qual a obrigação é contraída ou ao montante que a entidade aceitaria para assumir um passivo. Os valores de saída refletem o montante exigido para cumprir a obrigação ou o montante exigido para liberar a entidade da obrigação (CFC, 2016).

O QUE É VALOR DE MERCADO?

O valor de mercado para ativos é o montante pelo qual um ativo pode **ser trocado** entre partes cientes e dispostas, em transação sob **condições normais** de mercado (CFC, 2016).

Também, segundo a NBC TSP (CFC, 2016), na aquisição, o valor de mercado e o custo histórico são os mesmos, caso os custos da transação sejam ignorados e a transação seja uma transação com contraprestação. A extensão na qual o valor de mercado satisfaz aos objetivos da elaboração e divulgação da informação contábil e as necessidades de informação dos usuários depende, parcialmente, da qualidade das evidências do mercado. Essas, por sua vez, dependem das características do mercado no qual o ativo é comercializado. O valor de mercado é especialmente apropriado quando se julga que a diferença entre os valores de entrada e de saída, provavelmente, não será significativa ou o ativo é mantido com a intenção de ser vendido.

O QUE É VALOR EM USO?

Valor em uso é o **valor presente**, para a entidade, do potencial de serviços ou da capacidade de **gerar benefícios econômicos** remanescentes do ativo, caso este continue a ser utilizado, e do valor líquido que a entidade receberá pela sua alienação ao final da sua vida útil (CFC, 2016).

O valor em uso normalmente é apurado a partir do fluxo descontado, a taxas de juros e inflação, dos potenciais benefícios futuros do ativo. Entre o valor de mercado e o valor de uso, deverá ser utilizado, como base de mensuração, o maior deles.

ATENÇÃO!

O valor em uso é utilizado para a administração pública, mas deve ser considerado, quando maior que o valor de mercado, como base de mensuração apropriada para a avaliação de determinados **ajustes de redução ao valor recuperável**, haja vista ser utilizado na determinação do montante recuperável para o ativo ou grupo de ativos (CFC, 2016).

O IPSASB/IFAC (CFC, 2016), apresenta justificativa, em relação à adoção do valor de mercado em substituição ao **valor justo (*fair value*)**, de que a estrutura conceitual (NBC TSP) não propôs o valor justo (*fair value*) como uma das bases de mensuração para ativos e passivos (como assim o faz no CPC). Em substituição, propôs o **valor de mercado**, o qual foi definido do mesmo modo que o valor justo, ou seja, o valor pelo qual um ativo pode ser trocado, ou um passivo extinto, entre partes conhecedoras, dispostas a isso, em transação sem favorecimentos.

O IPSASB/IFAC alega que o valor justo, **no contexto do setor público**, é semelhante ao valor de mercado e a inclusão de ambas as bases de mensuração poderia ser confusa para os usuários dos relatórios contábeis. Assim, a estrutura conceitual convergida, em vez de incluir a definição de valor justo baseada em valor de saída, ou a definição de valor justo específica para o setor público, incluiu o valor de mercado como uma das bases de mensuração.

2.6 MENSURAÇÃO DOS ATIVOS IMOBILIZADOS

A recomendação da STN (2018) é que, antes de iniciar os procedimentos usuais de mensuração, o órgão ou a entidade devem realizar ajustes para que as contas dos ativos (balanço patrimonial) evidenciem a realidade dos seus elementos patrimoniais. Dessa forma, por exemplo, **os estoques, imobilizados e intangíveis** devem ser mensurados inicialmente pelo custo ou valor justo **(no caso, valor de mercado)**, adotando-se, posteriormente, procedimentos de mensuração após o reconhecimento inicial (como, por exemplo, a depreciação para o caso do ativo imobilizado).

> **ATENÇÃO!**
> **PRIMEIRA VEZ APÓS AS NBC TSP**
> O órgão ou a entidade deve reconhecer os efeitos do reconhecimento inicial dos ativos como **ajuste de exercícios anteriores** no período em que é reconhecido pela primeira vez de acordo com as **novas normas contábeis** para, em seguida, adotar os procedimentos de mensuração que serão descritos e estudados nesta seção (STN, 2018).

Um item do ativo imobilizado deve ser mensurado no reconhecimento pelo seu custo. Quando adquirido por meio de uma transação sem contraprestação, a exemplo de terrenos recebidos a título de doação ou com pagamento simbólico, para possibilitar ao governo local, por exemplo, desenvolver estacionamentos, estradas, investimentos de infraestrutura etc., seu custo deve ser mensurado pelo seu valor justo na data da aquisição (valor de mercado para fins da NBC TSP EC, 2016).

De acordo com NBC TSP 17 (CFC, 2017), os elementos do custo de um ativo imobilizado compreendem:

- Seu preço de aquisição, acrescido de impostos de importação e tributos não recuperáveis sobre a compra, depois de deduzidos os descontos comerciais e abatimentos.
- Quaisquer custos diretamente atribuíveis para colocar o ativo no local e condição necessários para que ele seja capaz de funcionar da forma pretendida pela administração.

Podem-se citar alguns exemplos de custos diretamente atribuíveis:

- Custos de pessoal decorrentes diretamente da construção ou aquisição de item do ativo imobilizado.
- Custos de preparação do local.
- Custos de frete e manuseio (para recebimento e instalação).
- Honorários profissionais.

> **ATENÇÃO!**
> Por outro lado, não se consideram custos de um item do ativo imobilizado os **administrativos** e outros custos **indiretos**.
> O reconhecimento dos custos no valor contábil de um item do ativo imobilizado **cessa** quando o item está no local e nas condições operacionais pretendidas pela administração. Portanto, os custos incorridos no uso ou na transferência ou reinstalação de um item não são incluídos no seu valor contábil, como, por exemplo, os custos incorridos durante o período em que o ativo ainda não está sendo utilizado ou está sendo operado a uma capacidade inferior à sua capacidade total (CFC, 2017).

2.6.1 Mensuração inicial do custo

Para a mensuração inicial do custo de um item de ativo imobilizado, pode haver duas alternativas: a do preço à vista ou a do seu valor justo (mercado) na data do reconhecimento quando um ativo é adquirido por meio de uma transação sem contraprestação, porém, se o prazo de pagamento excede os prazos normais de crédito, a diferença entre o preço equivalente à vista e o total dos pagamentos deve ser reconhecida como variação patrimonial diminutiva (despesa patrimonial, redução do resultado) com juros durante o período do crédito (CFC, 2017).

Exemplo

Uma entidade pública adquire um veículo financiado (depreciação de 20% ao ano, sem valor residual) para uso em suas atividades por R$ 150.000,00, financiado em cinco parcelas mensais de R$ 30.000,00. O preço à vista do veículo é de R$ 130.000,00, então teríamos contabilizados:

(t-0) ato da transação

D – Ativo – Imobilizado (veículo)	R$ 130.000,00
D – Passivo (redutora) – Encargos financeiros a incorporar	R$ 20.000,00
C – Passivo – Fornecedores a pagar	R$ 150.000,00

Balanço patrimonial em t-0

Ativo:	Veículo	R$ 130.000,00
		R$ 130.000,00

Passivo:	Fornecedores a pagar	R$ 150.000,00
	Encargos fin. a incorporar	**(R$ 20.000,00)**
		R$ 130.000,00

Patrimônio líquido:	**R$ 0,00**

(t-1) um ano depois

D – Resultado (VPD) – Depreciação do veículo	R$ 26.000,00
C – Ativo (redutora) – Depreciação acumulada do veículo	R$ 26.000,00
e	
D – Resultado (VDP) – Encargos financeiros	R$ 4.000,00
C – Passivo (redutora) – Encargos financeiros a incorporar	R$ 4.000,00

Balanço patrimonial em t-1

Ativo:	Veículo	R$ 130.000,00
	Depreciação acumulada	(R$ 26.000,00)
		R$ 104.000,00

Passivo:	Fornecedores a pagar	R$ 150.000,00
	Encargos fin. a incorporar	(R$ 16.000,00)
		R$ 134.000,00

Patrimônio líquido:	**R$ (30.000,00)**

Quando o ativo imobilizado for adquirido por meio de permuta por ativo não monetário, ou combinação de ativos monetários e não monetários, deverá ser mensurado pelo valor justo (mercado) a não ser que:

- A operação de permuta não tenha natureza comercial.
- O valor justo do ativo recebido e do ativo cedido não possam ser mensurados com segurança. Ainda no caso de permuta, o ativo adquirido deverá ser mensurado pelo valor justo mesmo que a entidade não consiga dar baixa imediata ao ativo cedido. Se o ativo adquirido não for mensurável ao valor justo, seu custo é determinado pelo valor contábil do ativo cedido (NBC TSP 17).

ATENÇÃO!
O órgão ou a entidade deve reconhecer os efeitos do reconhecimento inicial dos ativos como **ajuste de exercícios anteriores** (direto no PL, sem passar pelo resultado) no período em que é reconhecido pela primeira vez, quando o fato decorreu de períodos passados (levantados a partir de inventários, por exemplo).
Se sua ocorrência foi o período da competência do ajuste, deverá ser registrado como VPA ou VPD, impactando, por conseguinte, o resultado.
Após isso, deverá adotar os procedimentos que serão tratados nos próximos itens.

2.6.2 Mensuração após o primeiro reconhecimento

De acordo com o MCASP, após o reconhecimento inicial do ativo imobilizado, a entidade deve mensurar esses itens escolhendo entre o **modelo do custo** – no qual o item do ativo é evidenciado pelo custo menos quaisquer depreciação e redução ao valor recuperável acumuladas –, ou pelo **modelo da reavaliação** – em que o item do ativo, cujo valor **justo (mercado)** possa ser mensurado confiavelmente, deve ser apresentado pelo seu valor reavaliado, correspondente ao seu valor justo à data da reavaliação menos quaisquer depreciação e redução ao valor recuperável acumuladas subsequentes, devendo a política adotada ser uniforme em cada classe de ativos imobilizados (CFC, 2017).

O **valor justo de terrenos** e edifícios é normalmente determinado com base **no mercado**. Para diversos ativos, o valor justo será prontamente determinável com referência a preços cotados em **mercado ativo** e líquido. Por exemplo, preços correntes de mercado podem normalmente ser obtidos para terrenos, edificações não especializadas, motores de veículos e diversos outros tipos de instalações e equipamentos (STN, 2018).

Caso não haja nenhuma evidência disponível para determinar o valor de mercado em um mercado ativo de um item de terrenos e edifícios, o valor justo do item pode ser estabelecido com referência a outros itens com **características semelhantes**, em circunstâncias e locais semelhantes. Por exemplo, o valor justo (mercado) de um terreno desocupado do governo que tenha sido mantido por um período em que poucas transformações tenham ocorrido pode ser estimado tendo como referência o valor de mercado de terreno com características e topologia semelhantes em uma localização semelhante, para o qual haja evidências de mercado disponíveis (STN, 2018).

Caso não haja evidências baseadas no mercado para atribuição do valor justo, pelo fato da natureza especializada do item do ativo imobilizado, a entidade pode precisar estimar o

Cap. 2 • Patrimônio do setor público | 69

valor justo usando, por exemplo, o custo de reprodução (replicação), o custo de reposição depreciado, o custo de restauração ou a abordagem de unidades de serviço.

O custo de reposição depreciado de um item do ativo imobilizado pode ser estabelecido com referência ao preço de mercado de compra dos componentes usados para produzir o ativo ou um índice de preço para ativos iguais ou semelhantes baseados no preço de períodos passados.

2.6.3 Reavaliação de ativo imobilizado

Diversos fatores podem fazer com que o valor contábil de um ativo não corresponda ao seu valor justo. Assim, se após o reconhecimento inicial de uma **classe de ativo** imobilizado **a entidade adotar esse modelo de mensuração**, é necessário que periodicamente esses bens passem por um processo visando adequar o seu valor contábil (CFC, 2017).

A frequência com que as reavaliações são realizadas depende das mudanças dos valores justos dos itens do ativo que serão reavaliados. Quando o valor justo (mercado) de um ativo **difere materialmente de seu valor contábil registrado**, exige-se nova reavaliação (CFC, 2017).

Os itens do ativo que sofrerem mudanças significativas no valor justo necessitam de **reavaliação anual**. Reavaliações frequentes são desnecessárias para itens do ativo que não sofrem mudanças significativas no valor justo. Para esses casos, as entidades podem **reavaliar o item apenas a cada três ou cinco anos**, somente se houver necessidade (CFC, 2017).

As empresas **estatais dependentes** seguem normas específicas quanto à reavaliação (STN, 2018).

Quando um item do ativo imobilizado é reavaliado, a depreciação acumulada na data da reavaliação deve ser eliminada contra o valor contábil bruto do ativo, atualizando-se o seu valor líquido pelo valor reavaliado (CFC, 2017).

É importante salientar que, se **um item** do ativo imobilizado for reavaliado, é necessário que **toda a classe** de contas do ativo imobilizado à qual pertence esse ativo seja reavaliada (CFC, 2017).

Classe de contas do ativo imobilizado é um agrupamento de ativos de natureza e uso semelhantes nas operações da entidade. São exemplos de classe de contas: terrenos; edifícios operacionais; estradas; maquinário; redes de transmissão de energia elétrica; navios; aeronaves; equipamentos militares especiais; veículos a motor; móveis e utensílios; equipamentos de escritório; plataformas de petróleo (CFC, 2017).

A **reavaliação** pode ser realizada por meio da elaboração de **um laudo técnico** por perito ou entidade especializada, ou ainda por meio de relatório de avaliação realizado por uma **comissão de servidores** (STN, 2018).

Uma vez **adotado o método da reavaliação**, ela não pode ser realizada de forma seletiva. Ou seja, deve-se avaliar, na data das demonstrações contábeis, se há necessidade de se proceder à reavaliação de todos os itens da mesma classe. Isso pode ensejar **aumentos ou diminuições de valores contábeis de ativos**, já que o modelo tem por principal referência o valor de mercado (STN, 2018).

Contabilmente, como previsto na NBC TSP 17 (CFC, 2017), se o valor contábil da classe do ativo **aumentar em virtude da reavaliação**, esse aumento deve ser creditado diretamente à **conta de reserva de reavaliação** no patrimônio líquido (STN, 2018). Veja exemplo que segue.

Se o valor contábil de uma classe do ativo **diminuir em virtude da reavaliação**, essa diminuição deverá ser reconhecida no resultado do período. Porém, se houver **saldo de** reserva de reavaliação (veja o terceiro exemplo), a diminuição do ativo deverá ser debitada diretamente à **reserva de reavaliação** até o limite de qualquer saldo existente na reserva de reavaliação referente àquela classe de ativo. Os aumentos ou diminuições de reavaliação relativa a ativos individuais devem ser feitos dentro da classe à qual o ativo pertence. As transferências da reserva de reavaliação para resultados acumulados não transitam pelo resultado do período (STN, 2018).

Exemplos

1) Considere que uma entidade pública possui uma classe de bens de edifícios, registrado no ativo ao valor de R$ 1.000.000,00, com uma depreciação acumulada de R$ 300.000,00. A referida classe foi reavaliada ao valor de mercado, tendo o laudo técnico apurado o valor de R$ 1.500.000,00. Quais registros contábeis devem ser realizados com base na reavaliação?

(t-1.0) Apuração do valor líquido contábil pela baixa da depreciação acumulada:

D – Ativo (redutora), depreciação acumulada	R$ 300.000,00
C – Ativo imobilizado, edifícios	R$ 300.000,00

Situação patrimonial após registro em t-1.0:
Ativo imobilizado:

Edifícios	R$ 700.000,00
(–) Depreciação acumulada	R$ 0,00

(t-1.1) Registro da reavaliação do bem:

D – Ativo imobilizado, edifícios	R$ 800.000,00
C – Patrimônio líquido, reserva de reavaliação	R$ 800.000,00

Situação patrimonial após registro em t-1.1:
Ativo imobilizado:

Edifícios	R$ 1.500.000,00
(–) Depreciação acumulada edifícios	R$ 0,00
	R$ 1.500.000,00

Passivo:	R$ 0,00
	R$ 0,00

Patrimônio líquido:

Saldo anterior do PL	R$ 700.000,00
Reserva de reavaliação	R$ 800.000,00
	R$ 1.500.000,00

Cap. 2 • Patrimônio do setor público | 71

2) Um ano depois, ocorreu depreciação de 5% da edificação (considere valor residual igual a zero). Proceder aos registros contábeis necessários.

(t-2.0) Apuração do valor líquido contábil pela baixa da depreciação acumulada:

D – Resultado (VPD), depreciação edifícios   R$ 35.000,00

D – Patrimônio líquido, reserva de reavaliação   R$ 40.000,00

C – Ativo (redutora), depreciação acumulada   R$ 75.000,00

Situação patrimonial após registro em t-2.0:

Ativo imobilizado:

Edifícios	R$ 1.500.000,00	
(–) Depreciação acumulada	(R$ 75.000,00)	
	R$ 1.425.000,00	

Passivo:	R$ 0,00	
	R$ 0,00	

Patrimônio líquido:

Saldo anterior do PL	R$ 700.000,00	
Reserva de reavaliação	R$ 760.000,00	
Resultado (VPD)	(R$ 35.000,00)	
	R$ 1.425.000,00	

3) Considere agora, também, que após um ano foi feita outra reavaliação dos edifícios e o valor apurado chegou a R$ 1.300.000,00. Proceda aos registros da nova reavaliação.

(t-3.0) Apuração do valor líquido contábil pela baixa da depreciação acumulada:

D – Ativo (redutora), Depreciação acumulada   R$ 75.000,00

C – Ativo imobilizado, Edifícios   R$ 75.000,00

Situação patrimonial após registro em t-3.0:

Ativo imobilizado:

Edifícios	R$ 1.425.000,00	
(–) Depreciação acumulada	R$ 0,00	
	R$ 1.425.000,00	

Passivo: R$ 0,00

Patrimônio líquido:

Saldo anterior do PL	R$	700.000,00
Reserva de reavaliação	R$	760.000,00
Resultado (VPD)	(R$	35.000,00)
	R$ 1.425.000,00	

(t-3.1) Registro da reavaliação negativa do bem:

D – Patrimônio líquido, reserva de reavaliação	R$	125.000,00
C – Ativo imobilizado, edifícios	R$	125.000,00

Situação patrimonial após registro em t-3.1:

Ativo imobilizado:

Edifícios	R$ 1.300.000,00
(–) Depreciação acumulada	R$ 0,00
	R$ 1.300.000,00

Passivo:	**R$**	**0,00**

Patrimônio líquido:

Saldo anterior do PL	R$	700.000,00
Reserva de reavaliação	R$	635.000,00
Resultado (VPD)	(R$	35.000,00)
	R$ 1.300.000,00	

2.6.4 Depreciação

Quando os elementos do ativo imobilizado têm **vida útil econômica limitada**, ficam sujeitos a depreciação sistemática durante esse período. A depreciação tem como característica fundamental a redução do valor do bem e se inicia no momento em que o item do ativo se torna **disponível para uso**. A causa que influencia a redução do valor é a existência de duração limitada, prazo legal ou contratualmente limitado (STN, 2018).

A depreciação é o declínio do potencial de geração de serviços por ativos de longa duração, ocasionada pelos seguintes fatores:

- Deterioração física.
- Desgastes com uso.
- Obsolescência.

Em função desses fatores, faz-se necessária a devida apropriação do consumo desses ativos ao resultado do período, por meio da depreciação, atendendo o princípio da competência. O reconhecimento da depreciação está vinculado à identificação das circunstâncias que determinem o seu registro, de forma que esse valor seja reconhecido no resultado do ente mediante uma **variação patrimonial diminutiva** (VPD) (STN, 2018).

Para efetuar a depreciação, é necessário que a base **monetária inicial seja confiável**, ou seja, o valor registrado deve espelhar o valor justo (mercado) (STN, 2018).

Os ativos imobilizados estão sujeitos à depreciação no decorrer da sua vida útil. A manutenção adequada desses ativos não interfere na aplicação da depreciação. A apuração da depreciação deve **ser feita mensalmente**, a partir do momento em que o item do ativo se torna disponível para uso, ou seja, quando está no local e em condição de funcionamento na forma pretendida pela administração. Por outro lado, se o método de depreciação for o de unidades produzidas, a VPD de depreciação poderá ser zero enquanto não houver produção (STN, 2018).

A depreciação cessa quando do término de vida útil do ativo ou quando ele é desreconhecido. Ao final da vida útil, o valor contábil do ativo será igual ao seu **valor residual**, ou, na falta deste, igual a zero. A partir desse momento, o bem somente poderá ser depreciado se houver **uma reavaliação**, acompanhada de uma análise técnica que defina o seu tempo de vida útil restante (STN, 2018).

ATENÇÃO!
Valor residual do ativo é o montante estimado que a entidade obteria com a alienação dele, após deduzir as despesas estimadas de venda, caso o ativo já tivesse a idade, a condição e o tempo de uso esperados para o fim de sua vida útil.

A depreciação **não cessa** quando o ativo se torna ocioso ou é **retirado temporariamente de uso**. Em função de suas características, alguns itens do ativo não deverão ser depreciados. Como exemplos de bens que não se encontram sujeitos à depreciação tem-se os terrenos e os bens de natureza cultural (STN, 2018).

A estimativa da vida útil econômica do item do ativo é definida conforme alguns fatores:

- Desgaste físico, pelo uso ou não.
- Geração de benefícios futuros.
- Limites legais e contratuais sobre o uso ou a exploração do ativo.
- Obsolescência tecnológica.

As **tabelas de depreciação** (Quadro 2.5) contendo o tempo de vida útil e os valores residuais a serem aplicados deverão ser estabelecidas pelo próprio ente, de acordo com as características particulares e gerenciais da sua utilização. Assim, um veículo, por exemplo, poderá ser depreciado em período menor ou maior, devido às características do uso desse bem. Ao final do período de vida útil, o veículo ainda pode ter condições de ser utilizado, devendo ser feita uma nova **avaliação** do bem (**não é a mesma reavaliação tratada anteriormente**, que é feita por classes de bem), caso o **valor residual** não reflita o valor justo (mercado), atribuindo-lhe um novo valor, baseado em dados técnicos. A partir daí, pode-se iniciar um novo período de depreciação (STN, 2018).

Quadro 2.5   Exemplo de recorte tabela da utilizada pela União

Valor residual	Vida útil (anos)	Título	Conta
20%	15	Aparelhos, equipamentos e utensílios médicos, odontológicos, laboratoriais e hospitalares	14212.08.00
10%	10	Aparelhos e utensílios domésticos	14212.12.00
10%	10	Máquinas e equipamentos energéticos	14212.30.00
10%	15	Máquinas e equipamentos gráficos	14212.32.00
10%	10	Máquinas, utensílios e equipamentos diversos	14212.34.00
10%	5	Equipamentos de processamentos de dados	14212.35.00
10%	10	Máquinas, instalações e utensílios de escritório	14212.36.00
10%	10	Mobiliário em geral	14212.42.00
10%	15	Veículos de tração mecânica	14212.52.00
10%	30	Carros de combate	14212.53.00
10%	30	Equipamentos, peças e acessórios aeronáuticos	14212.54.00
10%	30	Equipamentos, peças e acessórios de proteção ao voo	14212.56.00
10%	5	Acessórios para automóveis	14212.57.00

Fonte: Extraída da Macrofunção SIAFI 020330.

ATENÇÃO!
A VPD de depreciação de cada período deve ser reconhecida no resultado patrimonial em contrapartida a uma conta retificadora do ativo. Entretanto, por vezes, os **benefícios econômicos futuros ou potenciais** de serviços incorporados no ativo são absorvidos para a produção de outros ativos. Nesses casos, a depreciação faz parte do custo de outro ativo, devendo ser incluída no seu valor contábil. Por exemplo, a depreciação de ativos imobilizados usados para atividades de desenvolvimento pode ser incluída no custo de um ativo intangível (STN, 2018).

O valor depreciável de um ativo deve ser alocado de forma sistemática ao longo da sua vida útil estimada, sendo determinado após a dedução de seu valor residual (STN, 2018).

Valor depreciável = Valor contábil bruto – Valor residual

O planejamento do valor residual é muito importante, pois normalmente define o momento de substituição do bem quando não é mais útil para a operacionalidade da entidade.

2.6.4.1   Métodos de depreciação

O método de depreciação deve refletir o padrão em que os benefícios econômicos futuros ou potencial de serviços do ativo são consumidos pela entidade.

Sem prejuízo da utilização de outros métodos de cálculo dos encargos de depreciação, podem ser adotados:

- **Método das quotas constantes (ou linha direta)**

O método das cotas constantes utiliza-se de taxa de depreciação constante durante a vida útil do ativo, caso o seu valor residual não se altere. A depreciação é calculada dividindo-se o valor depreciável pelo tempo de vida útil do bem, sendo representada pela seguinte fórmula:

Depreciação = [(Valor do bem) – (Valor residual)] × Quota ano

Sendo:

Quota Ano = 1 / tempo de vida útil do bem

Exemplo

Uma entidade pretende realizar a depreciação de um bem utilizando o método das cotas constantes. O valor bruto contábil é $ 10.000,00; foi determinado o valor residual de $ 2.000,00 (20%) e valor depreciável de $ 8.000,00 (80%). A vida útil do bem é de cinco anos, conforme a política da entidade, assim, a taxa de depreciação ao ano é de 20%.

Resumindo:

Custo do bem = $ 10.000,00

Valor residual ao final da vida útil = $ 2.000,00

Valor depreciável = $ 8.000,00

Vida útil estimada = 5 anos (60 meses)

Quota de depreciação: constante = 0,2

O quadro a seguir apresenta os cálculos:

Ano	Quota	Depreciação ($)	Depreciação acumulada ($)	Valor líquido contábil ($)
0				10.000,00
1	0,2	1.600,00	1.600,00	8.400,00
2	0,2	1.600,00	3.200,00	6.800,00
3	0,2	1.600,00	4.800,00	5.200,00
4	0,2	1.600,00	6.400,00	3.600,00
5	0,2	1.600,00	8.000,00	2.000,00

- **Método das somas dos dígitos dos anos**

O método da soma dos dígitos dos anos resulta em uma taxa decrescente durante a vida útil e **proporciona quotas de depreciação maiores no início e menores no fim da vida útil,** possibilitando maior uniformidade nos custos, já que os bens, quando novos, demandam menos manutenção e reparos. Com o passar do tempo, os citados encargos tendem a aumentar. O referido crescimento das despesas de manutenção e reparos são compensados pelas quotas decrescentes de depreciação, resultando em despesas totais (depreciação e manutenção) distribuídas mais proporcionalizadas nos resultados da entidade.

Esse é o método mais adequado para itens do imobilizado tais como **veículos**.

O cálculo da quota de depreciação por este método se dá como segue:

- Somam-se os algarismos que compõem o número de anos de vida útil do bem.
- A depreciação de cada ano é uma fração, em relação ao valor original do bem, tal que:
  - o numerador é, para o primeiro ano = n (número de anos de vida útil do bem), para o segundo = $(n - 1)$, para o terceiro = $(n - 2)$, e assim por diante.
  - o denominador é a soma dos algarismos, conforme obtido em (a).

Depreciação = [(Valor do bem) – (Valor residual)] × Quota ano

Sendo:

Quota 1º ano = $n / (1 + 2 + 3 + ... + n)$

Quota 2º ano = $(n - 1) / (1 + 2 + 3 + ... + n)$

Quota 3º ano = $(n - 2) / (1 + 2 + 3 + ... + n)$

....

Quota "n" ano = $1 / (1 + 2 + 3 + ... + n)$

n = tempo de vida útil do bem

soma dos algarismos de $n = 1 + 2 + 3 + ... + n$

Exemplo

Uma entidade pretende realizar a depreciação de um bem utilizando o método da soma dos dígitos. O valor bruto contábil é $ 10.000,00; foi determinado o valor residual de $ 2.000,00 e o valor depreciável de $ 8.000,00. A vida útil do bem é de cinco anos, conforme a política da entidade, assim, a taxa de depreciação é de 20% ao ano.

Resumindo:

Custo do bem = $ 10.000,00

Valor residual ao final da vida útil = $ 2.000,00

Valor depreciável = $ 8.000,00

Vida útil estimada = 5 anos (60 meses)

Quota de depreciação = decrescente

O quadro a seguir apresenta os cálculos:

Ano	Fração	Quota	Depreciação ($)	Depreciação acumulada ($)	Valor líquido contábil ($)
0					10.000,00
1	5/15	0,3333	2.666,67	2.666,67	7.333,33
2	4/15	0,2667	2.133,33	4.800,00	5.200,00
3	3/15	0,2000	1.600,00	6.400,00	3.600,00
4	2/15	0,1333	1.066,67	7.466,67	2.533,33
5	1/15	0,0667	533,33	8.000,00	2.000,00

• Método das unidades produzidas

O método das unidades produzidas resulta em uma taxa baseada no uso ou produção esperados. A vida útil do bem é determinada pela capacidade de produção.

Depreciação = [(Valor do bem) – (Valor residual)] × Quota ano

Sendo:

Quota ano = (Unidades produzidas no ano X) / (Unidades estimadas a serem produzidas durante a vida útil do bem)

Exemplo

Uma entidade pretende realizar a depreciação de um bem utilizando o método das unidades produzidas. O valor bruto contábil é $ 10.000,00; foi determinado o valor residual de $ 2.000,00 e o valor depreciável de R$ 8.000,00. A vida útil do bem é determinada pela capacidade de produção, que é igual a 5.000 unidades, sendo 500 unidades ao ano.

Resumindo:

Custo do bem = $ 10.000,00

Valor residual ao final da vida útil = $ 2.000,00

Valor depreciável = $ 8.000,00

Capacidade produção do bem = 4.000 unidades

Produção ano = 800 unidades

Quota ano = 500/5.000 = 0,1 = 10%

Ano	Quota	Depreciação ($)	Depreciação acumulada ($)	Valor líquido contábil ($)
0				10.000,00
1	0,1	800,00	800,00	9.200,00
2	0,1	800,00	1.600,00	8.400,00
3	0,1	800,00	2.400,00	7.600,00
4	0,1	800,00	3.200,00	6.800,00
5	0,1	800,00	4.000,00	6.000,00
6	0,1	000,00	4.800,00	5.200,00
7	0,1	800,00	5.600,00	4.400,00
8	0,1	800,00	6.400,00	3.600,00
9	0,1	800,00	7.200,00	2.800,00
10	0,1	800,00	8.000,00	2.000,00

• Método científico

Academicamente, a metodologia de depreciação dos ativos de uma entidade deve partir da premissa de que os investimentos de bens tangíveis, com vida útil limitada, ocorrem no presente para obter resultados e/ou benefícios futuros, considerando-se os fatores tempo e meio ambiente. Tais investimentos podem ser caracterizados pela aplicação de recursos em imobilizações técnicas, financeiras ou em valores rotativos, tudo com o propósito de atender aos objetivos da entidade.

Para ilustrar a depreciação de um investimento ao longo do tempo, pode-se tomar como exemplo a aquisição de ativo fixo, em razão de envolver, geralmente, somas elevadas, de retorno incerto e a longo prazo. Ademais, esse tipo de investimento traz, associado ao seu resultado econômico, outro enfoque à depreciação. Esta, tradicionalmente, tem sido calculada a partir da aplicação de taxas estimadas que procuram expressar perdas de valor dos ativos. Sob o enfoque econômico, a depreciação corresponde ao declínio no potencial de serviços de um ativo durante sua vida. Esse declínio é mensurado pela diferença do valor presente do fluxo de serviços de um ativo em dois momentos distintos.

Segundo Reis (1997), "o método de depreciação adequado ao contexto da gestão econômica é aquele denominado método da perda de valor, representado pela seguinte equação:

$$Dp_n = Vp_n - Vp_n + 1 = \frac{Bp_{n+1} - Bp_{n+2}}{(1+i)} + \frac{Bp_{n+2} - Bp_{n+3}}{(1+i)^2} + ... + \frac{Bp_{t-1} - Bp_t}{(1+i)^{1-n-1}} + \frac{Bp_1 - Bp}{(1+i)^{1-n}}$$

Onde:

D = Depreciação;

V = Valor Econômico do ativo;

B = Benefício esperado do ativo;

R = Valor residual do ativo ao final de sua vida útil;

pn = Período n;

pt = Último período de benefício do ativo;

i = Taxa de desconto".

Outro aspecto associado ao enfoque econômico da depreciação diz respeito ao seu tratamento como custo variável, diretamente identificado aos produtos gerados pelo ativo, diferentemente do modelo tradicional, em que é considerada custo indireto, vinculado ao período e alocado a produtos e áreas de responsabilidade por meio de rateios.

2.6.5 Amortização

Amortização é definida como a redução do valor aplicado na aquisição de direitos de propriedade e quaisquer outros, inclusive **ativos intangíveis**, com existência ou exercício de duração limitada, ou cujo objeto sejam bens de utilização por prazo legal ou contratualmente limitado.

Só podem ser amortizados os ativos intangíveis que tenham vida útil definida.

À amortização se aplicam os mesmos métodos e procedimentos práticos da depreciação.

2.6.6 Exaustão

A exaustão é realizada para elementos de **recursos naturais esgotáveis** que tiverem a vida útil econômica limitada e têm como característica fundamental a redução do valor do bem e a principal causa da redução do valor é a exploração (STN, 2018).

Determinados bens encontrados no ativo imobilizado estarão sujeitos à exaustão, em vez da depreciação. Tais bens são aqueles explorados mediante extração ou aproveitamento mineral ou florestal, por exemplo, uma floresta mantida com fins de comercialização de madeira. Dessa forma, a exaustão permitirá ao ente que o custo do ativo seja distribuído durante o período de extração/aproveitamento (STN, 2018).

Para esse fim, é necessário que haja uma análise técnica da capacidade de extração/aproveitamento do ativo em questão, pois a exaustão se dará proporcionalmente à quantidade produzida pelo ativo.

Exemplo

Considere uma jazida com capacidade de produção de 1.000.000 toneladas, registrada contabilmente pelo ente em R$ 5.000.000,00, tendo uma extração mensal de 50.000 toneladas.

O cálculo da exaustão da jazida nesse período será:

Percentual de extração mensal: 50.000 t / 1.000.000 t = 5%

Taxa de exaustão mensal = 5% de 5.000.000,00 = 250.000,00

2.6.7 Redução ao valor recuperável (*impairment*)

Redução ao valor recuperável pode ser entendida como uma **perda dos futuros benefícios econômicos ou do potencial de serviços de um ativo**, além da depreciação. Se o valor recuperável for **menor que o valor líquido contábil**, este deverá ser ajustado. Destarte, a redução ao valor recuperável é um instrumento utilizado para adequar o valor contábil dos ativos à sua real capacidade de retorno econômico (**valor de mercado ou valor de uso**), ou seja, reflete o declínio na utilidade de um ativo para a entidade que o controla (STN, 2018).

ATENÇÃO!

A redução ao valor recuperável **não deve ser confundida** com a depreciação. A depreciação é entendida como o declínio gradual do potencial de geração de serviços por ativos de longa duração, ou seja, a perda do potencial de benefícios de um ativo motivada pelo desgaste, uso, ação da natureza ou obsolescência. Já a redução ao valor recuperável é a desvalorização de um ativo quando seu valor contábil excede seu valor recuperável (valor justo/mercado) (STN, 2018).

Os procedimentos descritos neste item só deverão ser realizados após ajuste a valor justo/mercado no ativo imobilizado e intangível, realizado no momento da adoção das novas normas contábeis.

Esse primeiro ajuste a valor justo não compreende reavaliação nem redução a valor recuperável, e não deve ser registrado como tal. Consiste em ajuste de exercícios anteriores, já que até a presente data não era realizada a devida depreciação, nem ajustadas as valorizações e desvalorizações ocorridas no valor dos bens.

Deve-se ressaltar a importância da definição de uma data de corte, que visa separar os bens que serão objetos de ajuste em seu valor contábil e os bens que poderão ser depreciados diretamente, sem passar por um ajuste. A definição da data de corte, bem como a composição da comissão de servidores responsável pela realização dos trabalhos junto ao setor de patrimônio, é um ato discricionário de cada ente, devendo o gestor responsável efetivá-las de acordo com sua realidade.

A redução ao valor recuperável é um instrumento utilizado para **adequar o valor contábil dos ativos à sua real capacidade de retorno econômico**. Assim, reflete um declínio na utilidade de um ativo para a entidade que o controla.

Os ativos devem ser evidenciados nas demonstrações contábeis de forma a refletir os fluxos futuros que a entidade espera obter em virtude de possuir tal ativo.

Exemplo	
Custo do bem (I)	120.000,00
Valor residual ao final de dez anos (II)	20.000,00
Quota de depreciação anual (III)	0,10
Depreciação acumulada em 31/12/x2 (IV) = [(I) − (II)] × (III)	10.000,00
Valor líquido contábil em 31/12/x2 (V) = (I) − (IV)	110.000,00
Valor em uso em 31/12/x2 (VI)	105.000,00
Valor justo em 31/12/x2 (VII)	100.000,00
Escolher o maior entre (VI) e (VII). Se (V) > (VI) e (VII), proceder ao registro da perda por recuperabilidade ou *impairment*	
Perda por *impairment*	= (Valor líquido contábil) − (maior entre o valor e uso e o justo)
	= 110.000,00 − 105.000,00 = 5.000,00

A redução ao valor recuperável pode ser realizada por meio da elaboração de **um laudo técnico** por perito ou entidade especializada, ou ainda mediante relatório de avaliação realizado por uma comissão de servidores.

2.6.8 Desreconhecimento do valor contábil de um ativo imobilizado

O desreconhecimento do valor contábil de um item do ativo imobilizado deve ocorrer por sua **alienação ou quando não há expectativa de benefícios econômicos futuros ou potencial** de serviços com a sua utilização ou alienação. Quando o item é desreconhecido, os ganhos ou as perdas decorrentes desta baixa devem ser reconhecidos no resultado patrimonial, por meio da VPA (ganho) ou VPD (perda) (STN, 2018).

ATENÇÃO!

Os ganhos ou as perdas decorrentes do desreconhecimento de um item do ativo imobilizado devem ser determinados pela diferença entre o valor líquido da alienação, se houver, e o valor contábil líquido do item, ou seja, depois de "zerada" a depreciação acumulada do respectivo ativo.

Cap. 2 • Patrimônio do setor público | 81

Exemplo 1 – Desreconhecimento de um item do ativo imobilizado

Considere um veículo registrado na contabilidade por R$ 100.000,00, com depreciação acumulada, até a presente data, no valor de R$ 60.000,00. O veículo, no estado em que se encontra, está sendo alienado por R$ 45.000,00. Proceda aos registros contábeis.

T (–1) Situação patrimonial anterior:

Ativo	**R$ 40.000,00**
Imobilizado, veículo	R$ 100.000,00
(–) Depreciação acumulada do bem	(R$ 60.000,00)
Passivo	**R$ 0,00**
Patrimônio líquido	**R$ 40.000,00**

T (0) "Zerar" a depreciação acumulada para alienação do bem:

D – Depreciação acumulada do bem	R$ 60.000,00
C – Ativo imobilizado, veículo	R$ 60.000,00

Situação patrimonial após (T-0)

Ativo	**R$ 40.000,00**
Imobilizado, veículo	R$ 40.000,00
(–) Depreciação acumulada do bem	(R$ 0,00)
Passivo	**R$ 0,00**
Patrimônio líquido	**R$ 40.000,00**

T(1) Registro do desreconhecimento do valor contábil do ativo e da entrada em caixa do valor referente à receita da venda, com apuração do ganho na operação:

D – Ativo circulante, caixa	R$ 45.000,00
C – Ativo imobilizado, veículo	R$ 40.000,00
C – Resultado, VPA – ganho	R$ 5.000,00

Situação patrimonial após T(1)

Ativo	**R$ 45.000,00**
Circulante, caixa	R$ 45.000,00
Imobilizado, veículo	R$ 0,00
(–) Depreciação acumulada do bem	(R$ 0,00)
Passivo	**R$ 0,00**
Patrimônio líquido	**R$ 45.000,00**
Saldo anterior	R$ 40.000,00
Resultado patrimonial (VPA)	R$ 5.000,00

Exemplo 2 – Desreconhecimento de um item do ativo imobilizado

Considere um veículo registrado na contabilidade por R$ 100.000,00, com depreciação acumulada, até a presente data, no valor de R$ 60.000,00. O veículo, no estado em que se encontra, está sendo alienado por R$ 35.000,00. Proceda aos registros contábeis.

T (–1) Situação patrimonial anterior: idem exemplo (1)

T (0) "Zerar" a depreciação acumulada para alienação do bem: idem exemplo (1)

Situação patrimonial após (T-0): idem exemplo (1)

T(1) Registro do desreconhecimento do valor contábil do ativo e da entrada em caixa do valor referente a receita da venda, com apuração do ganho na operação:

D – Ativo circulante, caixa	R$ 35.000,00
D – Resultado, VPD – Perda	R$ 5.000,00
C – Ativo imobilizado, veículo	R$ 40.000,00

Situação patrimonial após T(1)

Ativo	**R$ 35.000,00**
Circulante, caixa	R$ 35.000,00
Imobilizado, veículo	R$ 0,00
(–) Depreciação acumulada do bem	(R$ 0,00)
Passivo	**R$ 0,00**
Patrimônio líquido	**R$ 35.000,00**
Saldo anterior	R$ 40.000,00
Resultado patrimonial (VPD)	(R$ 5.000,00)

2.7 MENSURAÇÃO DOS ATIVOS INTANGÍVEIS

Ativo intangível é um ativo não monetário, sem substância física, identificável, **controlado pela entidade e gerador de benefícios econômicos futuros ou potencial de serviços**, com alocação sistemática de **amortizável** ao longo da sua vida útil (CFC, 2017).

Um ativo enquadra-se na condição de ativo intangível quando pode ser **identificável, controlado e gerador de benefícios econômicos futuros ou potencial de serviços**. Caso essas características não sejam atendidas, o gasto incorrido na sua aquisição ou geração interna dever ser reconhecido como **variação patrimonial diminutiva** (resultado, despesa patrimonial), não sendo ativado.

Um ativo intangível irá satisfazer ao critério de identificação quando:

a) **For separável**, ou seja, puder ser separado da entidade e vendido, transferido, licenciado, alugado ou trocado, individualmente ou junto com um contrato, ativo ou passivo relacionado, independentemente da intenção de uso pela entidade (exemplo: um *software* desenvolvido pela entidade).

b) Resultar de **compromissos obrigatórios** (incluindo direitos contratuais ou outros direitos legais), independentemente de tais direitos serem transferíveis ou separáveis da entidade ou de outros direitos e obrigações (exemplo: direitos autorais de uma obra literária ou filme).

ATENÇÃO!

Controlar um ativo significa dizer que a entidade **detém o poder de obter benefícios econômicos futuros ou potencial de serviços gerados pelo recurso subjacente e de restringir o acesso de terceiros a esses benefícios ou serviços**. A ausência de direitos legais dificulta a comprovação do controle. No entanto, a imposição legal de um direito não é uma condição imprescindível para o controle, visto que a entidade pode controlar benefícios econômicos futuros ou potencial de serviços de outra forma (CFC, 2017).

O **reconhecimento** de um item como ativo intangível exige que a entidade demonstre que ele atenda (CFC, 2017):

a) A definição de ativo intangível.

b) Os critérios de reconhecimento, ou seja, quando:
   i. For provável que os benefícios econômicos futuros ou potencial de serviços esperados atribuíveis ao ativo serão gerados **em favor** da entidade.
   ii. O custo ou valor justo (mercado) do ativo possa **ser mensurado** com segurança.

Alguns ativos intangíveis podem estar contidos em elementos que possuem substância física, como no caso de *software* ou no de licença ou patente. Para saber se um ativo que contém elementos intangíveis e tangíveis deve ser tratado como ativo imobilizado ou como ativo intangível, a entidade avalia **qual elemento é mais significativo**. Por exemplo, um *software* de uma máquina-ferramenta controlada por computador que não funciona sem esse *software* específico – sem similar no mercado – é parte integrante do referido equipamento, devendo ser tratado como ativo imobilizado. O mesmo se aplica ao sistema operacional de um computador. Quando o *software* não é parte integrante do respectivo *hardware*, ele deve ser tratado como ativo intangível (CFC, 2017).

O **reconhecimento inicial** de um ativo intangível pode ocorrer de três formas (CFC, 2017):

a) **Aquisição separada**, exemplos: custos de pessoal incorridos diretamente para que o ativo fique em condições operacionais (de uso ou funcionamento); honorários profissionais diretamente relacionados para que o ativo fique em condições operacionais; e custos com testes para verificar se o ativo está funcionando adequadamente.

b) **Geração interna**, exemplos: gastos relativos a projeto de pesquisa ou desenvolvimento em andamento, adquiridos em separado e reconhecidos como ativo intangível ou incorridos; atividades destinadas à obtenção de novo conhecimento (projetos).

c) **Aquisição por meio de transações sem contraprestação**: pode ocorrer quando outra entidade do setor público transfere ativos intangíveis a outra entidade em uma transação sem contraprestação, como direito de aterrissagem em aeroporto, licenças para operação de estações de rádio ou de televisão etc.

ATENÇÃO!
Podem ser reconhecidos como patrimônio cultural os ativos intangíveis que têm relevância cultural, ambiental ou histórica, como, por exemplo, gravações de eventos históricos significativos, direitos de uso da imagem de pessoa pública em selos postais ou em moedas (CFC, 2017).

Mensuração, custo, reavaliação, amortização e ajuste a valor recuperável de um ativo intangível seguem, em regra, o rito dos ativos imobilizados, conforme visto no tópico 2.6 deste capítulo, por isso não serão repetidos aqui.

Exemplo – Mensuração dos ativos intangíveis

Considere que determinada instituição pública contratou uma empresa para desenvolver um *software*, cujos "fontes" ficarão sob seu controle até o final da vida útil do produto. O valor contrato foi de R$ 6.000.000,00, para ser desenvolvido em dois anos. A partir do terceiro ano, a taxa de amortização do referido *software* é de 10% ao ano. Proceda aos registros contábeis necessários, ao final do 1º, 2º e 3º anos.

(t-1) Registro da execução contratual, 1º ano:

D – Ativo intangível – *Softwares* em desenvolvimento	R$ 3.000.000,00
C – Caixa	R$ 3.000.000,00

(t-2.0) Registro da execução contratual, 2º ano:

D – Ativo intangível – *Softwares* em desenvolvimento	R$ 3.000.000,00
C – Caixa	R$ 3.000.000,00

(t-2.1) Transferência da conta *Softwares* em desenvolvimento para *Softwares*, quando da conclusão do desenvolvimento:

D – Ativo intangível – *Softwares*	R$ 6.000.000,00
C – Ativo intangível – *Softwares* em desenvolvimento	R$ 6.000.000,00

(t-3) Registro da amortização do *software* ao final do 3º ano:

D – Resultado – VPD, amortização de *softwares*	R$ 600.000,00
C – Ativo intangível (redutora), amortização acumulada	R$ 600.000,00

Situação patrimonial do ativo intangível ao final do 3º ano:

Ativo intangível	**R$ 5.400.000,00**
Softwares	R$ 6.000.000,00
(–) Amortização de acumulada	(R$ 600.000,00)

2.8 PROVISÕES, PASSIVOS CONTINGENTES E ATIVOS CONTINGENTES

Este tópico foi adaptado do MCASP/Parte II (STN, 2018) e NBC TSP 03 – IPSAS 19 (CFC, 2016).

2.8.1 Provisões

Provisões são obrigações **presentes, derivadas de eventos passados**, cujos pagamentos se espera que resultem para a entidade saídas de recursos capazes de gerar benefícios econômicos ou potencial de serviços, e que **possuem prazo ou valor incerto** (CFC, 2016).

São **exemplos**: provisões para riscos trabalhistas; provisões para riscos fiscais; provisões para riscos cíveis; provisões para repartição de créditos tributários; e provisões para riscos decorrentes de contratos de parcerias público-privadas (PPP).

ATENÇÃO!

As provisões se **distinguem dos demais passivos** porque envolvem incerteza sobre o prazo ou o valor do desembolso futuro necessário para a sua extinção. **As provisões não se confundem** com os demais passivos, tais como passivos derivados de apropriações por competência, decorrentes de bens ou serviços recebidos, mas que não tenham sido pagos, faturados ou formalmente acordados com o fornecedor, incluindo os valores devidos aos empregados, como, por exemplo, valores relacionados com o pagamento de férias e décimo terceiro salário (CFC, 2016).

As provisões devem ser **reconhecidas** quando estiverem presentes os três requisitos a seguir (CFC, 2016):

a) Exista uma **obrigação presente** (formalizada ou não) resultante de eventos passados.

b) Seja **provável uma saída de recursos** que incorporam benefícios econômicos ou potencial de serviços para a extinção da obrigação.

c) Seja possível fazer uma estimativa **confiável do valor da obrigação**.

Uma entidade do setor público **deve reconhecer uma provisão** para pagamento de multas ou custos de reparação provenientes de danos ambientais, conforme imposto pela legislação, na medida em que estiver obrigada a restaurar **os danos já causados**. Já a decisão preventiva da entidade de instalar filtros para evitar a emissão de gases poluentes não enseja o registro de uma provisão, pelo fato de as entidades poderem evitar o gasto futuro decorrente de suas ações futuras.

Registro contábil, pelo reconhecimento:

D – Resulta, VPD, R$ X,00

C – Passivo, provisão para multas ou custos de reparação de danos ambientais, R$ X,00

Exemplo 1 (Provisão)

O governo detectou que, devido a um erro no sistema de cobrança, um tributo pode ter sido cobrado indevidamente a determinados contribuintes, sendo necessário fazer a restituição (devolução). Identificou que R$ 1.000.000,00 do valor cobrado e recebido foi cobrado indevidamente. Nessa situação, a contabilidade desse governo deve proceder aos seguintes registros contábeis:

D – Resultado, VPD (provisão)   R$ 1.000.000,00

C – Passivo, provisão para restituição de imposto   R$ 1.000.000,00

Observação seja feita: quando o **efeito do tempo no dinheiro for material**, o valor da provisão deve corresponder ao valor presente dos desembolsos que se espera que sejam **exigidos para liquidar a obrigação**. Assim, o valor da provisão deverá ser descontado utilizando-se uma taxa que reflita as atuais avaliações de mercado quanto ao valor do dinheiro no tempo e aos riscos específicos para o passivo. São exemplos de taxas usualmente utilizadas para desconto a valor presente: Selic, IPCA e TJLP. Quando o desconto a valor presente é utilizado, **o valor contábil da provisão aumenta a cada período para refletir o transcurso do tempo**. Este aumento é reconhecido como uma despesa financeira (STN, 2018).

Exemplo 2 (Provisão)

Um governo concedeu benefício a microempresas na forma de redução de taxa de juros para fomento a investimentos e geração de empresa. Estima-se que, em decorrência do subsídio concedido, o governo deverá pagar os valores, a seguir, às instituições financeiras credoras, ao longo dos próximos 5 (cinco) anos. Considerando uma taxa Selic estimada de 6% a.a.

Prazo (ano)	Valor estimado da obrigação (I)	Taxa Selic	Valor presente em x0	Valor presente em x1
1	140.000.000,00	6%	132.075.471,70	140.000.000,00
2	160.000.000,00	6%	142.399.430,40	141.592.920,35
3	190.000.000,00	6%	159.527.663,78	148.797.869,84
4	250.000.000,00	6%	198.023.415,81	173.262.540,57
5	260.000.000,00	6%	194.287.124,95	159.462.869,20
TOTAL	1.000.000.000,00		826.313.106,63	763.116.199,96

Registro da provisão em T-0:

D – Resultado, VPD (provisão)   R$ 826.313.106,63
C – Passivo, provisão para benefício   R$ 826.313.106,63

Situação patrimonial em T-0:

    Ativo   **R$**   **0,00**

    Passivo   **R$ 826.313.106,63**
      Provisão para benefício   R$ 826.313.106,63

    PL   **(R$ 826.313.106,63)**
      Resultado patrimonial (VPD)   (R$ 826.313.106,63)

Ao longo do tempo, o valor da provisão deverá ser ajustado para refletir o transcurso do tempo (juros da Selic).

No exemplo, considerando que nenhum pagamento tenha sido efetuado ainda, o valor provisionado, ao final de x1, deve ser:

Registro da despesa financeira e ajuste da provisão em T-1:

Despesa financeira em T-1

= 826.313.106,63 − 763.116.199,96 = **63.196.906,67**

D – Resultado, VPD (despesa financeira)	R$	63.196.906,67
C – Passivo, provisão para benefício	R$	63.196.906,67

Situação patrimonial em T-1:

Ativo	R$ 0,00
Passivo	R$ 889.510.013,30
Provisão para benefício	R$ 889.510.013,30
PL	R$ 889.510.013,30
Saldo de T-0	(R$ 826.313.106,63)
Resultado patrimonial (VPD)	(R$ 63.196.906,67)

ATENÇÃO!
Quando não houver mais incertezas quanto ao valor e ao prazo de determinado passivo, este deixará de ser uma provisão, devendo ser reconhecida a obrigação a pagar correspondente. O valor da obrigação a pagar poderá ser exatamente igual ao valor provisionado, situação na qual haverá o registro de um fato meramente permutativo. Entretanto, o valor da obrigação a pagar poderá ser inferior ou superior ao valor da provisão. Nesses casos, deverá ser registrada uma variação patrimonial diminutiva com a complementação ou uma variação patrimonial aumentativa com a reversão da provisão, respectivamente (STN. 2018). Veja os lançamentos a seguir:

(a) Quando o valor da obrigação for igual ao valor provisionado: Baixa da provisão e registro do passivo correspondente:

D – Provisão
C – Obrigação a pagar

(b) Quando o valor da obrigação for maior que o valor provisionado:

D – Provisão
D – VPD
C – Obrigação a pagar

(c) Quando o valor da obrigação for menor que o valor provisionado:

D – Provisão
C – Reversão da provisão
C – Obrigação a pagar

2.8.2 Passivos contingentes

Passivo contingente é (CFC, 2016):

a) uma obrigação possível que resulta de eventos passados, e cuja existência será confirmada apenas pela ocorrência ou não de um ou mais eventos futuros incertos, não completamente sob o controle da entidade; ou

b) uma obrigação presente que decorre de eventos passados, mas não é reconhecida porque:

   i) é improvável que a saída de recursos que incorporam benefícios econômicos ou potencial de serviços seja exigida para liquidar a obrigação; ou

   ii) o valor da obrigação não pode ser mensurado com suficiente confiabilidade.

Os passivos contingentes não devem ser reconhecidos em contas patrimoniais. No entanto, deverão ser registrados em contas de controle e **divulgados em notas explicativas**. A divulgação só é dispensada nos casos em que a saída de recursos for considerada remota (STN, 2018).

Os passivos contingentes devem ser periodicamente avaliados para determinar se uma saída de recursos que incorporam benefícios econômicos ou potencial de serviços se tornou provável. Caso a saída se torne provável, uma provisão deverá ser reconhecida nas demonstrações contábeis do período em que ocorreu a mudança na probabilidade (STN, 2018).

Exemplo – Passivos contingentes

Em ação judicial, pode ser questionável se certos eventos ocorreram ou se resultaram em obrigação presente. Nesses casos, a entidade determina se a obrigação presente existe na data das demonstrações contábeis ao considerar todas as evidências disponíveis, incluindo, por exemplo, a opinião de peritos. A evidência considerada deve incluir qualquer evidência adicional fornecida por eventos após a data das demonstrações contábeis. Com base em tal evidência (CFC, 2016):

(a) se for mais provável que a **obrigação presente exista** na data das demonstrações contábeis, a entidade deve **reconhecer a provisão** (se os critérios de reconhecimento forem atendidos); e

(b) se for mais provável que **nenhuma obrigação exista** na data das demonstrações contábeis, a entidade deve evidenciar **o passivo contingente**, a menos que a possibilidade de saída de recursos que incorporem benefícios econômicos ou potencial de serviços seja remota (ver item 100).

2.8.3 Ativos contingentes

Ativo contingente é um ativo possível que resulta de eventos passados e cuja existência será confirmada apenas pela ocorrência ou não ocorrência de um ou mais eventos futuros incertos não completamente sob o controle da entidade (CFC, 2016).

Ativos contingentes usualmente decorrem de **eventos não planejados** ou não esperados que não estejam totalmente sob o controle da entidade e que acarretam a possibilidade de um ingresso de recursos sob a forma de benefícios econômicos ou potencial de serviços. Assim, **há incerteza** quanto ao ingresso de recursos (CFC, 2016).

ATENÇÃO!
Quando a entrada de benefícios econômicos ou potencial de serviços é provável, a entidade deve evidenciar breve descrição da natureza dos ativos contingentes na data das demonstrações contábeis e, quando aplicável, uma estimativa de seu efeito financeiro (CFC, 2016).

Exemplo – Ativos contingentes

O ativo contingente pode surgir de contrato em que a entidade do setor público permite que a companhia do setor privado explore uma de suas propriedades em contrapartida a um *royalty* baseado no preço determinado para cada tonelada extraída. Além de divulgar a natureza do acordo, o ativo contingente deve ser quantificado quando puder ser realizada estimativa razoável acerca da quantidade extraída do mineral e do momento da entrada de caixa. Se não houver reservas comprovadas, ou alguma outra circunstância que indique ser improvável que quaisquer minerais venham a ser extraídos, a entidade do setor público **não deve** divulgar a informação na forma de ativo contingente, dado inexistirem prováveis fluxos de benefícios (CFC, 2016).

Os ativos contingentes deverão ser **reavaliados continuamente** para assegurar que os reflexos de sua evolução sejam adequadamente apresentados nas demonstrações contábeis. Se ocorrer algum evento que torne praticamente certo que uma entrada de benefícios econômicos ou potencial de serviços surgirá, e desde que o valor do ativo possa ser mensurado corretamente, **o ativo e a variação patrimonial aumentativa** relacionada **deverão ser reconhecidos** nas demonstrações contábeis do período em que ocorrer a mudança na probabilidade (CFC, 2016).

PROVINHA 2

1. Passivo é:
    a) Uma obrigação presente, relacionada com um terceiro, derivada de evento passado, cuja extinção deva resultar na saída de recursos da entidade.
    b) A obrigação que pode ser liquidada ou extinta sem a saída de recurso da entidade.
    c) Uma obrigação do passado derivada de evento presente, cuja extinção não depende de saída de recursos.
    d) A obrigação com prazo de liquidação pode fornecer uma indicação de que a obrigação envolve a saída de recursos.
    e) Toda obrigação originada de transações com contraprestação.

2. Em uma fundação municipal, a aquisição de material de consumo para estoque, o *impairment* de um bem móvel e a despesa de pessoal do mês, respectivamente, sofrerão variação patrimonial:
    a) Aumentativa, diminutiva e qualitativa.
    b) Aumentativa, qualitativa e qualitativa.
    c) Qualitativa, diminutiva e diminutiva.
    d) Diminutiva, diminutiva e qualitativa.
    e) Qualitativa, diminutiva e aumentativa.

90 | Contabilidade aplicada ao setor público • *Bezerra Filho*

3. Para avaliar se a entidade controla o recurso no presente, deve ser observada a existência dos seguintes indicadores de controle:
   a) Acesso ao recurso.
   b) Existência do direito legítimo ao potencial de serviços.
   c) Capacidade de negar ou restringir acesso aos recursos.
   d) Capacidade para gerar os benefícios econômicos advindos do recurso.
   e) Todas as alternativas anteriores.

Enunciado das questões 4 e 5

Observe o balanço patrimonial elaborado pela prefeitura de *Bitury*, exercício de 20x1:

BALANÇO PATRIMONIAL
Exercício findo em 31/12/20x1 – Em milhares de R$

Ativo			Passivo		
ESPECIFICAÇÃO	Exercício atual	Exercício anterior	ESPECIFICAÇÃO	Exercício atual	Exercício anterior
Ativo circulante	**1.800**	**1.000**	**Passivo circulante**	**1.300**	**1.100**
Caixa e equivalente de caixa (F)	800	500	Obrigações trabalhistas (F)	300	200
Créditos a curto prazo (P)	700	350	Empréstimos a pagar (P)	500	500
Estoques (P)	300	150	Fornecedores a pagar (F)	400	200
			Valores de terceiros (F)	100	200
Ativo não circulante	**1.250**	**1.000**	**Passivo não circulante**	**1.300**	**600**
Realizável a longo prazo	500	400	Empréstimos a pagar	750	350
Imobilizado	500	390	Fornecedores a pagar	250	150
Bens móveis	300	150	Provisões	300	100
Bens imóveis	300	300			
(–) Depreciação acumulada	(100)	(60)	**Total do passivo**	**2.600**	**1.700**
Intangível	250	210	**Patrimônio líquido**		
Softwares	150	110	Patrimônio social	100	100
Direito de uso de imóveis	100	100	Resultados acumulados	350	200
			Total do patrimônio líquido	450	300
Total do ativo	**3.050**	**2.000**	**Total do passivo + PL**	**3.050**	**2.000**

Analisando o balanço patrimonial encerrado em 20x1, responda às questões 4 a 7:

4. O resultado patrimonial do exercício de 20x1, considerando que houve ajustes de exercícios anteriores no valor de $ 100 decorrentes da incorporação de intangível não contabilizado no passado, é:

a) 150 deficitário.

b) 150 superavitário.

c) 50 superavitário.

d) 50 deficitário.

e) 250 superavitário.

5. O superávit ou o *déficit* financeiro em 31/12/20x1, considerando que não houve inscrição de restos a pagar não processados no exercício, é:

a) Superávit de 20.

b) Déficit de 20.

c) Superávit de 30.

d) Déficit de 30.

e) 0.

6. A prefeitura municipal de *Bitury* pretende realizar a depreciação de um bem móvel utilizando o método das unidades produzidas. O valor bruto contábil é de $ 25.000,00; foi determinado o valor residual de $ 5.000,00 e o valor depreciável de $ 20.000,00. A vida útil do bem é determinada pela capacidade de produção do bem, que é igual a 10.000 unidades, sendo 1.000 unidades ao ano. O valor líquido contábil do bem ao final de cinco anos de uso é:

a) 15.000,00.

b) 17.800,00.

c) 20.000,00.

d) 18.800,00.

e) 18.000,00.

7. Observe as variações patrimoniais do exercício de 20x1 de uma prefeitura:

- Lançamento de impostos por ocasião do fato gerador, $ 5.000,00.
- Recebimento de um bem móvel doado, $ 1.000,00.
- Arrecadação do imposto lançado anteriormente, $ 4.000,00.
- Restituição de depósitos de terceiros, $ 2.000,00.
- Liquidação, concomitante ao fato gerador, de despesa com pessoal, 3.000,00.
- Baixa de bens sucateados (não alienados), $ 500,00.
- Recebimento, com liquidação simultânea, de veículo adquirido, $ 1.000,00.
- Alienação de bens com ganho de 15%, $ 900,00 (valor recebido).
- Consumo de estoque de material de limpeza do almoxarifado, $ 400,00.
- Despesa com luz sem empenho, $ 100,00.
- Amortização (pagamento) de dívida fundada, $ 20,00.

Apure o resultado patrimonial da prefeitura no exercício de 2018:

92 | Contabilidade aplicada ao setor público • *Bezerra Filho*

8. Em 31/12/x0, uma entidade do setor público adquiriu um equipamento por R$ 100.000,00, à vista, para ser utilizado em suas operações. No momento da aquisição, a vida útil estimada do equipamento era de cinco anos e o seu valor residual de R$ 40.000,00. Em 31/12/x1, após o reconhecimento da depreciação referente ao exercício financeiro de x1, a entidade realizou o teste de *impairment* do ativo e verificou que, naquele momento, o seu valor justo menos os custos de alienação era de R$ 150.000,00. Com base nessas informações e sabendo que foi utilizado o método das cotas constantes para calcular a depreciação do equipamento, é correto afirmar que a entidade, em 31/12/x1:

   a) Não deveria reconhecer perda por *impairment*.

   b) Deveria reconhecer perda por *impairment* de R$ 32.000,00.

   c) Deveria reconhecer perda por *impairment* de R$ 40.000,00.

   d) Deveria reconhecer perda por *impairment* de R$ 18.000,00.

   e) Deveria reconhecer perda por *impairment* de R$ 10.000,00.

9. A prefeitura municipal de Taboquinha pretende realizar a depreciação de um bem móvel utilizando o método das unidades produzidas. O valor bruto contábil é de $ 20.000,00; foi determinado o valor residual de $ 4.000,00 e o valor depreciável de $ 16.000,00. A vida útil do bem é determinada pela capacidade de produção do bem, que é igual a 10.000 unidades, sendo 1.000 unidades ao ano. O valor líquido contábil do bem ao final de dois anos de uso é:

   a) 16.000,00.

   b) 16.800,00.

   c) 3.200,00.

   d) 18.800,00.

   e) 18.000,00.

Enunciando para as questões 10 e 11:

Considere os eventos a seguir relativamente ao encerramento do primeiro exercício financeiro de determinada entidade pública:

   I. Aprovação da lei orçamentária anual no valor de R$ 300.000,00.

   II. Lançamento de impostos no valor de R$ 190.000,00, sendo arrecadados R$ 130.000,00.

   III. Compra de veículo à vista no valor de R$ 90.000,00.

   IV. Recebimento de imóvel em doação no valor de R$ 250.000,00.

   V. Despesas de água, luz e telefone no valor de R$ 70.000,00, com valor total inscrito em restos a pagar.

   VI. Incorporação de dívida de precatório para pagar a longo prazo, R$ 10.000,00.

10. Relativamente às variações patrimoniais, qual é o resultado patrimonial do exercício?

   _____

   _____

   _____

11. Qual é o valor do ativo e do passivo ao final do exercício financeiro?

   _____

   _____

   _____

Cap. 2 ● Patrimônio do setor público | **93**

12. Diferencie *impairment* e reavaliação, citando exemplos respectivos.

_____
_____
_____
_____
_____
_____
_____
_____
_____
_____
_____
_____
_____

Para o livro impresso, as respostas estão disponíveis como material suplementar no ambiente virtual de aprendizagem do GEN (www.grupogen.com.br).

3

PLANO DE CONTAS APLICADO AO SETOR PÚBLICO (PCASP)

APRESENTAÇÃO

A atual contabilidade aplicada ao setor público (CASP) foi estruturada, no Brasil, com foco no registro dos atos e dos fatos relativos ao controle da execução orçamentária e financeira. No entanto, a evolução da ciência contábil, marcada pela edição das *International Public Sector Accounting Standards* (IPSAS) pelo *International Public Sector Accounting Standards Board* (IPSASB) e das normas brasileiras de contabilidade técnicas aplicadas ao setor público (NBC TSP) pelo Conselho Federal de Contabilidade (CFC), impulsionou relevantes mudanças na CASP (STN, 2018).

Outro fator que impactou a CASP foi a exigência de consolidação nacional das contas públicas trazida pela Lei de Responsabilidade Fiscal (LRF). Essa competência é exercida pela Secretaria do Tesouro Nacional (STN), materializada por meio da publicação do balanço do setor público nacional (BSPN) (STN, 2018).

Fundamentado nas NBC TSP, o governo federal publicou a Portaria MF nº 184/2008, o Decreto no 6.976/2009 e o *Manual de contabilidade aplicada ao setor público* (MCASP). Este último (Parte IV) estabeleceu o novo plano de contas aplicado ao setor público (PCASP), que deve ser aplicado na contabilidade de todos os órgãos da administração pública brasileira.

A STN editou o PCASP, cuja estrutura foi construída com base na natureza da informação contábil; no mecanismo de consolidação das contas nacionais em cada ente da Federação; no uso dos atributos da conta contábil, que permitem o cumprimento de determinações legais; nas principais regras de integridade do PCASP, entre outras informações (STN, 2018).

O PCASP é um instrumento que contribui com a modernização da contabilidade pública brasileira, possibilitando a aplicação dos princípios e das normas contábeis em sua plenitude, além de permitir o levantamento de informações para otimização da tomada de decisões por parte dos usuários. Contribui também, sobremaneira, para a consolidação das contas públicas e os levantamentos das estatísticas fiscais do país e dos entes federativos.

3.1 REGISTRO DOS FATOS CONTÁBEIS

As variações do patrimônio das entidades públicas, seja no aspecto qualitativo, seja no aspecto quantitativo, precisam ser acompanhadas por meio de um sistema lógico de notações. Um sistema que não apenas **registre** o fato, o fenômeno, mas que, ao mesmo tempo, **produza** informações que orientem os gestores na tomada de decisões. O registro de um fato contábil recebe o nome de **lançamento** ou **partida**.

Os registros contábeis devem ser validados por **contabilista** (contador ou técnico em contabilidade), com base em documentação hábil e em conformidade às normas e às técnicas contábeis.

ATENÇÃO!
Presume-se que o contador pode até não proceder aos registros contábeis, mas terá que coordenar e orientar a sua equipe e, ao final de determinado período, diariamente, semanalmente, mensalmente, validar o relatórios contábeis apurados, a depender da legislação ou norma específica que trate sobre a matéria.

3.1.1 Diferença entre registro e escrituração

A técnica de fazer-se o registro do lançamento contábil, para dele extrair **informações**, constitui a **escrituração**.

Escrituração é, portanto, o processo de manter-se, sob registros escritos – a que chamamos de **lançamentos** ou **partidas** –, o controle dos elementos que compõem um patrimônio qualquer.

Para que a **escrituração** se processe, há necessidade de:

- Existência de símbolos que representem os diversos componentes patrimoniais.
- Livros adaptados à técnica contábil, hoje, em meio digital (eletrônico).
- Utilização de métodos e linguagens próprios.
- Observância de princípios contábeis, convenções e normas publicadas pelo Conselho Federal de Contabilidade.
- Documento hábil de suporte que comprove a ocorrência do fato, objeto de registro.

Documento hábil de suporte pode ser definido como qualquer documento hábil, físico ou eletrônico, aceito pela legislação e por normas do ente governamental, que comprove a realização da transação na entidade do setor público, utilizado para sustentação ou comprovação do registro contábil.

3.1.2 Características qualitativas do registro e da informação contábil

As características qualitativas da informação incluída nos relatórios contábeis de propósito geral (RCPG) são atributos que tornam a informação útil para os usuários e dão suporte ao cumprimento dos objetivos da informação contábil. O objetivo da elaboração e divulgação da informação contábil é fornecer informação para fins de prestação de contas e responsabilização (*accountability*) e tomada de decisão (CFC, 2016).

Nesse contexto, a NBC TSP EC (CFC, 2016) classifica as características qualitativas da informação incluída nos RCPG como: a **relevância**, a **representação fidedigna**, a **compreensibilidade**, a **tempestividade**, a **comparabilidade** e a **verificabilidade**. E trata como restrições inerentes à informação a **materialidade**, o **custo-benefício** e o **alcance do equilíbrio** apropriado entre as características qualitativas.

Portanto, cada uma das características qualitativas, observadas as restrições, deve ser utilizada de forma integrada e funcional em conjunto com as outras características, de modo a fornecer informação útil nos relatórios contábeis, visando ao cumprimento dos objetivos da informação contábil. Porém, ainda de acordo com a estrutura conceitual (EC), na prática, talvez não seja possível alcançar todas as características qualitativas e, nesse caso, um equilíbrio ou compensação entre algumas delas poderá ser necessário. Aí entram o poder de interpretação e o grau de subjetividade do profissional contador.

Por fim, cabe destacar que as características qualitativas aplicam-se a todas as informações financeiras e não financeiras (notas explicativas, por exemplo) apresentadas nos relatórios contábeis, inclusive às informações histórica e prospectiva, além da informação explicativa.

3.1.3 Método das partidas dobradas

Exposto pela primeira vez em 1494, pelo frade italiano Luca Pacioli, na sua obra *Summa de arithmetica, geometria, proportioni et proportionalita*, o método teve rápida difusão, sendo que, até os dias de hoje, seu uso é universal. Por esse método, é possível conhecer, a cada momento, os elementos que formam o patrimônio, suas variações e os resultados decorrentes do exercício da atividade das entidades, seja no setor privado, seja no setor público.

A técnica das partidas dobradas fundamenta-se no princípio de que **não há origem de recurso sem aplicação correspondente, ou não há aplicação sem origem correspondente**. Para escriturar o exposto, convencionou-se que **a todo débito (aplicação) corresponde um crédito (origem) de igual valor ou vice-versa**.

Esse é um princípio extremamente lógico: se a prefeitura X recebe o IPTU de determinado contribuinte (concomitante com o fato gerador do tributo), surge, no patrimônio dessa prefeitura, uma aplicação (acréscimo do caixa) e, simultaneamente, uma origem do recurso (receita do imposto), ou seja, se o recurso foi aplicado no caixa (ingressou), deve ter uma origem (receita do IPTU). Não existe aplicação sem origem. O inverso também é verdadeiro.

A equação fundamental da contabilidade corresponde a:

$$\text{ATIVO} = \text{PASSIVO} + \text{PATRIMÔNIO LÍQUIDO}$$

$$(A = P + PL)$$

Para que o equilíbrio se mantenha, a todo aumento do ativo deve corresponder aumento igual no passivo ou patrimônio líquido, ou vice-versa, podendo também ocorrer modificação na composição qualitativa ou quantitativa do ativo, sem que o ativo, como um todo, tenha sido aumentado. Nesse caso, evidentemente, ao aumento de um dos elementos do ativo corresponderá uma diminuição de igual valor em outro elemento do ativo.

Como corolários do método das partidas dobradas, temos, portanto, os seguintes:

- A soma dos débitos é sempre igual à soma dos créditos.
- A soma dos saldos devedores é sempre igual à soma dos saldos credores.
- As aplicações registradas a débito das contas do ativo (bens e direitos) são sempre iguais ao total das origens de terceiros (obrigações) e próprias (geradas pela entidade), registradas a créditos nas contas do passivo (obrigações) e do patrimônio líquido (saldo patrimonial), donde ser o ativo sempre igual à soma do passivo e do patrimônio líquido. Daí dizermos que as **origens** (passivo + patrimônio líquido) são sempre iguais às **aplicações** (ativo).
- O **patrimônio líquido** representa a diferença entre a soma dos bens e dos direitos (parte positiva do patrimônio), e a soma das obrigações (parte negativa) indica, pois, a substância líquida patrimonial.

Para finalizar, relembra-se que, na contabilidade:

- As contas **ativas** (bens e direitos) são sempre **debitadas**, quando aumentam, e **creditadas**, quando diminuem.
- As contas **passivas** (obrigações e patrimônio líquido) são sempre **creditadas**, quando aumentam, e **debitadas**, quando diminuem.
- As contas de **receitas** (variações patrimoniais aumentativas – resultado) são sempre **creditadas**, pois aumentam o patrimônio líquido.
- As contas de **despesas** (variações patrimoniais diminutivas – resultado) são sempre **debitadas**, pois diminuem o patrimônio líquido.

QUADRO-RESUMO DOS LANÇAMENTOS CONTÁBEIS

a) Contas patrimoniais (não se encerram)

Créditos	Débitos	Tipos de contas
Diminuições	Aumentos	Ativo
Aumentos	Diminuições	Passivo
Aumentos	Diminuições	Patrimônio líquido

b) Contas de resultado (encerram-se no final do exercício financeiro)

Créditos	Débitos	Tipos de contas
Sempre creditada	Só em caso de estorno ou encerramento da conta	Receita (VPA)
Só em caso de estorno ou encerramento da conta	Sempre debitada	Despesa (VPD)

O art. 86 da Lei nº 4.320/1964 determina a aplicação do método das partidas dobradas na contabilidade pública brasileira (Figura 3.1), quando dispõe:

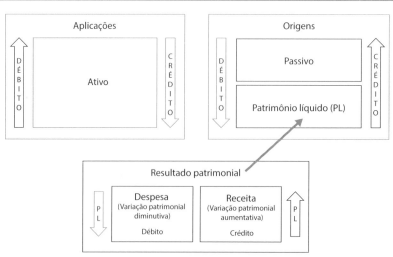

Figura 3.1   Esquema do método da partida dobrada no patrimônio público.

3.1.4 Livros obrigatórios para o registro contábil

Os atos praticados e os fatos ocorridos na administração pública são registrados pela contabilidade de forma minuciosa, dia a dia, caso por caso, em rigorosa ordem cronológica e sistemática. Qualquer que seja o nível organizacional a que pertença o órgão ou a entidade pública, ele terá, obrigatoriamente, livros ou controles similares específicos para registros dos atos e fatos contábeis.

A entidade do setor público deve manter procedimentos uniformes e padronizados de registros contábeis, atualmente por meio de **processo eletrônico (sistemas informatizados)**, em rigorosa ordem cronológica, como suporte às informações.

Os registros devem ser efetuados em idioma e moeda corrente nacionais, em meios eletrônicos que permitam a identificação e o seu arquivamento de forma segura.

Quando se tratar de transação em moeda estrangeira, esta, além do registro na moeda de origem, deve ser convertida em moeda nacional, aplicando a taxa de câmbio oficial e vigente na data da transação.

A escrituração deve ser efetuada em livros contábeis, geralmente informatizados, dentre os quais destacamos os mais importantes para a contabilidade: o **Diário** e o **Razão**.

O **Diário** é o livro obrigatório para fins do registro contábil. E os registros nele mantidos, com observância das disposições legais, fazem prova a favor da entidade, dos atos e fatos suportados por documentos hábeis.

Após o lançamento no **Diário**, faz-se registro no **Razão**, o qual permite rápida visualização do histórico individualizado de cada componente patrimonial, orçamentário e outros controles necessários. Embora, em cada conta do **Razão,** os lançamentos sejam feitos em ordem cronológica dos fatos, ele é dito sistemático ou dinâmico por causa de sua forma de organização, seguindo as contas que compõem o plano de contas (estudar-se-á mais à frente).

Em suma, o livro **Diário** e o livro **Razão**, informatizados ou não:

- Constituem fontes de informações contábeis permanentes e neles são registradas as transações que afetem ou possam vir a afetar a situação patrimonial, bem como gerar informações complementares (orçamentárias e de controles diversos, que margeiam o controle patrimonial e orçamentário do ente).
- Devem ficar à disposição dos usuários e dos órgãos de controle, na unidade contábil, no prazo estabelecido em legislação específica.

Podem existir outros livros ou similares que auxiliam o registro ou facilitam o processo de coleta de informações, não obrigatórios pela legislação brasileira, tais como:

- Livro Caixa.
- Livro Contas Correntes etc.

Para fins do registro no **Diário**, são utilizados os seguintes elementos:

- A data da ocorrência da transação.
- A conta debitada (seja conta de natureza patrimonial, orçamentária e/ou de controle).
- A conta creditada (idem).
- O histórico da transação de forma descritiva ou por meio do uso de código de histórico padronizado, quando se tratar de escrituração eletrônica, baseado em tabela auxiliar inclusa em plano de contas.
- O valor monetário da transação.

Exemplo:

D/C	Conta	Valor (R$)
Pagamento de fornecedor Recife, 6 de setembro de 20x1		
D	Fornecedor a pagar	1.000.000
C	Caixa	1.000.000

Registro do pagamento do Fornecedor X, referente a empenho n ... e Nota fiscal ...

3.2 PLANO DE CONTAS APLICADO AO SETOR PÚBLICO (PCASP)

Com base nesse modelo conceitual internacionalmente estabelecido, em cumprimento à Portaria MF 184/2008 e ao Decreto nº 6.976/2009, e seguindo as diretrizes estabelecidas de desenvolvimento conceitual e convergência às normas internacionais, a STN editou o *Manual de contabilidade aplicada ao setor público* (MCASP), que contém as seguintes partes:

I. Procedimentos contábeis orçamentários (PCO).

II. Procedimentos contábeis patrimoniais (PCP).

III. Procedimentos contábeis específicos (PCE).

IV. Plano de contas aplicado ao setor público (PCASP).

V. Demonstrações contábeis aplicadas ao setor público (DCASP).

3.2.1 Conceitos

Conta contábil é a expressão qualitativa e quantitativa de atos e fatos de mesma natureza, evidenciando a composição, a variação e o estado do patrimônio, bem como de bens, direitos, obrigações e situações nele não compreendidas, mas que, direta ou indiretamente, possam vir a afetá-lo (STN, 2018).

As contas são agrupadas segundo suas funções, possibilitando (STN, 2018):

- Identificar, classificar e efetuar a escrituração contábil, pelo método das partidas dobradas, dos atos e fatos de gestão, de maneira uniforme e sistematizada.
- Conhecer a composição e a situação do patrimônio analisado, por meio da evidenciação de todos os ativos e passivos.
- Acompanhar e controlar a aprovação e a execução do planejamento e do orçamento, evidenciando a receita prevista, lançada, realizada e a realizar, bem como a despesa autorizada, empenhada, realizada, liquidada, paga e as dotações disponíveis.
- Controlar contabilmente os atos potenciais oriundos de contratos, convênios, acordos, ajustes e outros instrumentos congêneres.
- Individualizar os devedores e os credores, com a especificação necessária ao controle contábil do direito ou obrigação.
- Determinar os custos das operações do governo.
- Elaborar os balanços e os demonstrativos contábeis.
- Analisar e interpretar os resultados econômicos e financeiros.

Plano de contas é a estrutura básica da escrituração contábil, formada por uma **relação padronizada de contas contábeis**, que permite o registro contábil dos atos e dos fatos praticados pela entidade de maneira padronizada e sistematizada, bem como a elaboração de relatórios gerenciais e demonstrações contábeis de acordo com as necessidades de informações dos usuários (STN, 2018).

3.2.2 Objetivos do PCASP

De forma geral, o plano de contas deve atender, de maneira uniforme e sistematizada, ao registro contábil dos atos e fatos praticados pela entidade, proporcionando maior flexibilidade no gerenciamento e na consolidação dos dados e às necessidades de informações dos usuários. Sua entrada de informações deve ser flexível de modo a atender aos normativos, gerar informações necessárias à elaboração de relatórios e demonstrativos e facilitar a tomada de decisões e a prestação de contas.

Os objetivos do PCASP são (STN, 2018):

- Padronizar os registros contábeis das entidades do setor público.
- Distinguir os registros de natureza patrimonial, orçamentária e de controle.
- Atender à administração direta e à administração indireta das três esferas de governo, inclusive quanto às peculiaridades das empresas estatais dependentes e dos regimes próprios de previdência social (RPPS).
- Permitir o detalhamento das contas contábeis, a partir do nível mínimo estabelecido pela STN, de modo que possa ser adequado às peculiaridades de cada ente.
- Permitir a consolidação nacional das contas públicas.
- Permitir a elaboração das demonstrações contábeis aplicadas ao setor público (DCASP) e dos demonstrativos do relatório resumido de execução orçamentária (RREO) e do relatório de gestão fiscal (RGF).
- Permitir a adequada prestação de contas, o levantamento das estatísticas de finanças públicas, a elaboração de relatórios nos padrões adotados por organismos internacionais – a exemplo do *Government Finance Statistics Manual* (GFSM) do Fundo Monetário Internacional (FMI), bem como o levantamento de outros relatórios úteis à gestão.
- Contribuir para a adequada tomada de decisão e para a racionalização de custos no setor público.
- Contribuir para a transparência da gestão fiscal e para o controle social.

3.2.3 Competência legal para padronização e manutenção do PCASP

A Secretaria do Tesouro Nacional (STN), na condição de órgão central de contabilidade da União, e com o apoio dos grupos e câmaras técnicas, é responsável pela edição e administração do PCASP até a implantação do Conselho de Gestão Fiscal, instituído pela LRF (art. 67).

Nessa concepção, dispõe o Decreto Federal nº 6.976/2009:

> Art. 7º Compete ao órgão central do Sistema de Contabilidade Federal: [...]
>
> II – manter e aprimorar o Plano de Contas Aplicado ao Setor Público e o processo de registro padronizado dos atos e fatos da administração pública; [...]
>
> XXVIII – editar normativos, manuais, instruções de procedimentos contábeis e plano de contas aplicado ao setor público, objetivando a elaboração e publicação de demonstrações contábeis consolidadas, em consonância com os padrões internacionais de contabilidade aplicados ao setor público;

Cabe então à STN criar, alterar, excluir, codificar, especificar, desdobrar e detalhar as contas contábeis.

3.2.4 Alcance do PCASP

De acordo com o MCASP (STN, 2018), o alcance e a utilização do PCASP são **obrigatórios** para todos os órgãos e entidades da administração direta e da administração indireta dos entes da Federação, incluindo seus fundos, autarquias, inclusive especiais, fundações, e empresas estatais dependentes. A utilização do PCASP é facultativa para as demais entidades.

É possível dizer que todas as entidades públicas, que constam na abrangência do campo de aplicação da contabilidade aplicada ao setor público brasileiro (NBC TSP EC), devem aplicar, nos seus sistemas de contabilidade, o plano de contas padrão, estabelecido pela STN.

3.2.5 Estrutura do PCASP

A metodologia utilizada para a estruturação do PCASP foi a segregação das contas contábeis em grandes grupos de acordo com as características dos atos e fatos nelas registrados. Essa metodologia permite o registro dos dados contábeis de forma organizada e facilita a análise das informações de acordo com sua natureza (STN, 2018).

O PCASP está estruturado, com contas sintéticas, sendo que a natureza das informações contábeis está dividida em oito classes, possibilitando registros **patrimoniais**, **orçamentários** e de outros **controles**, conforme apresentado na Figura 3.2.

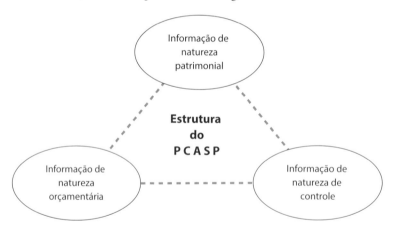

Figura 3.2   Estrutura do PCASP.

3.2.5.1 Contas de natureza da informação patrimonial

Este grupo constituído pelas **classes 1 a 4 registra**, processa e evidencia os fatos financeiros e não financeiros relacionados com a composição do patrimônio público e suas variações qualitativas e quantitativas.

Os **ativos** são registrados na **classe 1**, os **passivos** e o **patrimônio líquido** na **classe 2**, as **classes 3 e 4** registram as **variações patrimoniais diminutivas** e **aumentativas** respectivamente. Registra, processa e evidencia os fatos financeiros relacionados com as variações do patrimônio público, qualitativas ou quantitativas, subsidiando a administração com informações tais como: **alterações nos elementos patrimoniais (ativos e passivos) e resultado patrimonial**.

Nesse grupo, busca-se retratar o patrimônio da entidade pública, aplicando-se os princípios da ciência contábil na sua integralidade e o reconhecimento das receitas e despesas está sob a égide do **regime de competência**, ou seja, os fenômenos das variações patrimoniais devem ser registrados a partir da ocorrência de fatos geradores, independentemente de movimentação do caixa (recebimento e pagamentos).

3.2.5.2 Contas de natureza da informação orçamentária

Este grupo constituído pelas **classes 5 e 6 registra, processa e evidencia os atos e os fatos relacionados com o planejamento e** com a execução orçamentária, tais como: **recepção e execução do plano plurianual e da lei orçamentária anual, alterações orçamentárias (créditos adicionais, destaques, provisões etc.) e restos a pagar**.

3.2.5.3 Contas de natureza de informação de controle

Este grupo constituído pelas **classes 7 e 8 registra, processa e evidencia os atos de gestão cujos efeitos possam produzir modificações no patrimônio da entidade do setor público,** bem como aqueles com funções específicas de controle, subsidiando a administração com informações tais como: registros e controle de atos que têm potencial de impactar o patrimônio (contratos e convênios a executar), programação financeira, acordos, garantias e responsabilidades.

A Figura 3.3 sintetiza a estrutura do PCASP, nas respectivas naturezas de informação e classes.

Contas de natureza patrimonial

1 – Ativo 1.1 – Ativo circulante 1.2 – Ativo não circulante	**2 – Passivo** 2.1 – Passivo circulante 2.2 – Passivo não circulante 2.3 – Patrimônio líquido
3 – Variação patrimonial diminutiva 3.1 – Pessoal e encargos 3.2 – Benefícios previdenciários ... 3.9 – Outras variações patrimoniais passivas	**4 – Variação patrimonial aumentativa** 4.1 – Tributárias e contribuições 4.2 – ... ... 4.9 – Outras variações patrimoniais ativas

Contas de natureza orçamentária

5 – Controle da aprovação do planejamento e orçamento 5.1 – Planejamento aprovado 5.2 – Orçamento aprovado 5.3 – Inscrição de restos a pagar	**6 – Controle da execução do planejamento e orçamento** 6.1 – Execução do planejamento 6.2 – Execução do orçamento 6.3 – Execução de restos a pagar

Contas de natureza de controle

7 – Controles devedores 7.1 – Atos potenciais 7.2 – Administração financeira 7.3 – Dívida ativa 7.4 – Riscos fiscais ... 7.8 – Custos	**8 – Controles credores** 8.1 – Execução dos atos potenciais 8.2 – Execução da administração financeira 8.3 – Execução da dívida ativa 8.4 – Execução dos riscos fiscais ... 8.8 – Apuração de custos

Figura 3.3   Estrutura do PCASP nas respectivas naturezas de informação e classes.

3.2.6 Aplicação do método da partida dobrada e do regime de competência no PCASP

Para fins de adoção do método das partidas dobradas e padronização dos registros contábeis por todos os órgãos e entidades do setor público, convencionou-se que as contas das **classes ímpares, 1, 3, 5 e 7**, têm natureza **devedora** (debitadas quando aumentam e creditadas quando diminuem), e as contas das **classes pares, 2, 4, 6 e 8**, têm natureza **credora** (creditadas quando aumentam e debitadas quando diminuem), conforme a Figura 3.4.

1 – Ativo 1.1 – Ativo circulante 1.2 – Ativo não circulante	2 – Passivo 2.1 – Passivo circulante 2.2 – Passivo não circulante 2.3 – Patrimônio líquido
3 – Variação patrimonial diminutiva 3.1 – Pessoal e encargos 3.2 – Benefícios previdenciários ... 3.9 – Outras variações patrimoniais passivas	4 – Variação patrimonial aumentativa 4.1 – Tributárias e contribuições 4.2 – ... ... 4.9 – Outras variações patrimoniais ativas
5 – Controles da aprovação do planejamento e orçamento 5.1 – Planejamento aprovado 5.2 – Orçamento aprovado 5.3 – Inscrição de restos a pagar	6 – Controles da execução do planejamento e orçamento 6.1 – Execução do planejamento 6.2 – Execução do orçamento 6.3 – Execução de restos a pagar
7 – Controles devedores 7.1 – Atos potenciais 7.2 – Administração financeira 7.3 – Dívida ativa 7.4 – Riscos fiscais ... 7.8 – Custos	8 – Controles credores 8.1 – Execução dos atos potenciais 8.2 – Execução da administração financeira 8.3 – Execução da dívida ativa 8.4 – Execução dos riscos fiscais ... 8.8 – Apuração de custos

Contas devedoras / *Contas credoras*

Figura 3.4   Partida dobrada e o PCASP.

ATENÇÃO!
Regra de integridade dos lançamentos
O registro contábil deve ser feito pelo método das partidas dobradas, e os lançamentos devem **debitar e creditar** contas que apresentem a **mesma natureza de informação**. Assim, os lançamentos estarão fechados dentro das classes 1 a 4 ou das classes 5 e 6 ou das classes 7 e 8 (STN, 2019), de forma que:
a) **Lançamentos de natureza patrimonial**: apenas debitam e creditam contas das classes 1, 2, 3 e 4.
b) **Lançamentos de natureza orçamentária**: apenas debitam e creditam contas das classes 5 e 6.
c) **Lançamentos de natureza de controle**: apenas debitam e creditam contas das classes 7 e 8.

3.3 MOVIMENTAÇÃO DAS CONTAS A PARTIR DO PCASP

Os registros contábeis, a partir do PCASP, devem ser feitos pelo **método das partidas dobradas,** e os lançamentos devem debitar e creditar contas que apresentem a mesma natureza de informação, seja patrimonial, orçamentária ou de controle. Assim, os lançamentos estarão fechados dentro das **classes 1, 2, 3 e 4** ou das **classes 5 e 6** ou das **classes 7 e 8**, conforme explicado a seguir:

3.3.1 Controle patrimonial: classes 1, 2, 3 e 4 (informações de natureza patrimonial)

Os lançamentos de controle patrimonial devem ser realizados observando as quatro classes e respectivas contas que lhes são inerentes. São equivalentes aos realizados na contabilidade das empresas privadas, considerando a aplicação dos princípios de contabilidade e a NBC TSP EC (estrutura conceitual), como segue na Figura 3.5.

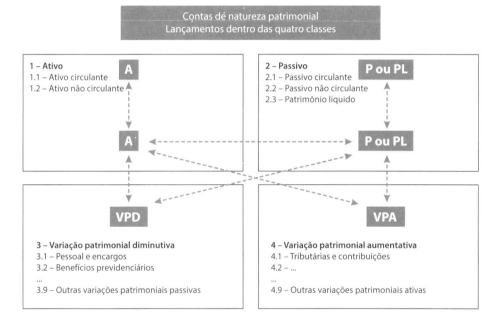

Figura 3.5   Movimentação das contas do PCASP.

PRINCIPAIS LANÇAMENTOS PATRIMONIAIS

1. Ativo × ativo

Alienação (venda) de um bem móvel pelo valor contábil (fenômeno que não varia o PL, variação patrimonial qualitativa):

Lançamento de natureza patrimonial

D – 1.1... Caixa (ativo circulante)

C – 1.2... Imobilizado – bem móvel (ativo não circulante)

106 | Contabilidade aplicada ao setor público • *Bezerra Filho*

2. Ativo × passivo

2.1 Realização de um empréstimo de longo prazo (fenômeno que não varia o PL, variação patrimonial qualitativa):

Lançamento de natureza patrimonial

D – 1.1... Caixa (ativo circulante)

C – 2.2... Empréstimo a pagar (passivo não circulante)

2.2 Aquisição de material para estoque em almoxarifado:

Lançamento de natureza patrimonial

D – 1.1... Estoque (ativo circulante)

C – 2.1... Fornecedor a pagar (passivo circulante)

3. Ativo × variação patrimonial diminutiva (VPD)

Consumo de material estocado no almoxarifado (fenômeno que varia negativamente o PL, variação patrimonial quantitativa):

Lançamento de natureza patrimonial

D – 3... VPD (despesa patrimonial, conta de resultado)

C – 1.1... Estoque (ativo circulante)

4. Ativo × variação patrimonial aumentativa (VPA)

4.1 Recebimento de um bem móvel doado de terceiros (fenômeno que aumenta o PL, variação patrimonial quantitativa):

Lançamento de natureza patrimonial

D – 1.2...Imobilizado – bem móvel (ativo não circulante)

C – 4...VPA (receita patrimonial, conta de resultado)

4.2 Lançamento do crédito (direito a receber) decorrente de lançamento de tributos:

Lançamento de natureza patrimonial

D – 1.1... Créditos a receber (ativo circulante)

C – 4...VPA (receita patrimonial, conta de resultado)

5. Passivo × passivo

Registro de dívida de longo prazo (passivo não circulante) para curto prazo (passivo circulante) por ocasião da elaboração das demonstrações contábeis (fenômeno que não varia o PL, variação patrimonial qualitativa):

Lançamento de natureza patrimonial

D – 2.2... Empréstimo a pagar de longo prazo (passivo não circulante)

C – 2.1... Empréstimo a pagar de curto prazo (passivo circulante)

6. Passivo × patrimônio líquido

Incorporação de obrigação a pagar (fornecedor de curto prazo) em exercício posterior ao de sua competência (fenômeno que varia o PL positivamente, que não deve impactar o resultado patrimonial do exercício, pois se trata de fenômeno não registrado em exercícios anteriores – variação patrimonial quantitativa):

Lançamento de natureza patrimonial

D – 2.5... Ajuste de exercícios anteriores (patrimônio líquido)

C – 2.1... Fornecedor a pagar (passivo circulante)

7. Passivo × variação patrimonial diminutiva

Recebimento da nota fiscal correspondente aos serviços de manutenção de ares-condicionados prestados por fornecedor contratado pela entidade (fenômeno que varia negativamente o PL, variação patrimonial quantitativa):

Lançamento de natureza patrimonial

D – 3...VPD (despesa patrimonial)

C – 2... Fornecedor a pagar (passivo circulante)

A apropriação de VPD em contrapartida com passivo normalmente está associada à liquidação da despesa orçamentária, oportunidade em que também deverá feito o lançamento da "liquidação" nas contas de natureza orçamentária, demonstrado nos lançamentos 3 e 4 do item 3.3.2.

8. Patrimônio líquido × patrimônio líquido

Transferências de saldos entre contas do próprio PL, a exemplo das contas "resultado patrimonial do exercício" e "ajustes de exercício anteriores", que, de acordo com IPC nº 003/2013 da STN, deverão ser transferidos e somados ao saldo conta "superávit ou déficits de exercícios anteriores" (registro que não varia o PL, caracterizando variação patrimonial qualitativa):

Lançamento de natureza patrimonial

D – 2.5... Ajustes de exercícios anteriores (patrimônio líquido)

D – 2.5... Resultado patrimonial do exercício (patrimônio líquido)

C – 2.5... Superávit ou déficits de exercícios anteriores (patrimônio líquido)

3.3.2 Controle orçamentário: classes 5 e 6 (informações de natureza orçamentária)

Os lançamentos de controle orçamentário devem ser realizados observando as classes 5 e 6 e respectivos desdobramentos. São característicos da área pública e fiéis às normas legais do direito financeiro (Lei Federal nº 4.320/1964). Tais receitas e despesas orçamentárias, arrecadação e empenho respectivamente, não devem ser confundidas com receitas (VPA) e despesas (VPD) patrimoniais (classes 4 e 3), conforme vemos na Figura 3.6.

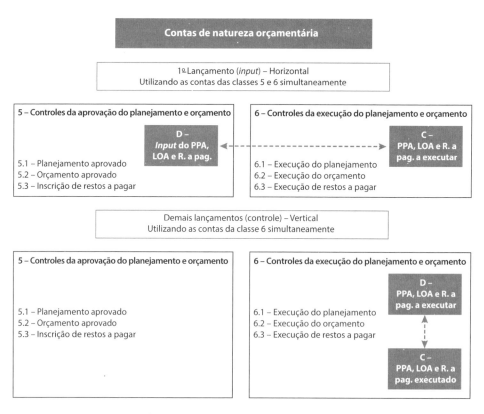

Figura 3.6   Movimentação das contas do PCASP (contas de natureza orçamentária).

Observe que existem três controles distintos nas classes 5 e 6:

a) Contas dos grupos "**5.1**" e "**6.1**", estabelecidas para recepcionar (*input*) e controlar a execução do plano plurianual (PPA), procedimento facultativo pelo MCASP, até a edição desta obra.

b) Contas dos grupos "**5.2**" e "**6.2**", criadas para recepcionar (*input*) e controlar a execução das receitas orçamentárias previstas e das despesas orçamentárias fixadas no orçamento anual (LOA). Controle obrigatório pelo MCASP.

c) Contas dos grupos "**5.3**" e "**6.3**", criadas para inscrição e controle da execução dos restos a pagar processados (liquidados) e não processados (em liquidação ou não liquidados), que dizem respeito às despesas orçamentárias empenhadas e não pagas no encerramento do exercício, nos termos legais. De exigência também obrigatória pelo MCASP.

A Figura 3.7 demonstra o mecanismo de débito e crédito inerente ao controle orçamentário, observando-se a execução da receita e despesa orçamentária em comparação com a previsão e a fixação iniciais da LOA.

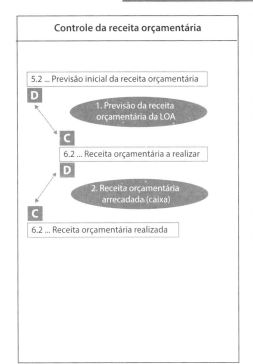
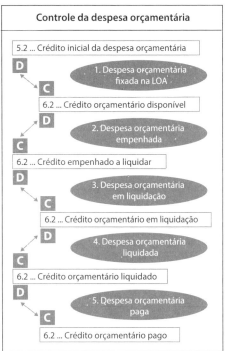

Figura 3.7   Movimentação das contas do PCASP (contas de natureza orçamentária).

PRINCIPAIS LANÇAMENTOS ORÇAMENTÁRIOS

1. **Pela abertura do orçamento da receita orçamentária (primeiro lançamento na horizontal – classe 5 com 6)**

    Lançamento de natureza orçamentária

    D – 5.2.1... Previsão inicial da receita orçamentária (*input*)

    C – 6.2.1... Receita orçamentária a realizar (controle)

2. **Pela arrecadação (via caixa ou equivalente de caixa) da receita orçamentária (demais lançamentos na vertical – classe 6 com 6)**

    Lançamento de natureza orçamentária

    D – 6.2.1... Receita orçamentária a realizar (controle)

    C – 6.2.2... Receita orçamentária realizada (controle)

3. **Pela abertura do orçamento da despesa orçamentária (primeiro lançamento na horizontal – classe 5 com 6)**

Lançamento de natureza orçamentária

D – 5.2.2... Crédito inicial da despesa orçamentária (*input*)

C – 6.2.2... Crédito orçamentário disponível orçamentário (controle)

4. **Pelo empenho da despesa orçamentária na dotação específica (demais lançamentos na vertical – classe 6 com 6)**

Lançamento de natureza orçamentária

D – 6.2.2... Crédito orçamentário disponível orçamentário (controle)

C – 6.2.3... Crédito orçamentário empenhado a liquidar (controle)

5. **Pelo início do processo de liquidação da despesa orçamentária (recebimento da nota fiscal junto com o produto ou serviço, mas não atestada ou formalizada a liquidação nos termos dos arts. 62 e 63 da Lei nº 4.320/1964)**

Lançamento de natureza orçamentária

D – 6.2.3... Crédito orçamentário empenhado a liquidar (controle)

C – 6.2.4... Crédito orçamentário empenhado em liquidação (controle)

6. **Pela liquidação (conclusão) da despesa orçamentária (atesto ou formalização, pelo servidor designado, da liquidação da despesa orçamentária nos termos dos artigos 62 e 63 da Lei nº 4.320/1964)**

Lançamento de natureza orçamentária

D – 6.2.4... Crédito orçamentário empenhado em liquidação (controle)

C – 6.2.5... Crédito orçamentário empenhado liquidado (controle)

7. **Pelo pagamento (via caixa ou equivalente de caixa) da despesa orçamentária (atesto ou formalização, pelo servidor designado, da liquidação da despesa orçamentária nos termos dos artigos 62 e 63 da Lei nº 4.320/1964).**

Lançamento de natureza orçamentária

D – 6.2.4... Crédito orçamentário empenhado liquidado (controle)

C – 6.2.5... Crédito orçamentário pago (controle)

3.3.3. Outros controles: classes 7 e 8 (informações de natureza de controle)

Os lançamentos de natureza de controles (antigo sistema de compensação) devem ser realizados observando as classes 7 e 8 e respectivos desdobramentos. Também são característicos da área pública e registram, principalmente, os atos potenciais de ativos e passivos, ou seja, aqueles que não estão afetando o patrimônio no momento atual, mas que poderão vir a afetá-lo no futuro. Além dos atos potenciais, as contas podem ser utilizadas para outros controles, como de fontes de recursos, de programação financeira, de riscos fiscais etc.

A Figura 3.8 demonstra o mecanismo de débito e crédito inerente às contas de controle.

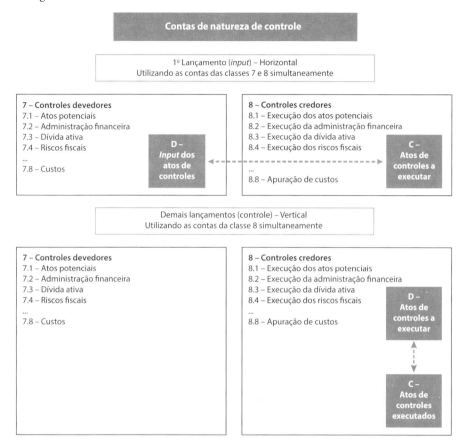

Figura 3.8   Mecanismo de débito e crédito inerente às contas de controle.

PRINCIPAIS LANÇAMENTOS DE CONTROLES DE ATOS POTENCIAIS DE ATIVOS

1. **Pela assinatura de convênios a receber (primeiro lançamento na horizontal – classe 7 com 8)**

   Subsistema de controle (ou compensação)

   D – 7.1.1.2... Direitos conveniados (*input*)

   C – 8.1.1.2... Direitos conveniados a executar (controle)

2. **Pelo recebimento da parcela do convênio (demais lançamentos na vertical – classe 8 com 8)**

   Subsistema de controle (ou compensação)

   D – 8.1.1.2... Direitos conveniados a executar (controle)

   C – 8.1.1.2... Convênios a comprovar (controle)

112 | Contabilidade aplicada ao setor público • *Bezerra Filho*

3. Pela execução da parcela do convênio

Subsistema de controle (ou compensação)

D – 8.1.1.2...Convênios a comprovar (controle)

C – 8.1.1.2... Convênios a aprovar (controle)

4. Pela comprovação da parcela do convênio Subsistema de controle (ou compensação)

D – 8.1.1.2... Convênios a aprovar (controle)

C – 8.1.1.2... Convênios comprovados (controles)

PRINCIPAIS LANÇAMENTOS DE CONTROLES DE ATOS POTENCIAIS DE PASSIVOS

1. Pela assinatura de contrato de serviços prestados – pelo órgão contratante (primeiro lançamento na horizontal – classe 7 com 8)

Lançamento de controle

D – 7.1.... Contratos de serviços (*input*)

C – 8.1.... Contratos de serviços em execução (controle)

2. Pela execução de contrato de serviços prestados – pelo órgão contratante (demais lançamentos na vertical – classe 8 com 8)

Lançamento de controle

D – 8.1.... Contratos de serviços em execução (controle)

C – 8.1.... Contratos de serviços executados (controle)

PRINCIPAIS LANÇAMENTOS DE CONTROLES DAS DISPONIBILIDADES POR DESTINAÇÃO DE RECURSOS – FONTES DE RECURSOS

1. Pelo recebimento (via caixa ou equivalente de caixa) de recursos ordinários – não vinculados (primeiro lançamento na horizontal – classe 7 com 8)

Lançamento de controle

D – 7.2.... Controle da disponibilidade por destinação de recursos ordinários (*input*)

C – 8.2.... Disponibilidade por destinação de recursos a utilizar (controle)

2. Pelo comprometimento (via empenho da despesa orçamentária) de recursos ordinários – não vinculados (demais lançamentos na vertical – classe 8 com 8)

Lançamento de controle

D – 8.2... Disponibilidade por destinação de recursos a utilizar (controle)

C – 8.2... Disponibilidade por destinação de recursos comprometida por empenho (controle)

3. Pelo comprometimento (via liquidação) de recursos ordinários – não vinculados

Lançamento de controle

D – 8.2.... Disponibilidade por destinação de recursos comprometida por empenho (controle)

C – 8.2.... Disponibilidade por destinação de recursos comprometida por liquidação (controle)

4. **Pela utilização (via caixa ou equivalente de caixa – pagamento) de recursos ordinários – não vinculados**

   Lançamento de controle

   D – 8.2... Disponibilidade por destinação de recursos comprometida por liquidação (controle)

   C – 8.2.1.1... Disponibilidade por destinação de recursos utilizadas (controle)

   Pelo exposto anteriormente, o PCASP separa os fenômenos patrimoniais, orçamentários e de controle em contas por natureza, de forma independente, podendo ser registrados simultaneamente. É importante frisar que os lançamentos contábeis feitos são fechados em cada uma das citadas naturezas de informações, ou seja, quando se debita uma conta de determinada natureza, a conta creditada também tem de pertencer à mesma natureza.

3.4 CÓDIGO DA CONTA CONTÁBIL NO PCASP

De acordo com o MCASP (STN, 2019), as contas contábeis do PCASP são identificadas por códigos com sete níveis de desdobramento, compostos por nove dígitos, de acordo com a estrutura da Figura 3.9.

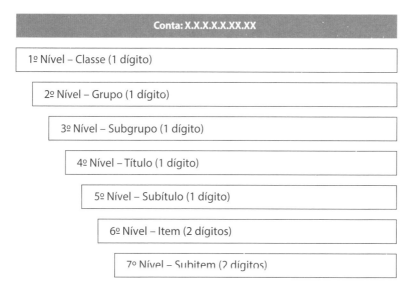

Figura 3.9 Níveis e desdobramentos do PCASP.

3.4.1 Detalhamento da conta no PCASP

Os entes da Federação somente poderão detalhar a conta contábil nos níveis posteriores ao nível apresentado na relação de contas do PCASP. Por exemplo, caso uma conta esteja detalhada no PCASP **até o 6º nível (item)**, o ente poderá detalhá-la apenas a partir **do 7º nível (subitem)**, sendo vedada a alteração dos 6 primeiros níveis (STN, 2018). No Quadro 3.1, temos um exemplo de PCASP estendido.

Quadro 3.1 Exemplo de PCASP estendido

Classe	Grupo	Subgrupo	Título	Subtítulo	Item	Subitem	Conta	Título
1	0	0	0	0	00	00	1.0.0.0.0.00.00	Ativo
1	1	0	0	0	00	00	1.1.0.0.0.00.00	Ativo circulante
1	1	1	0	0	00	00	1.1.1.0.0.00.00	Caixa e equivalentes de caixa
1	1	1	1	0	00	00	1.1.1.1.0.00.00	Caixa e equivalentes de caixa em moeda nacional
1	1	1	1	1	00	00	1.1.1.1.1.00.00	Caixa e equivalentes de caixa em moeda nacional – consolidação
1	1	1	1	1	01	00	1.1.1.1.1.01.00	Caixa
1	1	1	1	1	02	00	1.1.1.1.1.02.00	Conta única
1	1	1	1	1	06	00	1.1.1.1.1.06.00	Conta única RPPS

ATENÇÃO!

A única exceção a esta regra corresponde à abertura do **5º nível (subtítulo)** das contas de Natureza de Informação Patrimonial, que obrigatoriamente será classificado em **Intra OFSS, Inter OFSS** (União, estados ou municípios) ou **Consolidação** (STN, 2018). Veja **o próximo item**.

3.4.2 Dígito da consolidação – 5º Nível

Para fins de consolidação das contas públicas nos diversos níveis de governo, com a adequada elaboração das DCASP e do balanço do setor público nacional (BSPN), evitando a duplicação dos dados, foi criado no PCASP um mecanismo para a segregação dos valores das transações a serem incluídas ou excluídas na consolidação. Este mecanismo consiste na utilização do 5º nível (Subtítulo) das classes 1, 2, 3 e 4 do PCASP (contas de natureza patrimonial) para identificar os saldos recíprocos (STN, 2018), conforme demonstrado no Quadro 3.2.

Quadro 3.2 5º Nível para consolidação das DCASP

Conta	Atributo	Explicação
x.x.x.x.1.xx.xx	Consolidação	Compreende os saldos que **não serão excluídos** nos demonstrativos consolidados do orçamento fiscal e da seguridade social (OFSS).
x.x.x.x.2.xx.xx	Intra OFSS	Compreende os saldos que **serão excluídos** nos demonstrativos consolidados do orçamento fiscal e da seguridade social (OFSS) do **mesmo ente**.
x.x.x.x.3.xx.xx	Inter OFSS – União	Compreende os saldos que **serão excluídos** nos demonstrativos consolidados do orçamento fiscal e da seguridade social (OFSS) de entes públicos distintos, resultantes das transações entre o ente e a União.
x.x.x.x.4.xx.xx	Inter OFSS – Estado	Compreende os saldos que **serão excluídos** nos demonstrativos consolidados do orçamento fiscal e da seguridade social (OFSS) de entes públicos distintos, resultantes das transações entre o ente e um estado.
x.x.x.x.5.xx.xx	Inter OFSS – Município	Compreende os saldos que **serão excluídos** nos demonstrativos consolidados do orçamento fiscal e da seguridade social (OFSS) de entes públicos distintos, resultantes das transações entre o ente e um município.

Fonte: adaptado da STN (2018).

Cap. 3 • Plano de contas aplicado ao setor público (PCASP) | 115

EXEMPLOS

1. Transações que utilizam o dígito 1 (consolidação) no 5º nível.

1.1 Reconhecimento da obrigação decorrente da prestação de serviços
Lançamento seja na União, no estado ou no município (reconhecimento da obrigação)
Natureza da informação: patrimonial
D – 3.3.2.3.1.xx.xx VPD – Serviços de terceiros – PJ – Consolidação
C – 2.1.3.1.1.xx.xx Passivo circulante - Fornecedores e Contas a pagar nacionais a curto prazo – Consolidação

1.2 Doação de bem imóvel a um estado pela União.
Lançamento na União (reconhecimento da baixa do bem)
Natureza da informação: patrimonial
D – 3.5.2.3.4.xx.xx VPD – Transferências voluntárias – Inter OFSS – Estado
C – 1.2.3.2.1.xx.xx Ativo não circulante – Bens imóveis – Consolidação
Lançamento no estado (reconhecimento da apropriação do bem)
Natureza da informação: patrimonial
D – 1.2.3.2.1.xx.xx Ativo não circulante – Bens imóveis – Consolidação
C – 4.5.2.3.3.xx.xx VPA – Transferências voluntárias – Inter OFSS – União

1.3 Depreciação de bem móvel
Lançamento seja na União, no estado ou no município (reconhecimento da despesa)
Natureza da informação: patrimonial
D – 3.3.3.1.1.xx.xx VPD – Depreciação – Consolidação
C – 1.2.3.8.1.xx.xx Ativo não circulante, (–) Depreciação, exaustão e amortização acumuladas – Consolidação

2. Transações que utilizam o dígito 2 (Intra OFSS) no 5º nível:

2.1 Contribuição patronal da prefeitura ao regime próprio de previdências social (RPPS).
Lançamento na prefeitura do município (reconhecimento da obrigação):
Natureza da informação: patrimonial
D – 3.1.2.1.2.xx.xx VPD – Encargos patronais – RPPS – Intra OFSS
C – 2.1.1.4.2.xx.xx Passivo circulante – Encargos sociais a pagar – Intra OFSS

2.2 Reconhecimento do direito a receber decorrente da contribuição patronal ao RPPS
Lançamento no RPPS do município (reconhecimento do direito):
Natureza da informação: patrimonial
D – 1.1.3.6.2.xx.xx Ativo circulante – Créditos previdenciários a receber a curto prazo – Intra OFSS
C – 4.2.1.1.2.xx.xx VPA – Contribuições sociais – RPPS – Intra OFSS

2.3 Transferência de bem imóvel pela secretaria de administração ao tribunal de contas do mesmo estado federativo.

Lançamento na secretaria de administração do estado (baixa do ativo)

Natureza da informação: patrimonial

D – 3.5.1.2.2.xx.xx VPD – Transferências concedidas independentes de execução orçamentária – Intra OFSS

C – 1.2.3.2.1.xx.xx Ativo não circulante – Bens imóveis – Consolidação

Lançamento no tribunal de contas do estado (apropriação do ativo)

Natureza da informação: patrimonial

D – 1.2.3.2.1.xx.xx Ativo não circulante – Bens imóveis – Consolidação

C – 4.5.1.2.2.xx.xx VPA – Transferências recebidas independentes de execução orçamentária – Intra OFSS

3. Operações que utilizam os dígitos 3, 4 ou 5 (Inter OFSS) no 5º nível

3.1 Contribuição patronal da prefeitura para o regime geral de previdência social (RGPS)

Lançamento na prefeitura (reconhecimento da obrigação)

Natureza da informação: patrimonial

D – 3.1.2.2.3.xx.xx VPD – Encargos patronais – RGPS – Inter OFSS – União

C – 2.1.1.4.3.xx.xx Passivo circulante – Encargos sociais a pagar – Inter OFSS – União

Lançamento no RGPS (reconhecimento do direito)

Natureza da informação: patrimonial

D – 1.1.3.6.5.xx.xx Ativo circulante – Créditos previdenciários a receber a curto prazo – Inter OFSS – Município

C – 4.2.1.2.5.xx.xx VPA – Contribuições sociais – RGPS – Inter OFSS – Município

3.2 Transferência de valores do fundo de participação dos estados (FPE) pela União ao estado

Lançamento na União (reconhecimento da obrigação)

Natureza da informação: patrimonial

D – 3.5.2.1.4.xx.xx VPD – Distribuição constitucional ou legal de receitas – Inter OFSS – Estado

C – 2.1.5.0.4.xx.xx Passivo circulante – Obrigações de repartição a outros entes – Inter OFSS – Estado

Lançamento no estado (reconhecimento do direito)

Natureza da informação: patrimonial

D – 1.1.2.3.3.xx.xx Ativo circulante – Créditos de transferências a receber – Inter OFSS – União

C – 4.5.2.1.3.xx.xx VPA – Transferências constitucionais e legais de receitas – Inter OFSS – União

ATENÇÃO!

O processo de consolidação do ente (federal, estadual ou municipal) deverá incluir as contas cujo **5º nível apresenta os dígitos 1 (Consolidação), 3, 4 e 5 (Inter OFSS), e excluir as que apresentam o dígito 2 (Intra OFSS) (STN, 2019).**

O processo de consolidação nacional deverá incluir as contas cujo **5º nível apresenta o dígito 1 (Consolidação), e excluir as que apresentam os dígitos 2 (Intra OFSS), 3, 4 e 5 (Inter OFSS) (STN, 2018).**

3.5 PCASP DA FEDERAÇÃO – SINTÉTICO

A seguir, nos Quadros 3.3 a 3.5, apresenta-se o PCASP da Federação, determinado pela STN (SNT, 2018) até o terceiro nível (subgrupo), não sendo contemplados todos os níveis padronizados. A relação de contas completa e atualizada do PCASP, obrigatória para toda a Federação, está disponível no sítio eletrônico da Secretaria do Tesouro Nacional (http://www.tesouro.fazenda.gov.br/pcasp).

Quadro 3.3 Contas de natureza patrimonial (PCASP da Federação/sintético)

Conta	Título	Status	Natureza do saldo	Obrigatória / facultativa
1.0.0.0.0.00.00	ATIVO	Ativa	D	O
1.1.0.0.0.00.00	Ativo circulante	Ativa	D	O
1.1.1.0.0.00.00	Caixa e equivalentes de caixa	Ativa	D	O
1.1.2.0.0.00.00	Créditos a curto prazo	Ativa	D	O
1.1.3.0.0.00.00	Demais créditos e valores a curto prazo	Ativa	D	O
1.1.4.0.0.00.00	Investimentos e aplicações temporárias a curto prazo	Ativa	D	O
1.1.5.0.0.00.00	Estoques	Ativa	D	O
1.1.6.0.0.00.00	Ativo não circulante mantido para venda	Ativa	D	O
1.1.9.0.0.00.00	Variações patrimoniais diminutivas pagas antecipadamente	Ativa	D	O
1.2.1.0.0.00.00	Ativo realizável a longo prazo	Ativa	D	O
1.2.2.0.0.00.00	Investimentos	Ativa	D	O
1.2.3.0.0.00.00	Imobilizado	Ativa	D	O
1.2.4.0.0.00.00	Intangível	Ativa	D	O
1.2.5.0.0.00.00	Diferido	Ativa	D	F
2.0.0.0.0.00.00	Passivo e patrimônio líquido	Ativa	C	O
2.1.0.0.0.00.00	Passivo circulante	Ativa	C	O
2.1.1.0.0.00.00	Obrigações trabalhistas, previdenciárias e assistenciais a pagar a curto prazo	Ativa	C	O
2.1.2.0.0.00.00	Empréstimos e financiamentos a curto prazo	Ativa	C	O
2.1.3.0.0.00.00	Fornecedores e contas a pagar a curto prazo	Ativa	C	O
2.1.4.0.0.00.00	Obrigações fiscais a curto prazo	Ativa	C	O

continua

continuação

Conta	Título	Status	Natureza do saldo	Obrigatória / facultativa
2.1.5.0.0.0.00.00	Obrigações de repartição a outros entes	Ativa	C	O
2.1.7.0.0.0.00.00	Provisões a curto prazo	Ativa	C	O
2.1.8.0.0.0.00.00	Demais obrigações a curto prazo	Ativa	C	O
2.2.1.0.0.0.00.00	Obrigações trabalhistas, previdenciárias e assistenciais a pagar a longo prazo	Ativa	C	O
2.2.2.0.0.0.00.00	Empréstimos e financiamentos a longo prazo	Ativa	C	O
2.2.3.0.0.0.00.00	Fornecedores e contas a pagar a longo prazo	Ativa	C	O
2.2.4.0.0.0.00.00	Obrigações fiscais a longo prazo	Ativa	C	O
2.2.7.0.0.0.00.00	Provisões a longo prazo	Ativa	C	O
2.2.8.0.0.0.00.00	Demais obrigações a longo prazo	Ativa	C	O
2.2.9.0.0.0.00.00	Resultado diferido	Ativa	C	O
2.3.0.0.0.0.00.00	**Patrimônio líquido**	**Ativa**	**C**	**O**
2.3.1.0.0.0.00.00	Patrimônio social e capital social	Ativa	C	O
2.3.2.0.0.0.00.00	Adiantamento para futuro aumento de capital	Ativa	C	O
2.3.3.0.0.0.00.00	Reservas de capital	Ativa	C	O
2.3.4.0.0.0.00.00	Ajustes de avaliação patrimonial	Ativa	D/C	O
2.3.5.0.0.0.00.00	Reservas de lucros	Ativa	C	O
2.3.6.0.0.0.00.00	Demais reservas	Ativa	C	O
2.3.7.0.0.0.00.00	Resultados acumulados	Ativa	D/C	O
2.3.9.0.0.0.00.00	(–) Ações / cotas em tesouraria	Ativa	D	O
3.0.0.0.0.0.00.00	**Variação patrimonial diminutiva**	**Ativa**	**D**	**O**
3.1.0.0.0.0.00.00	**Pessoal e encargos**	**Ativa**	**D**	**O**
3.1.1.0.0.0.00.00	Remuneração a pessoal	Ativa	D	O
3.1.2.0.0.0.00.00	Encargos patronais	Ativa	D	O
3.1.3.0.0.0.00.00	Benefícios a pessoal	Ativa	D	O
3.1.9.0.0.0.00.00	Outras variações patrimoniais diminutivas – pessoal e encargos	Ativa	D	O
3.2.1.0.0.0.00.00	Aposentadorias e reformas	Ativa	D	O
3.2.2.0.0.0.00.00	Pensões	Ativa	D	O
3.2.3.0.0.0.00.00	Benefícios de prestação continuada	Ativa	D	O
3.2.4.0.0.0.00.00	Benefícios eventuais	Ativa	D	O
3.2.5.0.0.0.00.00	Políticas públicas de transferência de renda	Ativa	D	O
3.2.9.0.0.0.00.00	Outros benefícios previdenciários e assistenciais	Ativa	D	O
3.3.0.0.0.0.00.00	**Uso de bens, serviços e consumo de capital fixo**	**Ativa**	**D**	**O**
3.3.1.0.0.0.00.00	Uso de material de consumo	Ativa	D	O
3.3.2.0.0.0.00.00	Serviços	Ativa	D	O

continua

Cap. 3 • Plano de contas aplicado ao setor público (PCASP) | 119

continuação

Conta	Título	Status	Natureza do saldo	Obrigatória / facultativa
3.3.3.0.0.00.00	Depreciação, amortização e exaustão	Ativa	D	O
3.4.0.0.0.00.00	**Variações patrimoniais diminutivas financeiras**	**Ativa**	**D**	**O**
3.4.1.0.0.00.00	Juros e encargos de empréstimos e financiamentos obtidos	Ativa	D	O
3.4.2.0.0.00.00	Juros e encargos de mora	Ativa	D	O
3.4.3.0.0.00.00	Variações monetárias e cambiais	Ativa	D	O
3.4.4.0.0.00.00	Descontos financeiros concedidos	Ativa	D	O
3.4.8.0.0.00.00	Aportes ao banco central	Ativa	D	O
3.4.9.0.0.00.00	Outras variações patrimoniais diminutivas – financeiras	Ativa	D	O
3.5.0.0.0.00.00	**Transferências e delegações concedidas**	**Ativa**	**D**	**O**
3.5.1.0.0.00.00	Transferências intragovernamentais	Ativa	D	O
3.5.2.0.0.00.00	Transferências intergovernamentais	Ativa	D	O
3.5.3.0.0.00.00	Transferências a instituições privadas	Ativa	D	O
3.5.4.0.0.00.00	Transferências a instituições multigovernamentais	Ativa	D	O
3.5.5.0.0.00.00	Transferências a consórcios públicos	Ativa	D	O
3.5.6.0.0.00.00	Transferências ao exterior	Ativa	D	O
3.5.7.0.0.00.00	Execução orçamentária delegada	Ativa	D	O
3.5.9.0.0.00.00	Outras transferências e delegações concedidas	Ativa	D	O
3.6.0.0.0.00.00	**Desvalorização e perda de ativos e incorporação de passivos**	**Ativa**	**D**	**O**
3.6.1.0.0.00.00	Reavaliação, redução a valor recuperável e ajuste para perdas	Ativa	D	O
3.6.2.0.0.00.00	Perdas com alienação	Ativa	D	O
3.6.3.0.0.00.00	Perdas involuntárias	Ativa	D	O
3.6.4.0.0.00.00	Incorporação de passivos	Ativa	D	O
3.6.5.0.0.00.00	Desincorporação de ativos	Ativa	D	O
3.7.0.0.0.00.00	**Tributárias**	**Ativa**	**D**	**O**
3.7.1.0.0.00.00	Impostos, taxas e contribuições de melhoria	Ativa	D	U
3.7.2.0.0.00.00	Contribuições	Ativa	D	O
3.8.0.0.0.00.00	**Custo das mercadorias vendidas, dos produtos vendidos e dos serviços prestados**	**Ativa**	**D**	**O**
3.8.1.0.0.00.00	Custo das mercadorias vendidas – CMV	Ativa	D	O
3.8.2.0.0.00.00	Custo dos produtos vendidos – CPV	Ativa	D	O
3.8.3.0.0.00.00	Custo dos serviços prestados – CSP	Ativa	D	O
3.9.1.0.0.00.00	**Premiações**	**Ativa**	**D**	**O**
3.9.2.0.0.00.00	**Resultado negativo de participações**	**Ativa**	**D**	**O**

continua

120 | **Contabilidade aplicada ao setor público** • *Bezerra Filho*

continuação

Conta	Título	*Status*	Natureza do saldo	Obrigatória / facultativa
3.9.3.0.0.00.00	Operações da autoridade monetária	Ativa	D	O
3.9.4.0.0.00.00	Incentivos	Ativa	D	O
3.9.5.0.0.00.00	Subvenções econômicas	Ativa	D	O
3.9.6.0.0.00.00	Participações e contribuições	Ativa	D	O
3.9.7.0.0.00.00	VPD de constituição de provisões	Ativa	D	O
3.9.9.0.0.00.00	Diversas variações patrimoniais diminutivas	Ativa	D	O
4.0.0.0.0.00.00	**Variação patrimonial aumentativa**	**Ativa**	**C**	**O**
4.1.0.0.0.00.00	**Impostos, taxas e contribuições de melhoria**	**Ativa**	**C**	**O**
4.1.1.0.0.00.00	Impostos	Ativa	C	O
4.1.2.0.0.00.00	Taxas	Ativa	C	O
4.1.3.0.0.00.00	Contribuições de melhoria	Ativa	C	O
4.2.0.0.0.00.00	**Contribuições**	**Ativa**	**C**	**O**
4.2.1.0.0.00.00	Contribuições sociais	Ativa	C	O
4.2.2.0.0.00.00	Contribuições de intervenção no domínio econômico	Ativa	C	O
4.2.3.0.0.00.00	Contribuição de iluminação pública	Ativa	C	O
4.2.4.0.0.00.00	Contribuições de interesse das categorias profissionais	Ativa	C	O
4.3.0.0.0.00.00	**Exploração e venda de bens, serviços e direitos**	**Ativa**	**C**	**O**
4.3.1.0.0.00.00	Venda de mercadorias	Ativa	C	O
4.3.2.0.0.00.00	Venda de produtos	Ativa	C	O
4.3.3.0.0.00.00	Exploração de bens e direitos e prestação de serviços	Ativa	C	O
4.4.0.0.0.00.00	**Variações patrimoniais aumentativas financeiras**	**Ativa**	**C**	**O**
4.4.1.0.0.00.00	Juros e encargos de empréstimos e financiamentos concedidos	Ativa	C	O
4.4.2.0.0.00.00	Juros e encargos de mora	Ativa	C	O
4.4.3.0.0.00.00	Variações monetárias e cambiais	Ativa	C	O
4.4.4.0.0.00.00	Descontos financeiros obtidos	Ativa	C	O
4.4.5.0.0.00.00	Remuneração de depósitos bancários e aplicações financeiras	Ativa	C	O
4.4.8.0.0.00.00	Aportes do banco central	Ativa	C	O
4.4.9.0.0.00.00	Outras variações patrimoniais aumentativas – financeiras	Ativa	C	O
4.5.0.0.0.00.00	**Transferências e delegações recebidas**	**Ativa**	**C**	**O**
4.5.1.0.0.00.00	Transferências intragovernamentais	Ativa	C	O
4.5.2.0.0.00.00	Transferências intergovernamentais	Ativa	C	O
4.5.3.0.0.00.00	Transferências das instituições privadas	Ativa	C	O

continua

continuação

Conta	Título	Status	Natureza do saldo	Obrigatória / facultativa
4.5.4.0.0.0.00.00	Transferências das instituições multigovernamentais	Ativa	C	O
4.5.5.0.0.0.00.00	Transferências de consórcios públicos	Ativa	C	O
4.5.6.0.0.0.00.00	Transferências do exterior	Ativa	C	O
4.5.7.0.0.0.00.00	Execução orçamentária delegada	Ativa	C	O
4.5.8.0.0.0.00.00	Transferências de pessoas físicas	Ativa	C	O
4.5.9.0.0.0.00.00	outras transferências e delegações recebidas	Ativa	C	O
4.6.0.0.0.0.00.00	**Valorização e ganhos com ativos e desincorporação de passivos**	**Ativa**	**C**	**O**
4.6.1.0.0.0.00.00	Reavaliação de ativos	Ativa	C	O
4.6.2.0.0.0.00.00	Ganhos com alienação	Ativa	C	O
4.6.3.0.0.0.00.00	Ganhos com incorporação de ativos	Ativa	C	O
4.6.4.0.0.0.00.00	Ganhos com desincorporação de passivos	Ativa	C	O
4.6.5.0.0.0.00.00	Reversão de redução a valor recuperável	Ativa	C	O
4.9.0.0.0.0.00.00	**Outras variações patrimoniais aumentativas**	**Ativa**	**C**	**O**
4.9.1.0.0.0.00.00	Variação patrimonial aumentativa a classificar	Ativa	C	O
4.9.2.0.0.0.00.00	Resultado positivo de participações	Ativa	C	O
4.9.3.0.0.0.00.00	Operações da autoridade monetária	Ativa	C	O
4.9.3.9.1.00.00	Outras VPD de operações da autoridade monetária – consolidação	Ativa	C	O
4.9.5.0.0.0.00.00	Subvenções econômicas	Ativa	C	O
4.9.7.0.0.0.00.00	Reversão de provisões e ajustes de perdas	Ativa	C	O
4.9.9.0.0.0.00.00	Diversas variações patrimoniais aumentativas	Ativa	C	O

Fonte: STN (2019).

Quadro 3.4   Contas de natureza orçamentária (PCASP da Federação/sintético)

Conta	Título	Status	Natureza do saldo	Obrigatória / facultativa
5.0.0.0.0.0.00.00	**Controles da aprovação do planejamento e orçamento**	**Ativa**	**D**	**O**
5.1.0.0.0.0.00.00	Planejamento aprovado	Ativa	D	F
5.1.1.0.0.0.00.00	PPA – aprovado	Ativa	D	F
5.1.2.0.0.0.00.00	PLOA	Ativa	D	F
5.2.0.0.0.0.00.00	**Orçamento aprovado**	**Ativa**	**D**	**O**
5.2.1.0.0.0.00.00	Previsão da receita	Ativa	D	O
5.2.2.0.0.0.00.00	Fixação da despesa	Ativa	D	O

continua

continuação

Conta	Título	Status	Natureza do saldo	Obrigatória / facultativa
5.3.1.0.0.00.00	Inscrição de RP não processados	Ativa	D	O
5.3.2.0.0.00.00	Inscrição de RP processados	Ativa	D	O
6.0.0.0.0.00.00	**Controles da execução do planejamento e orçamento**	**Ativa**	**C**	**O**
6.1.0.0.0.00.00	**Execução do planejamento**	**Ativa**	**C**	**F**
6.1.1.0.0.00.00	Execução do PPA	Ativa	C	F
6.1.2.0.0.00.00	Execução do PLOA	Ativa	C	F
6.2.0.0.0.00.00	**Execução do orçamento**	**Ativa**	**C**	**O**
6.2.1.0.0.00.00	Execução da receita	Ativa	C	O
6.2.2.0.0.00.00	Execução da despesa	Ativa	C	O
6.2.2.1.0.00.00	Disponibilidades de crédito	Ativa	C	O
6.2.2.1.1.00.00	Crédito disponível	Ativa	C	O
6.2.2.1.2.00.00	Crédito indisponível	Ativa	C	O
6.2.2.1.3.00.00	Crédito utilizado	Ativa	C	O
6.2.2.1.3.01.00	Crédito empenhado a liquidar	Ativa	C	O
6.2.2.1.3.02.00	Crédito empenhado em liquidação	Ativa	C	O
6.2.2.1.3.03.00	Crédito empenhado liquidado a pagar	Ativa	C	O
6.2.2.1.3.04.00	Crédito empenhado liquidado pago	Ativa	C	O
6.2.2.1.3.05.00	Empenhos a liquidar inscritos em restos a pagar não processados	Ativa	C	O
6.2.2.1.3.06.00	Empenhos em liquidação inscritos em restos a pagar não processados	Ativa	C	O
6.2.2.1.3.07.00	Empenhos liquidados inscritos em restos a pagar processados	Ativa	C	O
6.3.1.0.0.00.00	**Execução de RP não processados**	**Ativa**	**C**	**O**
6.3.1.1.0.00.00	RP não processados a liquidar	Ativa	C	O
6.3.1.2.0.00.00	RP não processados em liquidação	Ativa	C	O
6.3.1.3.0.00.00	RP não processados liquidados a pagar	Ativa	C	O
6.3.1.4.0.00.00	RP não processados pagos	Ativa	C	O
6.3.1.9.0.00.00	RP não processados cancelados	Ativa	C	O
6.3.2.0.0.00.00	**Execução de RP processados**	**Ativa**	**C**	**O**
6.3.2.1.0.00.00	RP processados a pagar	Ativa	C	O
6.3.2.2.0.00.00	RP processados pagos	Ativa	C	O
6.3.2.9.0.00.00	RP processados cancelados	Ativa	C	O

Fonte: STN (2019).

Quadro 3.5   Contas de natureza de controle (PCASP da Federação/sintético)

Conta	Título	Status	Natureza do saldo	Obrigatória / facultativa
7.0.0.0.0.00.00	Controles devedores	Ativa	D	O
7.1.0.0.0.00.00	Atos potenciais	Ativa	D	O
7.1.1.0.0.00.00	Atos potenciais ativos	Ativa	D	O
7.1.1.1.0.00.00	Garantias e contragarantias recebidas	Ativa	D	O
7.1.1.2.0.00.00	Direitos conveniados e outros instrumentos congêneres	Ativa	D	O
7.1.1.3.0.00.00	Direitos contratuais	Ativa	D	O
7.1.1.9.0.00.00	Outros atos potenciais ativos	Ativa	D	O
7.1.2.0.0.00.00	Atos potenciais passivos	Ativa	D	O
7.1.2.1.0.00.00	Garantias e contragarantias concedidas	Ativa	D	O
7.1.2.2.0.00.00	Obrigações conveniadas e outros instrumentos congêneres	Ativa	D	O
7.1.2.3.0.00.00	Obrigações contratuais	Ativa	D	O
7.1.2.9.0.00.00	Outros atos potenciais passivos	Ativa	D	O
7.2.0.0.0.00.00	Administração financeira	Ativa	D	O
7.2.1.0.0.00.00	Disponibilidades por destinação	Ativa	D	O
7.2.1.1.0.00.00	Controle da disponibilidade de recursos	Ativa	D	O
7.2.2.0.0.00.00	Programação financeira	Ativa	D	F
7.3.0.0.0.00.00	Dívida ativa	Ativa	D	O
7.3.1.0.0.00.00	Controle do encaminhamento de créditos para inscrição em dívida ativa	Ativa	D	F
7.3.2.0.0.00.00	Controle da inscrição de créditos em dívida ativa	Ativa	D	O
7.4.0.0.0.00.00	Riscos fiscais	Ativa	D	F
7.4.1.0.0.00.00	Controle de passivos contingentes	Ativa	D	F
7.4.2.0.0.00.00	Controle dos demais riscos fiscais	Ativa	D	F
7.5.0.0.0.00.00	Consórcios públicos	Ativa	D	O
7.8.0.0.0.00.00	Custos	Ativa	D	F
7.9.0.0.0.00.00	Outros controles	Ativa	D	F
8.0.0.0.0.00.00	Controles credores	Ativa	C	O
8.1.0.0.0.00.00	Execução dos atos potenciais	Ativa	C	O
8.1.1.0.0.00.00	Execução dos atos potenciais ativos	Ativa	C	O
8.1.1.1.0.00.00	Execução de garantias e contragarantias recebidas	Ativa	C	O
8.1.1.2.0.00.00	Execução de direitos conveniados e outros instrumentos congêneres	Ativa	C	O

continua

continuação

Conta	Título	Status	Natureza do saldo	Obrigatória / facultativa
8.1.1.3.0.00.00	Execução de direitos contratuais	Ativa	C	O
8.1.1.9.0.00.00	Execução de outros atos potenciais ativos	Ativa	C	O
8.1.2.0.0.00.00	**Execução dos atos potenciais passivos**	**Ativa**	**C**	**O**
8.1.2.1.0.00.00	Execução de garantias e contragarantias concedidas	Ativa	C	O
8.1.2.2.0.00.00	Execução de obrigações conveniadas e outros instrumentos congêneres	Ativa	C	O
8.1.2.3.0.00.00	Execução de obrigações contratuais	Ativa	C	O
8.1.2.9.0.00.00	Execução de outros atos potenciais passivos	Ativa	C	O
8.2.0.0.0.00.00	**Execução da administração financeira**	**Ativa**	**C**	**O**
8.2.1.0.0.00.00	**Execução das disponibilidades por destinação**	**Ativa**	**C**	**O**
8.2.1.1.0.00.00	Execução da disponibilidade de recursos	Ativa	C	O
8.2.1.1.1.00.00	Disponibilidade por destinação de recursos	Ativa	D/C	O
8.2.1.1.2.00.00	Disponibilidade por destinação de recursos comprometida por empenho	Ativa	C	O
8.2.1.1.3.00.00	Disponibilidade por destinação de recursos comprometida por liquidação e entradas compensatórias	Ativa	C	O
8.2.1.1.4.00.00	Disponibilidade por destinação de recursos utilizada	Ativa	C	O
8.2.1.1.5.00.00	Disponibilidade por destinação de recursos comprometida por programação financeira ou arrecadação própria	Ativa	C	F
8.2.1.2.0.00.00	Execução financeira do limite de restos a pagar	Ativa	C	F
8.2.1.3.0.00.00	Execução do recurso diferido por destinação	Ativa	C	F
8.2.2.0.0.00.00	**Execução da programação financeira**	**Ativa**	**C**	**F**
8.3.0.0.0.00.00	**Execução da dívida ativa**	**Ativa**	**C**	**O**
8.3.1.0.0.00.00	Execução do encaminhamento de créditos para inscrição em dívida ativa	Ativa	C	F
8.3.2.0.0.00.00	Execução da inscrição de créditos em dívida ativa	Ativa	C	O
8.4.0.0.0.00.00	**Execução dos riscos fiscais**	**Ativa**	**C**	**F**
8.4.1.0.0.00.00	Execução de passivos contingentes	Ativa	C	F
8.4.2.0.0.00.00	Execução dos demais riscos fiscais	Ativa	C	F
8.5.0.0.0.00.00	**Execução dos consórcios públicos**	**Ativa**	**C**	**O**
8.8.0.0.0.00.00	**Apuração de custos**	**Ativa**	**C**	**F**
8.9.0.0.0.00.00	**Outros controles**	**Ativa**	**C**	**F**

Fonte: STN (2018).

PROVINHA 3

1. Conceitualmente, o plano de contas é a estrutura básica da escrituração contábil, formada por uma relação padronizada de contas contábeis, que permite o registro contábil dos atos e fatos praticados pela entidade de maneira padronizada e sistematizada, bem como a elaboração de relatórios gerenciais e demonstrações contábeis, em consonância com as necessidades informacionais dos usuários (STN, 2019). Nesse contexto, o MCASP apresenta os objetivos do PCASP como sendo, **Exceto**:

   a) Distinguir os registros de natureza patrimonial, orçamentária e de controle.
   b) Atender à administração direta e à administração indireta das três esferas de governo, inclusive quanto às peculiaridades das empresas estatais dependentes e dos regimes próprios de previdência social (RPPS).
   c) Contribuir para a adequada tomada de decisão dos usuários da informação, exceto a sociedade por questões culturais no Brasil.
   d) Permitir a consolidação nacional das contas públicas.
   e) Permitir a elaboração das demonstrações contábeis aplicadas ao setor público (DCASP) e dos demonstrativos do relatório resumido de execução orçamentária (RREO) e do relatório de gestão fiscal (RGF).

2. Um governo municipal obtém de uma entidade privada, a título gratuito, um imóvel a ser utilizado para o funcionamento de uma unidade de atenção básica à saúde. Demonstre o(s) lançamento(s) que o contador precisa fazer, de acordo com o plano de contas (Parte IV do MCASP).

3. De acordo com o novo plano de contas da contabilidade pública brasileira, demonstre os registros contábeis relativos da operação de crédito de longo prazo, nas contas de natureza orçamentária, patrimonial e de controle.

4. Considerando que no município de Taboquinha houve arrecadação de receita de serviços não prevista no orçamento, concomitante ao fato gerador, em quais subsistemas deverão ser efetuados os respectivos lançamentos contábeis, pelo contador, considerando as NBCT SP e o plano de contas, publicado pela STN (Portaria 700/2014):

   a) Patrimonial, orçamentário e custos.
   b) Patrimonial e controle.
   c) Orçamentário, custos e controle.
   d) Orçamentário e patrimonial.
   e) Patrimonial, orçamentário e controle.

5. De acordo com o novo plano de contas aplicado ao setor público (Parte IV do MCASP), assinale a opção que indica o lançamento contábil para registrar a previsão inicial da receita, observando as naturezas das contas: P – Patrimonial, O – Orçamentária, C – Controle.

a) D – Receita a realizar (P) C – Previsão inicial da receita (P).

b) D – Receita prevista (O) C – Receita realizada (P).

c) D – Receita inicial (C) C – Receita a realizar (O).

d) D – Receita realizada (O) C – Previsão inicial da receita (P).

e) D – Previsão inicial da receita (O) C – Receita a realizar (O).

6. Um órgão da administração pública realiza a aquisição de uma máquina por R$ 180.000, em 01/04/20x0. Sabe-se que o bem tem vida estimada de cinco anos e valor residual de 10%. Ao final do ano de 20x0, é correto afirmar que houve uma variação patrimonial diminutiva de:

a) R$ 27.000 com registro de débito na classe 3 e de crédito na classe 1 do plano de contas.

b) R$ 27.000 com registro de débito na classe 4 e de crédito na classe 2 do plano de contas.

c) R$ 24.300 com registro de débito na classe 4 e de crédito na classe 1 do plano de contas.

d) R$ 24.300 com registro de débito na classe 3 e de crédito na classe 2 do plano de contas.

e) R$ 24.300 com registro de débito na classe 3 e de crédito na classe 1 do plano de contas.

7. Considerando que no município de Taboquinha houve arrecadação de receita tributária prevista no orçamento, no montante de R$ 50.000.00, cujo crédito foi lançando anteriormente, por ocasião do fato gerador, no valor de R$ 75.000,00. Qual(is) o(s) lançamento(s), na(s) respectiva(s) classes do PCASP (MCASP, IV parte)?

_____

_____

_____

_____

8. A prefeitura de Eudeslândia assinou um contrato, em 20x0, com a empresa JEBF para a compra de computadores. Empenhou na dotação de despesa de capital e fonte ordinária. Os computadores foram entregues em 31 de dezembro de 20x0, e a nota fiscal **sem** o ateste de liquidação da despesa orçamentária com aquisição de computadores foi encaminhada para o setor de controladoria. Todavia, não houve tempo hábil para que a prefeitura de Eudeslândia pudesse realizar a liquidação e o pagamento da empresa JEBF ainda em 20x0, e, por esse motivo, procedeu à inscrição do seu crédito como restos a pagar não processados.

Para responder a essa questão, considere que as naturezas de informação são:

1. Orçamentária.

2. Patrimonial.

3. Controle.

Apresente os registros contábeis (livro Diário) necessários, que represente a sequência correta dos lançamentos da prefeitura Eudeslândia, em relação aos fatos e atos narrados, especificamente no que se refere à natureza da informação.

_____

_____

_____

_____

Cap. 3 ● Plano de contas aplicado ao setor público (PCASP) | 127

Enunciado para as questões de 9 a 12

No primeiro exercício financeiro encerrado da entidade pública do município de Eudeslândia, foram registrados os seguintes eventos:

- Impostos lançados, no valor de R$ 100.000,00, dos quais foram arrecadados 70%.
- Aquisição de equipamentos permanentes, com recebimento imediato do bem, no valor de R$ 70.000,00, tendo sido metade do valor paga à vista e o restante, inscrito em restos a pagar.
- Despesas empenhadas com água, luz e telefone no período, no valor de R$ 28.000,00, pagas no referido exercício.

Apure:

9. Receita orçamentária realizada no exercício: _____

_____

10. Despesa orçamentária empenhada no exercício: _____

_____

11. Despesa orçamentária empenhada e liquidada: _____

_____

12. Resultado patrimonial do exercício: _____

_____

Para o livro impresso, as respostas estão disponíveis como material suplementar no ambiente virtual de aprendizagem do GEN (www.grupogen.com.br).

4

DEMONSTRAÇÕES CONTÁBEIS APLICADAS AO SETOR PÚBLICO (DCASP)

APRESENTAÇÃO

Com a publicação do Decreto Federal nº 6.976/2009 e do *Manual de contabilidade aplicada ao setor público* (MCASP) (Parte V), foram estruturadas as demonstrações contábeis aplicadas ao setor público brasileiro, com obrigatoriedade de aplicação a partir do ano de 2014, que têm como objetivo padronizar a estrutura e as definições dos elementos que compõem as DCASP.

As demonstrações contábeis, também chamadas de demonstrações de propósitos gerais (NBC TSP EC), são de fundamental importância na gestão pública, pois, além de evidenciarem a situação e variações do patrimônio público, assumem papel de relevância para o país, possibilitando a tomada de decisão por parte dos gestores públicos, promovendo *accountability*, transparência e instrumentalização do controle social.

4.1 NECESSIDADE DE MODERNIZAR A PUBLICAÇÃO DAS INFORMAÇÕES CONTÁBEIS NO SETOR PÚBLICO COM AS NORMAS INTERNACIONAIS

Buscando aperfeiçoar as demonstrações contábeis do setor público brasileiro às necessidades informacionais de seus usuários (internos e externos), consoante convergência com as normas internacionais (IPSAS/IFAC) e legislação vigente no país (Lei Federal nº 4.320/1964), o Conselho Federal de Contabilidade aprovou a NBC TSP 11 (apresentação das demonstrações contábeis), que trata das demonstrações contábeis no âmbito do setor público brasileiro.

Não obstante a citada norma, é importante ressaltar que, legalmente falando, a atualização e a inserção de novos demonstrativos contábeis aos anexos da Lei Federal nº 4.320/1964 têm respaldo legal na própria lei, no seu art. 113 (transcrito a seguir), quando atribui competência ao Conselho Técnico de Economia e Finanças do Ministério da Fazenda, órgão este que não existe mais na estrutura do Ministério da Fazenda.

> Art. 113. Para fiel e uniforme aplicação das presentes normas, o Conselho Técnico de Economia e Finanças do Ministério da Fazenda atenderá a consultas, coligirá elementos, promoverá o intercâmbio de dados informativos, expedirá recomendações técnicas, quando solicitadas, e atualizará sempre que julgar conveniente, os anexos que integram a presente lei. (BRASIL, 1964)

Assim, para atualização das demonstrações contábeis previstas e inclusão das novas demonstrações nos anexos da Lei nº 4.320/1964, foi atribuída à Secretaria do Tesouro Nacional

130 | Contabilidade aplicada ao setor público • Bezerra Filho

a supracitada competência, fundamentada na Lei Complementar nº 101/2000, na Lei nº 10.180/2001 e no Decreto nº 6.976/2009 (dispositivo transcrito a seguir).

> Art. 7º Compete ao órgão central do Sistema de Contabilidade Federal:
>
> [...]
>
> XXIV – exercer as atribuições definidas pelo art. 113 da Lei nº 4.320, de 17 de março de 1964, a saber: atender a consultas, coligir elementos, promover o intercâmbio de dados informativos, expedir recomendações técnicas, quando solicitadas, e atualizar, sempre que julgar conveniente, os anexos que integram aquela Lei. (BRASIL, 2009)

A partir desse dispositivo, a Secretaria do Tesouro Nacional, por meio do MCASP/STN (Parte V), publica e atualiza a estrutura (modelo) do balanço patrimonial (BP), a demonstração das variações patrimoniais (DVP), o balanço orçamentário (BO) e o balanço financeiro (BF), a demonstração dos fluxos de caixa (DFC) e a demonstração das mutações do patrimônio líquido (DMPL), com obrigatoriedade de divulgação, pelos entes da Federação, a partir de 2014/2015.

O item 21 da NBC TSP 11 (CFC, 2018) prevê as demonstrações contábeis, no setor público, discorrendo que tais demonstrações podem ter outras nomenclaturas definidas conforme normas específicas ou de acordo com a legislação aplicável, desde que evidenciem as informações conforme seus dispositivos e demais NBC TSP. É o caso, por exemplo, da demonstração do resultado e da demonstração de informações orçamentárias, as quais, em decorrência da legislação brasileira, são denominadas demonstração das variações patrimoniais e balanço orçamentário, respectivamente (STN, 2018). Veja a Figura 4.1.

Demonstrações obrigatórias

Balanço patrimonial	Demonstração das variações patrimoniais
Balanço orçamentário	Balanço financeiro

Demonstração dos fluxos de caixa
(obrigatória a partir de 2015, Portaria STN nº 713/2014)

Demonstração obrigatória para os entes que têm estatais dependentes sob a forma de sociedade anônima

Demonstração das mutações do patrimônio líquido
(obrigatória a partir de 2015)

Notas explicativas são obrigatórias

Figura 4.1   Demonstrações contábeis aplicadas ao setor público.

4.2   ESTRUTURA DAS DEMONSTRAÇÕES CONTÁBEIS APLICADAS AO SETOR PÚBLICO, APRESENTADAS PELO MCASP – PARTE V

Consoante o art. 111 da Lei nº 4.320/1964 e a NBC TSP 11, o MCASP (STN, 2018), Parte V, estabelece o conjunto das demonstrações contábeis das entidades definidas no campo de aplicação da contabilidade do setor público, discriminadas a seguir, em ordem didática de apresentação e estudo na presente obra:

- Balanço patrimonial (BP) – Anexo 14 da Lei Federal nº 4.320/1964.
- Demonstração das variações patrimoniais (DVP) – Anexo 15 da Lei Federal nº 4.320/1964.
- Demonstração das mutações do patrimônio líquido (DMPL) – Anexo 19 da Lei Federal nº 4.320/1964.
- Balanço orçamentário (BO) – Anexo 12 da Lei Federal nº 4.320/1964.
- Balanço financeiro (BF) – Anexo 13 da Lei Federal nº 4.320/1964.
- Demonstração dos fluxos de caixa (DFC) – Anexo 18 da Lei Federal nº 4.320/1964.

ATENÇÃO!

Todas as DCASP devem ser acompanhadas de **notas explicativas**, compreendendo a descrição sucinta das principais políticas contábeis e outras informações elucidativas.

As informações das DCASP devem ser comparativas com o período anterior, com exceção do **balanço orçamentário**, pelas suas características de planejamento.

No contexto geral, as DCASP devem ser divulgadas da forma que segue:

- **Demonstrações contábeis consolidadas**: compõem a prestação de contas anual de governo (União, estados e municípios), que recebem parecer prévio pelo tribunal de contas competente (chamada de contas de governo).
- **Demonstrações contábeis não consolidadas**: compõem a prestação de contas ou tomada de contas anuais dos administradores públicos (contas de gestão).

Em conexão com o plano de contas (estudado no Capítulo 3 desta obra), as demonstrações contábeis são elaboradas com informações processadas no sistema de contabilidade do ente público, a partir dos registros contábeis realizados, diariamente, nas respectivas naturezas de contas (orçamentária, patrimonial e de controle), e consolidados em determinada data (normalmente 31-12 do exercício financeiro), veja a integração na Figura 4.2.

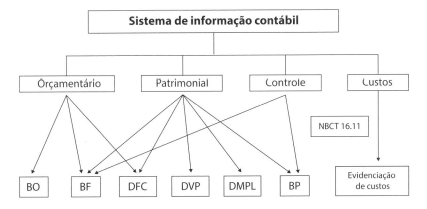

Figura 4.2   Estrutura da contabilidade pública brasileira.

Ressalte-se que a NBC TSP 11 (CFC, 2018) não prevê o balanço financeiro, porém sua elaboração e publicação são obrigatórias por força dos arts. 101 e 103 da Lei nº 4.320/1964. Ou seja, trata-se de uma demonstração que não está incluída nas normas internacionais (IPSAS), porém é exigida pela legislação brasileira.

Além das citadas demonstrações, as entidades podem apresentar informações adicionais, em notas explicativas ou em outros relatórios, de forma a auxiliar os usuários (internos e externos) na avaliação do desempenho e na administração dos bens públicos, bem como auxiliá-los a tomar e avaliar decisões sobre a alocação de recursos. As informações podem demonstrar os resultados do setor público a título de (a) indicadores de desempenho, (b) demonstrativos de desempenho dos serviços prestados, (c) revisões de programas, (d) gestão de custos, e outros relatórios gerenciais que tratem dos objetivos e do cumprimento da missão do ente ou entidade, no período a que se referem.

ATENÇÃO!

Sugere-se, como estudo complementar, a leitura da NBC TSP nº 11/2018 (site no Conselho Federal de Contabilidade), que tem como objetivo estabelecer como as demonstrações contábeis devem ser apresentadas para assegurar a comparabilidade das demonstrações contábeis.

As DCASP são tratadas como demonstrações contábeis de propósito geral na NBC TSP EC (CFC, 2016) e têm a finalidade de satisfazer e atender às necessidades de informação dos mais diversos usuários, tais como gestores públicos, contribuintes, parlamentares, credores, fornecedores, bancos, mídia e empregados, entre outros.

A seguir, será estudado e exemplificado cada um dos demonstrativos exigidos no setor público brasileiro, seguindo ordem didática para melhor entendimento.

4.2.1 Balanço patrimonial (BP) (anexo 14 da Lei Federal nº 4.320/1964 e Parte V do MCASP/STN)

4.2.1.1 Preceitos

Balanço patrimonial é a demonstração contábil que evidencia, qualitativa e quantitativamente, a situação patrimonial da entidade pública, por meio de contas representativas do patrimônio público: **ativos**, **passivos** e **patrimônio líquido**, além das contas de compensação (contas de controle de atos potenciais), cujos conceitos foram tratados nos Capítulos 2 e 3 desta obra.

A classificação dos elementos patrimoniais, nos termos na NBC TSP 11, considera a segregação em "circulante" e "não circulante", com base em seus atributos de conversibilidade e exigibilidade, também já tratados no Capítulo 2.

No patrimônio líquido, deve ser evidenciado o resultado do período segregado dos resultados acumulados de períodos anteriores, além de outros itens.

Não esquecer, por oportuno, que a Lei Federal nº 4.320/1964, no seu art. 105, confere viés orçamentário ao balanço patrimonial, já que separa o ativo e passivo em dois grandes grupos em função da dependência ou não de autorização orçamentária para a realização dos itens que o compõem: ativo financeiro, ativo permanente, passivo financeiro, passivo permanente e saldo patrimonial, além das contas de compensação, cujas definições também já foram motivo de estudo no Capítulo 2. **Relembre!**

A fim de atender aos novos padrões da contabilidade aplicada ao setor público (CASP), as estruturas das demonstrações contábeis contidas nos anexos da Lei nº 4.320/1964 foram alteradas pela Portaria STN nº 438/2012 (STN, 2018).

De forma a atender às determinações legais e às normas contábeis vigentes, convergidas com as IPSAS/IFCA (NBT SP nº 11), a estrutura atual do balanço patrimonial é composta por (STN, 2018):

a) Quadro principal.

b) Quadro dos ativos e passivos financeiros e permanentes.

c) Quadro das contas de compensação (controle).

d) Quadro do superávit/déficit financeiro.

4.2.1.2 Estrutura do balanço patrimonial (anexo 14 da Lei nº 4.320/1964)

De acordo com o MCASP (Parte V) (STN, 2018), o balanço patrimonial evidencia as informações (saldos) patrimoniais no enceramento do período (normalmente no dia 31-12), tendo a estrutura do Quadro 4.1.

Quadro 4.1 a) Quadro principal

<Ente da Federação>			
Balanço patrimonial			
			Exercício: 20xx
Ativo	**Nota**	**Exercício atual**	**Exercício anterior**
Ativo circulante			
Caixa e equivalentes de caixa			
Créditos a curto prazo			
Investimentos e aplicações temporárias a curto prazo			
Estoques			
VPD pagas antecipadamente			
Total do ativo circulante			
Ativo não circulante			
Realizável a longo prazo			
Créditos a longo prazo			
Investimentos e aplicações temporárias a longo prazo			
Estoques			
Investimentos			
Imobilizado			
Intangível			
Total do ativo não circulante			
–		–	
Total do ativo			

continua

134 | **Contabilidade aplicada ao setor público** • *Bezerra Filho*

continuação

<Ente da Federação>			
Balanço patrimonial			
			Exercício: 20xx
Passivo e patrimônio líquido	**Nota**	**Exercício atual**	**Exercício anterior**
Passivo circulante			
Obrigações trabalhistas, previdenciárias e assistenciais a pagar a curto prazo			
Empréstimos e financiamentos a curto prazo			
Fornecedores e contas a pagar a curto prazo			
Obrigações fiscais a curto prazo			
Obrigações de repartição a outros entes			
Provisões a curto prazo			
Demais obrigações a curto prazo			
Total do passivo circulante			
Passivo não circulante			
Obrigações trabalhistas, previdenciárias e assistenciais a pagar a longo prazo			
Empréstimos e financiamentos a longo prazo			
Fornecedores a longo prazo			
Obrigações fiscais a longo prazo			
Provisões a longo prazo			
Demais obrigações a longo prazo			
Resultado diferido			
Total do passivo não circulante			
Patrimônio líquido			
Patrimônio social e capital social			
Adiantamento para futuro aumento de capital			
Reservas de lucros			
Demais reservas			
Resultados acumulados			
(–) Ações/Cotas em tesouraria			
Total do patrimônio líquido			
Total do passivo e do patrimônio líquido			

O quadro principal do balanço patrimonial (Quadro 4.1) deverá ser elaborado a partir das contas de **Classe 1 (Ativo) e a Classe 2 (passivo e patrimônio líquido)** do plano de contas aplicado ao setor público **(PCASP).** Os ativos e passivos serão apresentados em níveis sintéticos (3º nível – Subgrupo ou 4º nível – Título). Os saldos das contas intragovernamentais deverão ser excluídos para viabilizar a consolidação das contas no ente (evitar duplicidade entre transações dentro do ente federativo).

Os **ativos**, preferencialmente, devem ser classificados por ordem decrescente de liquidez, segregados em circulante e não circulantes.

De acordo com a NBC TSP 11 (CFC, 2018), o ativo deve ser classificado como **circulante** quando satisfizer a qualquer dos seguintes critérios:

a) Espera-se que esse ativo seja realizado, ou pretende-se que seja mantido com o propósito de ser vendido ou consumido no decurso normal do ciclo operacional da entidade.

b) O ativo está mantido essencialmente com o propósito de ser negociado.

c) Espera-se que o ativo seja realizado **até doze meses** após a data das demonstrações contábeis.

d) O ativo seja caixa ou equivalente de caixa, a menos que sua troca ou uso para pagamento de passivo se encontre vedada durante pelo menos doze meses após a data das demonstrações contábeis.

Todos os demais ativos devem ser classificados como **não circulantes**.

O **passivo** deve ser classificado como **circulante** quando satisfizer a qualquer dos seguintes critérios, em ordem temporal de exigibilidade:

a) Espera-se que o passivo seja pago durante o ciclo operacional normal da entidade (normalmente doze meses no setor público).

b) O passivo está mantido essencialmente para a finalidade de ser negociado.

c) O passivo deve ser pago no período de até doze meses após a data das demonstrações contábeis.

d) A entidade não tem direito incondicional de diferir a liquidação do passivo durante pelo menos doze meses após a data do balanço.

Todos os outros passivos devem ser classificados como **não circulantes**.

Quadro 4.2   b) Ativos e passivos financeiros e permanentes

<Ente da Federação>		
QUADRO DOS ATIVOS E PASSIVOS FINANCEIROS E PERMANENTES		
(Lei nº 4.320/1964)		
		Exercício: 20xx
	Exercício atual	Exercício anterior
Ativo (I)		
Ativo financeiro		
Ativo permanente		
Total do ativo		

continua

continuação

<Ente da federação>		
QUADRO DOS ATIVOS E PASSIVOS FINANCEIROS E PERMANENTES		
(Lei nº 4.320/1964)		
		Exercício: 20xx
	Exercício atual	Exercício anterior
Passivo (II)		
Passivo financeiro		
Passivo permanente		
Total do passivo		
Saldo patrimonial (III = I − II)		

De acordo com o MCASP (STN, 2018), este Quadro 4.2 apresenta os ativos e os passivos financeiros e permanentes, em conformidade com o disposto no art. 105 da Lei nº 4.320/1964.

Os ativos financeiros, já estudados no Capítulo 2 desta obra (item 2.3.3), representam os ativos que têm natureza financeira, nos termos da Lei 4.320/1964, tais como caixa e equivalente caixa, aplicações financeiras e depósitos restituíveis. Os demais ativos (crédito a receber, estoques, investimentos em títulos, imobilizados e intangíveis) são considerados como "permanentes" ou "não financeiros", sejam de curto ou longo prazo.

Os passivos financeiros, também já estudados no Capítulo 2, representam os ativos que têm natureza financeira, nos termos da Lei nº 4.320/1964, ou seja, aqueles que constituem obrigações a pagar no dia 31/12, já empenhadas e não pagas (restos a pagar processados e não processados, conforme os lançamentos no Capítulo 3, Classes 5 e 6 do PCASP), somadas às obrigações a pagar de recursos de terceiros sob a posse do ente (consignações, depósitos diversos etc.), concebidos como "dívidas extraorçamentárias" que não precisam, à luz da Lei nº 4.320/1964, de autorização orçamentária para serem pagas. Os demais passivos, ainda não empenhados orçamentariamente, são considerados como "permanentes" ou "não financeiros".

Qualitativamente, os passivos financeiros representam a dívida flutuante e os permanentes, a dívida fundada ou consolidada. A dívida flutuante não precisa de autorização orçamentária para ser paga, porque já foi empenhada (restos a pagar) ou representa recursos de terceiros a recolher. As dívidas fundada ou consolidada são aquelas que, para serem pagas, precisam de autorização orçamentária (esforço fiscal, despesa empenhada).

Em suma, trata-se dos ativos e passivos de atributo "F" e "P" no PCASP, cuja identificação, segregados em financeiros(F) e permanentes(P), faz-se necessária para o cálculo do superávit financeiro (previsto no art. 43 da Lei nº 4.320/1964).

ATENÇÃO!

A classificação de ativos e passivos em financeiros e permanentes atende à Lei nº 4.320/1964 para fins de apuração do superávit financeiro (art. 43, § 1º), que pode ser utilizado, como fonte de recursos, para aberturas de créditos adicionais no exercício seguinte ao da apuração.

Sugere-se ao leitor revisar o tópico 2.3.3 do Capítulo 2 desta obra.

Segundo o MCASP (STN, 2018), os ativos e os passivos financeiros e permanentes e o saldo patrimonial, nos termos da Lei nº 4.320/1964, serão apresentados pelos seus valores totais (sintéticos), sendo facultativo o detalhamento dos saldos em notas explicativas.

Quadro 4.3   c) Contas de compensação

<Ente da Federação>		
QUADRO DAS CONTAS DE COMPENSAÇÃO		
(Lei nº 4.320/1964)		
		Exercício: 20xx
	Exercício atual	Exercício anterior
Atos potenciais ativos		
Garantias e contragarantias recebidas		
Direitos conveniados e outros instrumentos congêneres		
Direitos contratuais		
Outros atos potenciais ativo		
Total dos atos potenciais Ativos		
Atos potenciais passivos		
Garantias e contragarantias concedidas		
Obrigações conveniados e outros instrumentos congêneres		
Obrigações contratuais		
Outros atos potenciais passivos		
Total dos atos potenciais passivos		

O quadro das contas de compensação (Quadro 4.3) apresenta os atos de potenciais ativos e passivos, que possam, imediata ou indiretamente, vir a afetar o patrimônio do ente. Deve ser elaborado a partir dos controles das Classes 7 e 8 do PCASP (veja lançamentos no Capítulo 3 desta obra).

Quadro 4.4   d) Superávit/déficit financeiro

<Ente da Federação>		
QUADRO DO SUPERÁVIT / DÉFICIT FINANCEIRO (LEI nº 4.320/1964)		
		Exercício: 20xx
	Exercício atual	Exercício anterior
Fontes de recursos		
(saldo em 31-12)		
<Código da fonte> <Descrição da fonte>		
<Código da fonte> <Descrição da fonte>		
<Código da fonte> <Descrição da fonte>		
Total das fontes de recursos		

No Quadro 4.4, deverão ser apresentados os saldos finais das fontes de recursos não comprometidas (disponíveis para lastro orçamentário de um exercício para o outro), ordinárias e vinculadas e de forma segregada, de modo que a soma dos respectivos saldos seja igual ao valor do superávit ou déficit financeiro apurado no Quadro 4.2 (diferença entre o ativo financeiro e o passivo financeiro).

Deve ser preenchido a partir das informações de controles de fontes de recursos obtidos dos registros das contas 7 e 8 do PCASP (disponibilidade por destinação de recursos (DDR), com saldos no encerramento do exercício.

Notas explicativas ao balanço patrimonial

Orientação do MCASP (STN, 2018) e da NBC TSP 11 (CFC, 2018), a seguir.

1. O Balanço Patrimonial deverá ser acompanhado de notas explicativas em função da dimensão e da natureza dos valores envolvidos nos ativos e passivos. Recomenda-se o detalhamento das seguintes contas:
   a) Créditos a Curto Prazo e a Longo Prazo;
   b) Imobilizado;
   c) Intangível;
   d) Obrigações Trabalhistas, Previdenciárias e Assistenciais a Curto Prazo e a Longo Prazo;
   e) Provisões a Curto Prazo e a Longo Prazo;
   f) Demais elementos patrimoniais, quando relevantes.

2. Recomenda-se também que as políticas contábeis relevantes, que tenham reflexos no patrimônio sejam evidenciadas, como as políticas de reavaliação de ativos, *impairment*, depreciação, amortização e exaustão.

Exercício resolvido: análise do balanço patrimonial

Dado o balanço patrimonial da prefeitura de Taboquinha (20x1) e respectivos quadros anexos, proceder às análises das questões solicitadas em seguida.

Cap. 4 • Demonstrações contábeis aplicadas ao setor público (DCASP) | 139

a)   Quadro principal

PREFEITURA MUNICIPAL DE TABOQUINHA					
BALANÇO PATRIMONIAL					
					Exercício: 20x1
ATIVO			PASSIVO		
ESPECIFICAÇÃO	Exercício 20x1	Exercício 20x0	ESPECIFICAÇÃO	Exercício 20x1	Exercício 20x0
ATIVO CIRCULANTE	639.700,00	229.900,00	PASSIVO CIRCULANTE	511.000,00	226.100,00
Caixa e equiv. de caixa (F)	258.150,00	180.500,00	Obrig. trab. e prev. a pagar de curto prazo – Encargos patronais (P)	61.750,00	61.750,00
Depósitos restituíveis (F)	110.000,00	2.850,00	Fornecedor/Contas a pagar de curto prazo (F)	150.000,00	52.250,00
Crédito de curto prazo – Tributo a receber (P)	238.250,00	33.250,00	Valores de terceiros restituíveis (F)	110.000,00	2.850,00
Estoques de curto prazo (P)	23.800,00	3.800,00	Empréstimos e financiamento a curto prazo (P)	116.000,00	76.000,00
VPD paga antecipada-mente – periódicos (P)	9.500,00	9.500,00	Fornecedores a pagar de curto prazo	40.000,00	–
			Precatórios a pagar de curto prazo (P)	33.250,00	33.250,00
ATIVO NÃO CIRCULANTE	913.300,00	736.100,00	PASSIVO NÃO CIRCULANTE	231.000,00	171.000,00
Ativo realizável a LP			Empréstimos e financiamento a longo prazo (P)	231.000,00	171.000,00
Crédito realizável a longo prazo – Dívida ativa (P)	66.500,00	66.500,00			
(–) Ajustes perdas créditos LP	(23.750,00)	(23.750,00)			
Imobilizado					
Móveis (P)	128.500,00	19.000,00			
Imóvel – Terreno da escola (P)	376.700,00	297.000,00			
Imóvel – Edificação da escola (P)	267.000,00	285.000,00	TOTAL DO PASSIVO	742.000,00	397.100,00
(–) Depreciação	(31.650,00)	(7.650,00)	PATRIMÔNIO LÍQUIDO		
Intangíveis			ESPECIFICAÇÃO	Exercício 20x1	Exercício 20x0
Software (P)	130.000,00	100.000,00			
(–) Amortização acumulada	–	–	Patrimônio social/Capital social	240.000,00	240.000,00
			*Resultado acumulado	571.000,00	320.900,00
			Sup/déf. acumulado em 20x0	328.900,00	
			Resultado do exercício em 20x1	212.100,00	
			Ajustes de exercícios anteriores	30.000,00	
			TOTAL DO PATRIMÔNIO LÍQUIDO	811.000,00	568.900,00
TOTAL	1.553.000,00	966.000,00	TOTAL	1.553.000,00	966.000,00

Obs. As contas que estiverem com o atributo "(F)" são tidas com "Ativo ou Passivo Financeiro" (de natureza financeira) na ótica da Lei nº 4.320/1964. As demais são consideradas "ativo ou passivo permanente" (de natureza não financeira), na ótica da Lei nº 4.320/1964.

b) Quadro dos ativos e passivos financeiros e permanentes

PREFEITURA MUNICIPAL DE TABOQUINHA					
QUADRO DOS ATIVOS E PASSIVOS FINANCEIROS E PERMANENTES (LEI nº 4.320/1964)					
ESPECIFICAÇÃO	Exercício 20x1	Exercício 20x0	ESPECIFICAÇÃO	Exercício 20x1	Exercício 20x0
ATIVO FINANCEIRO	368.150,00	183.350,00	PASSIVO FINANCEIRO	320.000,00	55.100,00
Caixa e equiv. de caixa (F)	258.150,00	180.500,00	Fornecedor / Contas a pagar de curto prazo (F)	150.000,00	52.250,00
Depósitos restituíveis (F)	110.000,00	2.850,00	Valores de terceiros restituíveis (F)	110.000,00	2.850,00
			*RP NÃO PROCESSADO – INSCRITO NO EXERCÍCIO (LIQUIDAÇÃO NÃO INICIADA)	60.000,00	–
ATIVO PERMANENTE	1.184.850,00	782.650,00	PASSIVO PERMANENTE	482.000,00	280.250,00
Crédito de curto prazo – Tributo a receber	238.250,00	33.250,00	Obrig. trab. e prev. a pagar de curto prazo – Encargos patronais	61.750,00	61.750,00
Estoques de curto prazo	23.800,00	3.800,00	Empréstimos e financiamento a curto prazo	116.000,00	76.000,00
VPD paga antecipadamente – periódicos	9.500,00	9.500,00	Fornecedores a pagar de curto prazo	40.000,00	–
Crédito realizável a longo prazo – dívida ativa	66.500,00	66.500,00	Precatórios a pagar de curto prazo	33.250,00	33.250,00
(–) Ajustes perdas créditos LP	(23.750,00)	(23.750,00)	Empréstimos e financiamento a longo prazo	231.000,00	171.000,00
Móveis	128.500,00	19.000,00			
Imóvel – Terreno da escola	376.700,00	297.000,00			
Imóvel – Edificação da escola	267.000,00	285.000,00			
(–) Depreciação	(31.650,00)	(7.650,00)			
Software	130.000,00	100.000,00			
(–) Amortização acumulada	–	–			
TOTAL DO ATIVO	1.553.000,00	966.000,00	TOTAL DO PASSIVO	802.000,00	335.350,00
SALDO PATRIMONIAL (–)			SALDO PATRIMONIAL (+)	751.000,00	630.650,00
TOTAL	1.553.000,00	966.000,00	TOTAL	1.553.000,00	966.000,00

*Obs.: os restos a pagar não processados do exercício, no valor de R$ 60.000,00, foram acrescidos ao passivo financeiro, devido ao estabelecido no art. 91 da Lei nº 4.320/1964. Apesar de não ter ocorrido fato gerador de obrigação contábil (competência), para fins de apuração do superávit financeiro, a lei agrega o valor da dívida flutuante ao passivo financeiro.

Cálculo do superávit/déficit financeiro em 31/12/20x1

AF	PF	Superávit ou déficit financeiro
368.150,00	320.000,00	48.150,00

c) Quadro das contas de compensação

PREFEITURA MUNICIPAL DE TABOQUINHA
QUADRO DAS CONTAS DE COMPENSAÇÃO (LEI nº 4.320/1964)

Exercício: 20x1

ESPECIFICAÇÃO Saldo dos atos potenciais do Ativo	Exercício 20x1	Exercício 20x0	ESPECIFICAÇÃO Saldo dos atos potenciais do passivo	Exercício 20x1	Exercício 20x0
Convênios a receber	–	28.500,00	Contrato de serviços em execução	100.000,00	43.700,00

⚠ ATENÇÃO!

A evidenciação das contas de compensações (atos potenciais), juntamente com o balanço patrimonial, é obrigatória perante o art. 105, VI, § 5º, da Lei Federal nº 4.320/1964.

Em realidade, o quadro anterior deve demonstrar os atos praticados pela administração pública que não afetam o patrimônio de imediato, mas que poderão vir a afetá-lo no futuro, mesmo indiretamente.

Observar também que, na divulgação dos atos potenciais (quadro anterior), não se faz mais necessário que os totais das colunas (esquerda e direta) sejam iguais, pois são meras informações administrativas que não repercutiram, ainda, em impacto patrimonial na entidade, ou seja, não aconteceu o fato gerador.

Antes de passar ao **Quadro d**, proceda à apuração do **superávit ou déficit financeiro**, com base no balanço patrimonial do dia 31-12-20x1, lembrando o dispositivo do art. 105, III, § 3º, da Lei Federal 4.320/1964, a seguir.

Entende-se por superávit financeiro a diferença positiva entre o ativo financeiro e o passivo financeiro, conjugando-se, ainda, os saldos dos créditos adicionais transferidos e as operações de crédito a eles vinculadas.

d) Quadro do superávit/déficit financeiro

PREFEITURA MUNICIPAL DE TABOQUINHA
QUADRO DO SUPERÁVIT/DÉFICIT FINANCEIRO (LEI nº 4.320/1964)

Exercício: 20x1

	Exercício 20x1	Exercício 20x0
FONTES DE RECURSOS (saldos não comprometidos por empenho em 31-12-20x1)		
Disponibilidade ordinária (fonte livre) – não comprometida	13.250,00	113.250,00
Disponibilidade vinculada (fonte alienação de bens) – não comprometida	6.400,00	15.000,00
Total das fontes de recursos	48.150,00	128.250,00

ATENÇÃO!

Havendo restos a pagar não processados, inscritos ao final do exercício de 20x1 sem que o procedimento da liquidação tenha sido iniciado (fato gerador da despesa não aconteceu ainda), o valor inscrito deve ser somado ao passivo financeiro para fins de apuração do superávit ou déficit financeiro (AF – PF), haja vista que, nos termos da Lei nº 4.320/1964 (art. 105, III, § 3º), o passivo financeiro abrange também os citados restos a pagar, pois se trata de comprometimento de recursos financeiros e orçamentários, advindos de um exercício para o outro, que não podem ser utilizados para abertura de créditos adicionais no exercício seguinte, porque já estão comprometidos (visão orçamentária).

Nesse caso, haverá diferença de valor (passivo + PL) entre o balanço patrimonial previsto do MCASP (Parte IV) e o estabelecido para atender os dispositivos da Lei nº 4.320/1964.

Observação: no presente exemplo, não foi dada informação de restos a pagar não processados, inscritos no exercício, motivo pelo qual não foram somados ao passivo financeiro.

Veja que a soma dos saldos das fontes de recursos, não comprometidas (disponíveis para empenhamento), no final do exercício, deverá corresponder à diferença do ativo financeiro e passivo financeiro (superávit ou déficit financeiro). Isso porque na abertura de crédito adicional (suplementar ou especial), com este recurso, tem que ser observada a disponibilidade por fontes, não comprometida por empenho, principalmente aquelas que são vinculadas a despesas específicas, atendendo, por conseguinte, ao dispositivo do parágrafo único do art. 8º da Lei Complementar nº 101/2000 (LRF), transcrito a seguir:

"Os recursos legalmente vinculados a finalidade específica serão utilizados exclusivamente para atender ao objeto de sua vinculação, ainda que em exercício diverso daquele em que ocorrer o ingresso."

Pede-se (questões com respectivas respostas):

1. **O valor do passivo circulante, em 20x1: (a) que já foi empenhado; (b) que ainda não foi empenhado, mas para ser pago precisa sê-lo; e (c) aquele que não precisa ser empenhado para ser pago.**

   a) Passivo circulante já empenhado: é aquele acompanhado do atributo "F" (estudado no Capítulo 3 desta obra), significando que já comprometeu dotação orçamentária e fonte de recurso (ordinária ou vinculada) em exercícios anteriores (coincidem com restos a pagar processado ou não processado, este último, apenas se estiver na situação de "em liquidação"). Exceção à conta "valores restituíveis", que tem característica extraorçamentária por controlar recursos de terceiros (ex.: depósito de caução, recursais etc.) e, por consequência, não precisam de autorização orçamentária para seu pagamento.

   Aplicando ao exemplo, a resposta é:

Fornecedor/Contas a pagar de curto prazo (F), em 31/12/20x1	150.000,00

   b) Passivo circulante não empenhado em 20x1, mas que, para ser pago, precisa obrigatoriamente de autorização orçamentária:

   É aquele cujo fato gerador já aconteceu, porém não houve o empenhamento, sendo, pois, acompanhado do atributo "P" (estudado no Capítulo 3 desta obra), significando que ainda não comprometeram dotação orçamentária e fontes de recursos e nem estão inscritos em restos a pagar. Se vierem a ser empenhadas, no exercício seguinte ao de

Cap. 4 • Demonstrações contábeis aplicadas ao setor público (DCASP) | **143**

sua competência, utilizarão dotação do elemento de despesa "despesas de exercícios anteriores" (Portaria SOF/STN nº 163/2001).

Portanto, em regra, as parcelas de obrigações de curto prazo, a vencer a prazo ou já vencidas, não empenhadas, devem ser registradas no passivo circulante com o atributo "P", e, no momento do empenho, o atributo passar a ser "F".

As contas que não estiverem com o atributo "F" (natureza financeira), consideram-se com o atributo "P" (natureza patrimonial ou não financeira).

Aplicando ao exemplo, a resposta é:

Obrig. trab. e prev. a pagar de curto prazo – Encargos patronais	61.750,00
Empréstimos e financiamentos a curto prazo	116.000,00
Fornecedores a pagar de curto prazo	40.000,00
Precatórios a pagar de curto prazo	33.250,00
Total	**251.000,00**

c) Passivo circulante que não precisa de autorização orçamentária para ser pago:

É aquele que tem característica extraorçamentária por controlar recursos de terceiros (ex.: depósito de caução, recursais, consignações etc.) e, por consequência, não precisam de autorização orçamentária para seu pagamento.

É acompanhado do atributo "F" por ser considerado de natureza financeira nos termos do art. 93 da Lei Federal nº 4.320/1964 e, por consequência, consta no grupo de contas do passivo financeiro, conforme o art. 105, III, § 3º, da citada lei.

Aplicando ao exemplo, a resposta é:

Valores de terceiros restituíveis (F), (extraorçamentário)	110.000,00

2. Por que a despesa inscrita em restos a pagar não processado, cuja liquidação ainda não foi iniciada, não faz parte do passivo circulante, mas é computada para fins do passivo financeiro?

Porque, para efeito da Lei nº 4.320/1964, art. 92, I, combinado com o art. 105, III, § 3º, os restos a pagar, mesmo não processados, estão abrangidos no conceito de "**dívida flutuante**" e, por conseguinte, devem ser evidenciados como passivo financeiro. Porém, para efeito de cumprimento aos princípios contábeis (regime de competência), a obrigação só deve ser reconhecida por ocasião do seu **fato gerador** (quando surge a obrigação líquida e certa do pagamento).

Veja no Quadro letra b, dos ativos e passivos financeiros e permanentes, que foi somando ao passivo financeiro o valor de $ 60.000,00, inscrito em restos a pagar não processados cuja liquidação não foi iniciada (não houve fatos de gerador, mas há compromisso orçamentário originado no exercício anterior).

3. Por que a diferença entre o ativo financeiro e passivo financeiro deve coincidir com o total dos saldos das fontes de recursos, não comprometidas, no final do exercício?

Porque, para fins de apuração de superávit financeiro, calculado com base do balanço patrimonial do exercício (art. 43 da Lei Federal nº 4.320/1964), tem que ser observado, concomitantemente, o dispositivo previsto no parágrafo único do art. 8º da Lei Complementar nº 101/2000 (LRF), evitando, assim, que recursos vinculados a determinada despesa (sistema único de saúde, por exemplo) sejam utilizados para outras despesas que não estejam amparadas na vinculação.

Veja, no exemplo do presente exercício, que o superávit financeiro (AF – PF), no dia 31/12/20x1 foi de R$ 48.150,00 (Quadro letra b), valor igual ao total das fontes de recursos, não comprometidas (Quadro letra d).

4. O índice de liquidez imediata (LI = disponibilidades/passivo circulante).

Indica a capacidade financeira da entidade em honrar imediatamente seus compromissos de curto prazo contando apenas com suas disponibilidades, ou seja, os recursos disponíveis em caixa ou bancos.

Aplicando ao exemplo, a resposta é a que segue:

LI (20x1) = (258.150,00 + 110.000,00) / 511.000,00 = 0,72 LI(20x0) = (180.500,00 + 2.850,00)/226.100,00 = 0,81
Indicando que, para cada $ 1,00 de dívida de curto prazo, a entidade dispõe de $ 0,72 para honrar os compromissos, isso no final do exercício financeiro de 20x1.
A variação, de um exercício para o outro, foi de $ – 0,09, indicando menos disponibilidade dos ativos disponíveis (caixa) em relação às obrigações de curto prazo, de um ano para o outro.

5. O índice de liquidez corrente (LC = ativo circulante/passivo circulante).

A liquidez corrente demonstra quanto a entidade poderá dispor em recursos a curto prazo (caixa, bancos, clientes, estoques etc.) para pagar suas dívidas circulantes (fornecedores, empréstimos e financiamentos a curto prazo, contas a pagar etc.).

Aplicando ao exemplo, a resposta é a que segue:

LC(20x1) = 639.700,00 / 511.000,00 = 1,25 LC(20x0) = 229.900,00 / 226.100,00 = 1,02
Indicando que, para cada $ 1,00 de dívida de curto prazo, em 20x1, a entidade dispõe de $ 1,25 de ativo circulante para honrar os compromissos. Não sendo um indicador muito bom para o setor público, pois estoque e VDP paga antecipadamente não são ativos "geradores de caixa", como acontece na iniciativa privada.
A variação, de um exercício para o outro, foi de $ 0,23, indicando mais disponibilidade dos ativos circulantes em relação às obrigações de curto prazo, de um ano para o outro.

6. O índice de liquidez seca (LS = disponibilidades + créditos a curto prazo)/passivo circulante).

Demonstra quanto a entidade poderá dispor de recursos circulantes, sem levar em consideração seus itens não monetários, como os estoques, almoxarifados e as despesas antecipadas, para fazer face às suas obrigações de curto prazo.

Cap. 4 • Demonstrações contábeis aplicadas ao setor público (DCASP) | **145**

Aplicando ao exemplo, a resposta é a que segue:

LS (20x1) = (258.150,00 + 110.000,00 + 238.250,00) / 511.000,00 = 1,18 LS(20x0) = (180.500,00 + 2.850,00 + 33.250,00) / 226.100,00 = 0,95
Indicando que, para cada $ 1,00 de dívida de curto prazo, em 20x1, a entidade dispõe de $ 1,18 de ativos disponíveis (caixa) somados aos créditos a receber de curto prazo. Nesse caso, trata-se de um bom indicador de se os "créditos a receber" tiverem liquidez. Quando não, a parcela não recebível pode ser ajustada por meio do lançamento que segue: **D – VPD (ajuste para perdas créditos a curto prazo)** **C – Ajuste para perdas de créditos (conta redutora do ativo)** A variação do LS, de um exercício para outro, foi de mais $ 0,23 por unidade monetária de obrigação, indicando aumento dos ativos circulantes, exceto estoques e pagamentos antecipados, em relação às obrigações de curto prazo.

7. **O índice de liquidez geral dos ativos geradores de caixa [LG(cx) = ativo circulante gerador de caixa + ativo não circulante gerador de caixa) / (passivo circulante + passivo não circulante)].**

A liquidez geral dos ativos geradores de caixa é uma medida de capacidade da entidade em honrar todas as suas exigibilidades, contando, para isso, com os seus recursos realizáveis (com liquidez) a curto e longo prazos.

Aplicando ao exemplo, a resposta é a que segue:

LGcx(20x1) = (258.150,00 + 110.000,00 + 238.250,00 + 66.500,00 – 23.750,00) / (511.000,00 + 231.000,00) = 0,87 LGcx(20x0) = (180.500,00 + 2.850,00 + 33.250,00 + 66.500,00-23.750,00) / (226.100,00 + 171.000,00) = 0,65
Indicando que, para cada $ 1,00 das obrigações a pagar, de curto e longo prazo, em 20x1, a entidade dispõe de $ 0,87 em ativos geradores de caixa para honrar as exigibilidades. A variação do LGcx, de um exercício para outro, foi de mais $ 0,22 por unidade monetária de obrigação, indicando que a prefeitura melhorou a *performance* dos ativos geradores de caixa em relação às obrigações de curto e longo prazo.

8. **O índice do endividamento *per capita* do município de Taboquinha, cuja população (31-12-x1) é de 10.000 habitantes. [EP = (passivo total – ativo financeiro) / nº de habitantes].**

Representa o valor das obrigações totais do município em relação à sua população. Intuitivamente, quanto menor, melhor, pois pressupõe-se a sustentabilidade da dívida com a tributação existente.

EP(20x1) = (742.000,00-368.150,00) / 10.000 = $ 37,38 EP(20x0) = (397.100,00-183.350,00) / 10.000 = $ 21,37
Indicando que, não havendo outros ativos liquidáveis para pagamentos da dívida, os munícipes teriam de desembolsar, cada um, no dia 31/12/20x1, o equivalente a $ 37,38 para liquidar a dívida total existente. A variação do EP, de um exercício para o outro, foi positiva em $ 16,01 *per capita*, indicando aumento de comprometimento por munícipe.

4.2.2 Demonstração das variações patrimoniais (DVP) (anexo 15 da Lei Federal nº 4.320/1964 e Parte V do MCASP/STN)

4.2.2.1 Preceitos

A DVP está prevista no art. 104 da Lei nº 4.320/1964:

> Demonstração das Variações Patrimoniais evidenciará as alterações verificadas no patrimônio, resultantes ou independentes da execução orçamentária, e indicará o resultado patrimonial do exercício.

A DVP evidencia as transações quantitativas ocorridas no patrimônio – aquelas que decorrem da aplicação do princípio da competência e, por consequência, impactam o patrimônio líquido (aumentando ou diminuindo) da entidade, sendo elaborada a partir dos lançamentos realizados nas contas de resultados das contas de natureza patrimoniais: **variações patrimoniais aumentativas (Classe 4)** e **variações patrimoniais diminutivas (Classe 3)**, já conhecidas (estudadas no Capítulo 3).

O resultado patrimonial (RP) do período é apurado pela diferença entre as variações patrimoniais quantitativas aumentativas (VPA) e diminutivas (VPD), podendo ser superavitário (VPA > VPD), nulo (VPA = VPD) ou deficitário (VPA < VPD). O RP impacta no patrimônio líquido da entidade.

A DVP tem função semelhante à demonstração do resultado do exercício (DRE) do setor privado. Contudo, é importante ressaltar que a DRE apura o resultado em termos de lucro ou prejuízo líquido, considerado um dos principais indicadores de desempenho da entidade. Já no setor público, o RP não é um indicador de desempenho, mas de evidenciação das variações patrimoniais quantitativas no período (veja o esquema da Figura 4.3), possibilitando informações para o planejamento orçamentário, contabilidade de custos, transparência, controle social etc.

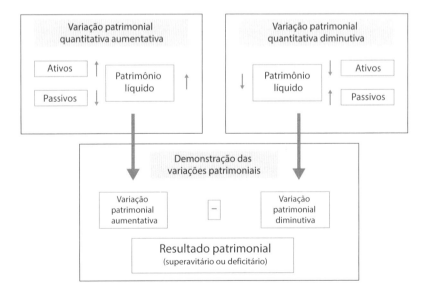

Figura 4.3   Elaboração e origem da DVP.

Cap. 4 • Demonstrações contábeis aplicadas ao setor público (DCASP) | **147**

De forma a atender às determinações legais e às normas contábeis vigentes, convergidas com as IPSAS/IFCA (NBT SP nº 11), a estrutura atual da DVP é composta por (STN, 2018):

- **Receita**, correspondente às variações patrimoniais aumentativas.
- **Despesa**, correspondente às variações patrimoniais diminutivas.
- **Parcela do resultado** de coligadas e empreendimento controlado em conjunto mensurada pelo método da equivalência patrimonial.
- **Ganhos ou perdas** antes dos tributos reconhecidos na alienação de ativos ou pagamento de passivos relativos a operações em descontinuidade.
- **Resultado do período**.

Também, segundo a NPC TSP 11 (CFC, 2018), devem ser divulgados, como alocações do resultado do período:

- Resultado atribuível aos acionistas não controladores.
- Resultado atribuível aos acionistas controladores da entidade.

Outros itens e contas, títulos e subtotais devem ser apresentados na demonstração do resultado quando tal apresentação for relevante para a compreensão do desempenho financeiro da entidade. Os fatores a serem considerados incluem a materialidade, a natureza e a função dos componentes das VPA e VPD (STN, 2018).

4.2.2.2 Estrutura da demonstração das variações patrimoniais (DVP) (anexo 15 da Lei nº 4.320/1964)

De acordo com o MCASP/Parte V (STN, 2018), a DVP deve ser elaborada com a estrutura apresentada no do Quadro 4.5.

Quadro 4.5 Estrutura da DVP

<Ente da Federação> DEMONSTRAÇÃO DAS VARIAÇÕES PATRIMONIAIS Exercício: _____			
	Nota[1]	Exercício atual	Exercício anterior
Variações patrimoniais aumentativas			
Impostos, taxas e contribuições de melhoria			
Exploração e venda de bens, serviços e direitos			
Variações patrimoniais aumentativas financeiras			
Transferências e delegações recebidas			
Valorização e ganhos com ativos e desincorporação de passivos			
Outras variações patrimoniais aumentativas			
Total das variações patrimoniais aumentativas (I)			

continua

---

[1] Número da nota explicativa correlata à variação patrimônial.

148 | Contabilidade aplicada ao setor público • *Bezerra Filho*

continuação

<Ente da Federação>			
DEMONSTRAÇÃO DAS VARIAÇÕES PATRIMONIAIS			
			Exercício: _____
Variações patrimoniais diminutivas			
Pessoal e encargos			
Benefícios previdenciários e assistenciais			
Uso de bens, serviços e consumo de capital fixo			
Variações patrimoniais diminutivas financeiras			
Transferências e delegações concedidas			
Desvalorização e perdas de ativos e incorporação de passivos			
Tributários			
Custo das mercadorias e produtos vendidos e dos serviços prestados			
Outras variações patrimoniais diminutivas			
Total das variações patrimoniais Diminutivas (II)			
Resultado patrimonial (III) = (I) – (II)			

4.2.2.3 *Orientações para preenchimento da DVP, em conformidade com o MCASP (STN, 2018)*

A DVP será elaborada utilizando-se as contas das **Classes 3 (variação patrimonial diminutiva – VPD) e 4 (variação patrimonial aumentativa – VPA)**, além da **conta "resultado patrimonial do exercício" (patrimônio líquido, Classe 2.3)**, todas do plano de contas aplicado ao setor público, estudado no Capítulo 3.

Para elaboração da DVP, é necessário apresentar as seguintes definições:

De acordo com MCASP (STN, 2018), as VPA compreendem os seguintes grupos de contas:

- **Impostos, taxas e contribuições de melhoria**: compreende toda prestação pecuniária compulsória, em moeda ou cujo valor nela se possa exprimir, que não constitua sanção de ato ilícito, instituída em lei e cobrada mediante atividade administrativa plenamente vinculada.

- **Contribuições**: compreende as contribuições sociais, de intervenção no domínio econômico e de iluminação pública.

- **Exploração e venda de bens, serviços e direitos**: compreende as variações patrimoniais auferidas com a venda de bens, serviços e direitos, que resultem em aumento do patrimônio líquido, independentemente de ingresso, incluindo-se a venda bruta e deduzindo-se as devoluções, os abatimentos e os descontos comerciais concedidos.

- **Variações patrimoniais aumentativas financeiras**: representa o somatório das variações patrimoniais aumentativas com operações financeiras. Compreende: descontos obtidos, juros auferidos, prêmio de resgate de títulos e debêntures, entre outras.

Cap. 4 • Demonstrações contábeis aplicadas ao setor público (DCASP) | **149**

- **Transferências e delegações recebidas**: compreende o somatório das variações patrimoniais aumentativas com transferências intergovernamentais, transferências intragovernamentais, transferências de instituições multigovernamentais, transferências de instituições privadas com ou sem fins lucrativos, transferências de convênios e transferências do exterior.

- **Valorização e ganhos com ativos e desincorporação de passivos**: valorização e ganhos com ativos e desincorporação de passivos compreende a variação patrimonial aumentativa com reavaliação e ganhos de ativos ou com a desincorporação de passivos.

- **Outras variações patrimoniais aumentativas**: compreende o somatório das demais variações patrimoniais aumentativas não incluídas nos grupos anteriores, tais como: resultado positivo da equivalência patrimonial, dividendos etc.

As **VPD** compreendem os seguintes grupos de contas:

- **Pessoal e encargos**: compreende a remuneração do pessoal ativo civil ou militar, correspondente ao somatório das variações patrimoniais diminutivas com subsídios, vencimentos, soldos e vantagens pecuniárias fixas ou variáveis estabelecidas em lei decorrentes do pagamento pelo efetivo exercício do cargo, emprego ou função de confiança no setor público, bem como as variações patrimoniais diminutivas com contratos de terceirização de mão de obra que se refiram à substituição de servidores e empregados públicos. Compreende, também, obrigações trabalhistas de responsabilidade do empregador, incidentes sobre a folha de pagamento dos órgãos e demais entidades do setor público, contribuições a entidades fechadas de previdência e benefícios eventuais a pessoal civil e militar, destacados os custos de pessoal e encargos inerentes às mercadorias e produtos vendidos e serviços prestados.

- **Benefícios previdenciários e assistenciais**: compreendem as variações patrimoniais diminutivas relativas a aposentadorias, pensões, reformas, reserva remunerada e outros benefícios previdenciários de caráter contributivo, do regime próprio da previdência social (RPPS) e do regime geral da previdência social (RGPS). Compreendem, também, as ações de assistência social, que são políticas de seguridade social não contributiva, visando ao enfrentamento da pobreza, à garantia dos mínimos sociais, ao provimento de condições para atender às contingências sociais e à universalização dos direitos sociais.

- **Uso de bens, serviços e consumo de capital fixo**: representa o somatório das variações patrimoniais diminutivas com manutenção e operação da máquina pública, exceto despesas com pessoal e encargos que serão registradas em grupo específico (despesas de pessoal e encargos). Compreende: diárias, material de consumo, depreciação, amortização etc.

- **Variações patrimoniais diminutivas financeiras**: compreende as variações patrimoniais diminutivas com operações financeiras, tais como: juros incorridos, descontos concedidos, comissões, despesas bancárias e correções monetárias

- **Transferências e delegações concedidas**: compreende o somatório das variações patrimoniais diminutivas com transferências intergovernamentais, transferências intragovernamentais, transferências a instituições multigovernamentais, transferências a instituições privadas com ou sem fins lucrativos, transferências a convênios e transferências ao exterior.

- **Desvalorização e perda de ativos e incorporação de passivos**: compreende a variação patrimonial diminutiva com desvalorização e perdas de ativos, com redução a valor recuperável, perdas com alienação e perdas involuntárias ou com a incorporação de passivos.

- **Tributárias**: compreendem as variações patrimoniais diminutivas relativas a impostos, taxas, contribuições de melhoria, contribuições sociais, contribuições econômicas e contribuições especiais

- **Custo das mercadorias e produtos vendidos e dos serviços prestados**: compreende as variações patrimoniais diminutivas relativas aos custos das mercadorias vendidas, dos produtos vendidos e dos serviços prestados. Os custos dos produtos vendidos ou dos serviços prestados devem ser computados no exercício correspondente às respectivas receitas de vendas. A apuração do custo dos produtos vendidos está diretamente relacionada aos estoques, pois representa a baixa efetuada nas contas dos estoques por vendas realizadas no período.

- **Outras variações patrimoniais diminutivas**: compreende o somatório das variações patrimoniais diminutivas não incluídas nos grupos anteriores. Compreende: premiações, incentivos, equalizações de preços e taxas, participações e contribuições, resultado negativo com participações, dentre outros.

Notas explicativas à DVP

Orientação do MCASP (STN, 2018) e da NBC TSP 11 (CFC, 2018), a seguir.

1) A DVP deverá ser acompanhada de notas explicativas, divulgando separadamente a natureza e os valores dos itens relevantes que compõem as VPA e as VPD. Algumas circunstâncias poderão ser apresentadas em notas explicativas, ainda que seus valores não sejam relevantes, por exemplo:

   - Redução ao valor recuperável no ativo imobilizado, bem como as reversões de tais reduções.

   - Baixas de itens do ativo imobilizado.

   - Baixas de investimento.

   - Reestruturações das atividades da entidade e reversões de quaisquer provisões para gastos de reestruturação.

   - Unidades operacionais descontinuadas.

   - Constituição ou reversão de provisões.

2) Quando a entidade distribui dividendos ou outro item similar para os seus proprietários e possui capital representado por ações, ela deve divulgar, na demonstração do resultado, na demonstração das mutações do patrimônio líquido ou nas notas explicativas, o valor de dividendos ou outro item similar distribuídos e reconhecidos como distribuições aos proprietários durante o período e o respectivo valor por ação.

Exercício resolvido – DVP

A prefeitura de Taboquinha, referente ao exercício de 20x1, apresentou a DVP que segue.

PREFEITURA DE TABOQUINHA		
Demonstração das variações patrimoniais		
		Exercício: 20x1
	Exercício 20x1	Exercício 20x0
Variações patrimoniais aumentativas		
Imposto s/ propriedade territorial urbana	1.255.000,00	926.250,00
Cota-parte FPM	2.320.000,00	1.489.200,00
Transferências voluntárias intergovernamentais	28.500,00	
Transferências recebidas de bens imóveis	50.000,00	161.500,00
Reavaliação de bens móveis		12.000,00
Reavaliação de bens imóveis	29.700,00	
Ganhos com alienação de imobilizado	1.900,00	102.700,00
Ganhos com incorporação de ativos nascimento de semovente		10.500,00
Dívida fundada perdoada pelo credor		64.250,00
Total das variações patrimoniais aumentativas (I)	**3.685.100,00**	**2.766.400,00**
Variações patrimoniais diminutivas		
Pessoal e encargos	2.200.000,00	1.449.400,00
Uso de material de consumo	330.000,00	258.000,00
Serviços	690.000,00	469.600,00
Depreciação, amortização e exaustão	25.000,00	29.200,00
Transferências intragovernamentais	210.000,00	80.500,00
Desvalorização e perda de ativos	18.000,00	86.400,00
Subvenções sociais concedidas		50.000,00
Premiações concedidas		14.400,00
Total das variações patrimoniais diminutivas (II)	**3.473.000,00**	**2.437.500,00**
Resultado patrimonial (III) = (I) – (II)	**212.100,00**	**328.900,00**

Pede-se (questões com respectivas respostas):

1) O total das VPA, VPD e o resultado patrimonial do exercício em x1 (RP).

> VPA (20x1) = 3.685.100,00 e VPA (20x0) = 2.766.400,00
> VPD (20x1) = 3.473.000,00 e VPD (20x0) = 2.437.500,00
> RP (20x1) = VPA (20x1) – VPD (20x1) = 212.100,00 superavitário
> RP (20x0) = VPA (20x0) – VPD (20x0) = 328.900,00 superavitário

Indicando que o resultado patrimonial (20x1) contribuiu para o aumento do patrimônio líquido da prefeitura, durante o exercício, em $ 212.100,00.

Na verdade, a variação do PL, de 20x0 para 20x1, foi de $ 242.100,00 superavitário, sendo $ 212.100,00 do supracitado resultado patrimonial, acrescido de mais $ 30.000,00 do registro de ajuste de exercício anterior no exercício 20x1, que não passou pelo resultado.

Ante o exposto, o detalhamento o valor do patrimônio líquido da prefeitura (20x1) pode ser detalhado como segue:

Resultado acumulado anterior (20x0)	=	**$ 328.900,00**
(+) Resultado patrimonial (20x1)	=	$ 212.100,00
(+) Ajuste exercícios anteriores (20x1)	=	$ 30.000,00
Resultado acumulado atual (20x1)	=	**$ 571.000,00**
(+) Patrimônio social/capital (20x1)	=	$ 240.000,00
(=) Patrimônio líquido (20x1)	=	**$ 811.000,00**

2) O quociente das variações patrimoniais (QVP = VPA/VPD) em x1.

Esse quociente indica, relativamente, a estrutura do resultado patrimonial.

Aplicando ao exemplo, a resposta é a que segue:

> QVP = 3.685.100,00 / 3.473.000,00 = **1,06**

Indicando que as VPA ultrapassaram em 6% o total das VPD no exercício. Houve aumento da "riqueza" patrimonial do município de Taboquinha entre o exercício de 20x0 e 20x1.

Isso não significa que a gestão foi boa ou ruim. A administração pública não tem fins lucrativos. O objetivo é atender com eficiência e qualidade as demandas da coletividade, logo, o resultado patrimonial é uma informação importante da contabilidade que deve ser associado a outros indicadores de políticas públicas, a exemplo do IDH, ENAD, índice de saneamento, mortalidade etc.

Cap. 4 • Demonstrações contábeis aplicadas ao setor público (DCASP) | 153

3) **Análise horizontal entre 20x0 e 20x1 das VPA.**

PREFEITURA MUNICIPAL DE TABOQUINHA				
Demonstração das variações patrimoniais				
				Exercício: 20x1
	Exercício 20x1	AH	Exercício 20x0	AH
Variações patrimoniais aumentativas				
Imposto s/ propriedade territorial urbana	1.255.000,00	135%	926.250,00	100%
Cota-parte FPM	2.320.000,00	156%	1.489.200,00	100%
Transferências voluntárias intergovernamentais	28.500,00			
Transferências recebidas de bens imóveis	50.000,00	31%	161.500,00	100%
Reavaliação de bens móveis			12.000,00	
Reavaliação de bens imóveis	29.700,00			100%
Ganhos com alienação de imobilizado	1.900,00	2%	102.700,00	100%
Ganhos com incorporação de nascimento de semovente			10.500,00	
Dívida fundada perdoada pelo credor			64.250,00	
Total das variações patrimoniais ativas (I)	3.685.100,00	133%	2.766.400,00	100%

Observa-se que o total da VPA cresceu 33%, de um exercício para o outro. Destaca-se o aumento de 56% de arrecadação do fundo de participação dos municípios (FPM).

4) **Análise horizontal entre 20x0 e 20x1 das VPDs.**

Variações patrimoniais diminutivas				
Pessoal e encargos	2.200.000,00	152%	1.449.400,00	100%
Uso de material de consumo	330.000,00	128%	258.000,00	100%
Serviços	690.000,00	147%	469.600,00	100%
Depreciação, amortização e exaustão	25.000,00	86%	29.200,00	100%
Transferências intragovernamentais	210.000,00	261%	80.500,00	100%
Desvalorização e perda de ativos	18.000,00	21%	86.400,00	100%
Subvenções sociais concedidas			50.000,00	
Premiações concedidas			14.400,00	
Total das variações patrimoniais passivas (II)	3.473.000,00	142%	2.437.500,00	100%
Resultado patrimonial (III) = (I) – (II)	212.100,00	64%	328.900,00	100%

Observa-se que o total da VPD cresceu 42%, de um exercício para o outro. Destaca-se o aumento de 52% com despesas (patrimoniais) com pessoal e 161% com transferências intragovernamentais (duodécimos à câmara municipal).

4.2.3 Demonstração das mutações do patrimônio líquido (DMPL) (anexo 19 da Lei nº 4.320/1964) e Parte V do MCASP/STN (Parte V)

4.2.3.1 Preceitos

A demonstração das mutações do patrimônio líquido (DMPL), criada a partir da publicação, em 2014, na Parte V do MCASP, é **obrigatória**, apenas, para as **empresas estatais dependentes** constituídas sob a forma de **sociedades anônimas** e **facultativa** para os demais órgãos e entidades dos entes da Federação.

A DMPL oferece informações para o Anexo de Metas Fiscais (AMF), integrante do projeto de Lei de Diretrizes Orçamentárias (LDO), exigido no art. 4º, § 2º, III, da LRF, pois no AMF deverá constar a evolução do patrimônio líquido nos últimos três exercícios.

> O Anexo (de Metas Fiscais) conterá, ainda:
>
> [...]
>
> III – evolução do patrimônio líquido, também nos últimos três exercícios, destacando a origem e a aplicação dos recursos obtidos com a alienação de ativos (Lei Complementar nº 101/2000).

ATENÇÃO!
Pelo exposto, deduz-se que o ente que tiver estatal dependente, no formato de sociedade anônima, deverá elaborar a DMPL, também, na consolidação das contas públicas.

A DMPL demonstrará a evolução (aumento ou redução) do patrimônio líquido da entidade durante um período. A alteração total no patrimônio líquido durante um período representa o valor total do resultado desse período, adicionado a outras receitas e despesas patrimoniais reconhecidas diretamente como alterações no patrimônio líquido (sem passar pelo resultado do período), junto com qualquer contribuição dos proprietários e deduzindo-se as distribuições para os proprietários agindo na sua capacidade de detentores do capital próprio da entidade.

Quando obrigatória, de acordo com a NBC TSP 11 (CFC, 2018) e MCASP (STN, 2018), a DMPL deve evidenciar o que segue:

a) O resultado do período.

b) Cada item de receita e de despesa do período que seja reconhecido diretamente no patrimônio líquido em virtude de norma específica (ex.: aumento ou redução por reavaliação e ganhos, quando utilizada a reserva de reavaliação, ou perdas decorrentes de ajustes específicos de conversão para moeda estrangeira).

c) Os ajustes de exercícios anteriores.

d) A destinação do resultado, como, por exemplo, constituição de reservas e a distribuição de dividendos.

e) As transações de capital com os proprietários, como, por exemplo: o aumento de capital, a aquisição ou venda de ações em tesouraria, os juros sobre capital próprio e as distribuições aos proprietários.

Cap. 4 • Demonstrações contábeis aplicadas ao setor público (DCASP) | **155**

f) Para cada item do patrimônio líquido divulgado, os efeitos das alterações nas políticas contábeis e da correção de erros.

4.2.3.2 Estrutura da DMPL (anexo 19 da Lei nº 4.320/1964)

De acordo com o MCASP/PARTE V (STN, 2018), a DMPL deve ser elaborada com a estrutura apresentada no do Quadro 4.6.

Quadro 4.6   Estrutura da DMPL segundo o MCASP

<ENTE DA FEDERAÇÃO>

DEMONSTRAÇÃO DAS MUTAÇÕES NO PATRIMÔNIO LÍQUIDO

Exercício: 20xx

ESPECIFICAÇÃO	Pat. social / Capital social	Adiant. para futuro Aumento de capital	Reserva de capital	Ajustes de avaliação patrimonial	Reservas de Lucros	Demais Reservas	Resultado Acumulado	Ações / cotas em tesouraria	TOTAL
Saldos iniciais									
Ajustes de exercícios anteriores									
Aumento de capital									
Resgate/ Reemissão de ações e quotas									
Juros sobre capital próprio									
Resultado do exercício									
Ajustes de avaliação patrimonial									
Constituição/ Reversão de reservas									
Dividendo a distribuir (R$.... por ação)									
Saldos finais									

4.2.3.3 Orientações para preenchimento da DMPL, em conformidade com o MCASP (STN, 2018)

A DMPL será elaborada utilizando-se o grupo 3 (patrimônio líquido) da classe 2 (passivo) do PCASP.

O preenchimento de cada célula do quadro deverá conjugar os critérios informados nas colunas (C) com os critérios informados nas linhas (L). Os dados dos pares de lançamentos desses critérios poderão ser extraídos de contas de controle, atributos de contas, informações complementares ou outra forma definida pelo ente.

Nas colunas, são apresentadas as contas contábeis das quais os dados devem ser extraídos, enquanto as linhas delimitam o par de lançamento de tais contas. Por exemplo, supondo um aumento de capital em dinheiro, o preenchimento da coluna "Patrimônio social/Capital social" e da linha "Aumento de capital" deverá extrair os dados do respectivo par de lançamentos com as contas "1.1.1.0.0.00.00 – Caixa e equivalentes de caixa" e "2.3.1.0.0.00.00 – Patrimônio social e capital social".

São definições importantes para elaboração da DMPL:

- **Patrimônio social/Capital social**: compreende o patrimônio social das autarquias, fundações e fundos e o capital social das demais entidades da administração indireta.

- **Adiantamento para futuro aumento de capital**: compreende os recursos recebidos pela entidade de seus acionistas ou quotistas destinados a serem utilizados para aumento de capital quando não haja a possibilidade de devolução destes recursos.

- **Reservas de capital**: compreende os valores acrescidos ao patrimônio que não transitaram pelo resultado, como VPA.

- **Ajustes de avaliação patrimonial**: compreende as contrapartidas de aumentos ou diminuições de valor atribuídos a elementos do ativo e do passivo em decorrência da sua avaliação a valor justo, nos casos previstos pela Lei nº 6.404/1976 ou em normas expedidas pela comissão de valores mobiliários, enquanto não computadas no resultado do exercício em obediência ao regime de competência.

- **Reservas de lucros**: compreende as reservas constituídas com parcelas do lucro líquido das entidades para finalidades específicas.

- **Demais reservas**: compreende as demais reservas, não classificadas como reservas de capital ou de lucro, inclusive aquelas que terão seus saldos realizados por terem sido extintas pela legislação.

- **Resultados acumulados**: compreende o saldo remanescente dos lucros ou prejuízos líquidos das empresas e os superávits ou déficits acumulados da administração direta, autarquias, fundações e fundos.

A conta ajustes de exercícios anteriores, que registra os efeitos da mudança de critério contábil ou da retificação de erro imputável a exercício anterior que não possam ser atribuídos a fatos subsequentes, integra a conta resultados acumulados.

- **Ações/cotas em tesouraria**: compreende o valor das ações ou cotas da entidade que foram adquiridas pela própria entidade.

Exercício resolvido – DMPL

A prefeitura de Taboquinha possui empresa estatal dependente em sua estrutura, **constituída sob a forma de sociedade anônima**. Sendo assim, apresentou a DMPL que segue:

Cap. 4 • Demonstrações contábeis aplicadas ao setor público (DCASP) | 157

PREFEITURA MUNICIPAL DE TABOQUINHA									
DEMONSTRAÇÃO DAS MUTAÇÕES NO PATRIMÔNIO LÍQUIDO									
									Exercício: 20x1
ESPECIFI-CAÇÃO	Pat. social / Capital social	Adiant. para futuro aumento de capital (AFAC)	Reserva de capital	Ajustes de avaliação patrimonial	Reservas de lucros	Demais reservas	Resultados acumulados	Ações / Cotas em tesouraria	TOTAL
Saldos iniciais (20x0)	240.000,00						328.900,00		568.900,00
Ajustes de exercícios anteriores							30.000,00		30.000,00
Aumento de capital									
Resgate/ Reemissão de Ações e Cotas									
Juros sobre capital próprio									
Resultado do exercício							212.100,00		212.100,00
Ajustes de avaliação patrimonial									
Constituição/ Reversão de reservas									
Dividendos a distribuir (R$...por ação									
Saldos finais (20x1)	240.000,00						571.000,00		811.000,00

Observe que os saldos iniciais e finais (linhas) evidenciam os saldos das contas do PL do balanço patrimonial (veja o BP preenchido do exercício, item 4.2.1.2 deste capítulo), segregadas nas colunas a partir do grupo 2.3 no PCASP. As possíveis variações do PL, em determinado período, são descritas nas linhas da DMPL.

Especificação	Patrimônio líquido	
	Exercício 20x1	Exercício 20x0
Patrimônio social/Capital social	240.000,00	240.000,00
Resultado acumulado	571.000,00	328.900,00
Total do patrimônio líquido	811.000,00	568.900,00

ATENÇÃO!
As colunas das DMPL representam as contas patrimoniais do PL, e as linhas representam as possíveis variações no período.

Pede-se (questões com respectivas respostas):

1) A variação do PL do município de Taboquinha, em valores absolutos (Var. do PL = $SF_{PL} - SI_{PL}$) e relativos (Var. do PL = SF_{PL} / SI_{PL}), durante o exercício de 20x1.
Aplicando ao exemplo, a resposta é a que segue:

Var. PL = $SF_{PL} - SI_{PL}$ = 811.000,00 − 568.900,00 = 242.100,00
Var. PL = SF_{PL} / SI_{PL} = 811.000,00 / 568.900,00 = 1,42
Indicando que o PL do município de Taboquinha cresceu, em 20x1, absolutamente, em 242.100,00 e, relativamente, 42%.

2) O impacto, em percentual, do resultado patrimonial do exercício na variação do PL (IRP = RP / Variação do PL).
Aplicando ao exemplo, a resposta é a que segue:

IRP = RP / Variação do PL = 212.100,00 / 242.100,00 = 0,87
Indicando que o PL do município de Taboquinha cresceu 87% em decorrência do resultado patrimonial do exercício de 20x1.

3) O impacto, em percentual, dos ajustes de exercícios anteriores na variação do PL (IAEA = AEA/variação do PL).
Aplicando ao exemplo, a resposta é a que segue:

(IAEA = AEA / Var. do PL) = 30.000,00 / 242.100,00 = 0,13
Indicando que o PL do município de Taboquinha cresceu 13% em decorrência dos ajustes de exercícios anteriores.

4.2.4 Balanço Orçamentário (BO) (anexo 12 da Lei Federal nº 4.320/1964 e Parte V do MCASP/STN)

4.2.4.1 Preceitos

O balanço orçamentário está previsto no art. 102:

> O Balanço Orçamentário demonstrará as receitas e despesas previstas em confronto com as realizadas.

De acordo com a NBC TSP 13 (CFC, 2018), a apresentação de informação orçamentária nas demonstrações contábeis determina que a comparação dos valores orçados com os valores realizados, decorrentes da execução do orçamento, deve ser incluída nas demonstrações contábeis das entidades que publicam seu orçamento aprovado, obrigatória ou voluntariamente, para fins de cumprimento das obrigações de prestação de contas e responsabilização (*accountability*) das entidades do setor público. É o caso do BO que, a partir da convergência com as IPSAS 24 (2018), tem representado a demonstração da informação do orçamento no Brasil.

O BO, em sua estrutura, deve evidenciar as receitas e as despesas orçamentárias por categoria econômica, confrontar o orçamento inicial e as suas alterações com a execução (realização do orçamento), demonstrar o resultado orçamentário e discriminar:

- As receitas orçamentárias por categoria econômica e origem (até o segundo dígito da classificação da receita orçamentária).
- As despesas orçamentárias por categoria econômica e grupo de natureza (até o segundo dígito da classificação da despesa orçamentária: por natureza da despesa).
- Os valores referentes ao refinanciamento da dívida mobiliária e de outras dívidas deverão constar, destacadamente, nas receitas de operações de crédito internas e externas e, nesse mesmo nível de agregação, nas despesas com amortização da dívida de refinanciamento.
- O superávit financeiro utilizado para a reabertura de créditos adicionais e o valor do crédito adicional reaberto de um exercício para o outro deverão ser evidenciados no campo **saldo de exercícios anteriores**, do balanço orçamentário.

O BO, de acordo com o MCASP (STN, 2018), é composto por:

a) Quadro principal.

b) Quadro da execução dos restos a pagar não processados.

c) Quadro da execução dos restos a pagar processados.

O quadro principal e os quadros da execução de restos a pagar serão elaborados utilizando--se as seguintes classes e grupos do PCASP:

- Classe 5 (orçamento aprovado e inscrição de restos a pagar); e
- Classe 6 (execução do orçamento e restos a pagar).

Os lançamentos contábeis já foram estudados no Capítulo 3 desta obra.

4.2.4.2 Estrutura do BO (anexo 12 da Lei nº 4.320/1964)

De acordo com MCASP/Parte V (STN, 2018), o balanço orçamentário tem a estrutura apresentada nos Quadros 4.7 a 4.9.

160 | Contabilidade aplicada ao setor público • *Bezerra Filho*

Quadro 4.7   Estrutura do balanço orçamentário – quadro principal

<ENTE DA FEDERAÇÃO> **BALANÇO ORÇAMENTÁRIO** ORÇAMENTO FISCAL E DA SEGURIDADE SOCIAL				
Receitas orçamentárias	Previsão inicial	Previsão atualizada	Receitas realizadas	Saldo
	(a)	(b)	(c)	(d) = (c − b)
Receitas correntes (I)				
Receita tributária				
Receita de contribuições				
Receita patrimonial				
Receita agropecuária				
Receita industrial				
Receita de serviços				
Transferências correntes				
Outras receitas correntes				
Receitas de capital (II)				
Operações de crédito				
Alienações de bens				
Amortização de empréstimos				
Transferências de capital				
Outras receitas de capital				
Subtotal das receitas (III) = (I + II)				
Operações de crédito/refinanciamento (IV)				
Operações de crédito internas				
Mobiliária				
Contratual				
Operações de crédito externas				
Mobiliária				
Contratual				
Subtotal com refinanciamento (V) = (III + IV)				
Déficit (VI)				
Total (VII) = (V + VI)				
Saldos de exercícios anteriores				
Recursos arrecadados em exercícios anteriores				
Superávit financeiro				
Reabertura de créditos adicionais				

Cap. 4 • Demonstrações contábeis aplicadas ao setor público (DCASP) | 161

Despesas orçamentárias	Dotação inicial	Dotação atualizada	Despesas empenhadas	Despesas liquidadas	Despesas pagas	Saldo da dotação
	(e)	(f)	(g)	(h)	(i)	(j) = (f – g)
Despesas correntes (VIII)						
Pessoal e encargos sociais						
Juros e encargos da dívida						
Outras despesas correntes						
Despesas de capital (IX)						
Investimentos						
Inversões financeiras						
Amortização da dívida						
Reserva de contingência (X)						
Subtotal das despesas (XI) = (VIII + IX + X)						
Amortização da dívida/Refinanciamento (XII)						
Amortização da dívida interna						
Dívida mobiliária						
Outras dívidas						
Amortização da dívida externa						
Dívida mobiliária						
Outras dívidas						
Subtotal com refinanciamento (XIII) = (XI + XII)						
Superávit (XIV)						
Total (XV) = (XIII + XIV)						
Reserva do RPPS						

Quadro 4.8 Estrutura do balanço orçamentário – quadro da execução de restos a pagar não processados

	<Ente da Federação> BALANÇO ORÇAMENTÁRIO ORÇAMENTO FISCAL E DA SEGURIDADE SOCIAL						
Restos a pagar não processados	INSCRITOS		LIQUI-DADOS	PAGOS	CANCELADOS	SALDO	
	Em exercícios anteriores	Em 31 de dezembro do exercício anterior					
	(a)	(b)	(c)	(d)	(e)	(f) = (a + b – d – e)	
Despesas correntes (VIII)							
Pessoal e encargos sociais							
Juros e encargos da dívida							
Outras despesas correntes							
Despesas de capital (IX)							
Investimentos							
Inversões financeiras							
Amortização da dívida							
TOTAL							

Quadro 4.9 Estrutura do balanço orçamentário – quadro da execução de restos a pagar processados

Demonstrativo da execução dos restos a pagar processados e não processados liquidados	\<ENTE DA FEDERAÇÃO\> BALANÇO ORÇAMENTÁRIO ORÇAMENTO FISCAL E DA SEGURIDADE SOCIAL				
	INSCRITOS		Pagos (c)	Cancelados (d)	Saldo (e) = (a + b − c − d)
	Em exercícios anteriores (a)	Em 31 de dezembro do exercício anterior (b)			
Despesas correntes (VIII)					
Pessoal e encargos sociais					
Juros e encargos da dívida					
Outras despesas correntes					
Despesas de capital (IX)					
Investimentos					
Inversões financeiras					
Amortização da dívida					
Total					

4.2.4.3 Orientações para preenchimento do balanço orçamentário, em conformidade com o MCASP (STN, 2018)

Para preenchimento do balanço orçamentário, são necessárias as seguintes definições:

Informações da receita orçamentária nas colunas do BO:

- **Previsão inicial**: corresponde aos valores da previsão inicial das receitas, constantes na LOA. Os valores registrados nessa coluna permanecerão inalterados durante todo o exercício, pois refletem a posição inicial do orçamento constante da LOA. As atualizações monetárias autorizadas por lei, efetuadas após a data da publicação da LOA, também integrarão os valores apresentados na coluna.

- **Previsão atualizada**: demonstra os valores da previsão atualizada das receitas que refletem a reestimativa da receita decorrente de:
  a) Registro de excesso de arrecadação ou contratação de operações de crédito, ambas podendo ser utilizadas para abertura de créditos adicionais.
  b) Criação de novas naturezas de receita não previstas na LOA.
  c) Remanejamento entre naturezas de receita.
  d) Atualizações monetárias autorizadas por lei, efetuadas após a data da publicação da LOA.

ATENÇÃO!

Se não ocorrerem eventos que ocasionem a reestimativa da receita, a coluna previsão atualizada apresentará os mesmos valores da coluna previsão inicial.

- **Receitas realizadas**: correspondem às receitas arrecadadas diretamente pelo órgão, ou por meio de outras instituições, como, por exemplo, a rede bancária.

Informações da receita orçamentária nas linhas do BO:

- **Receitas correntes**: são as receitas orçamentárias que aumentam as disponibilidades financeiras do ente federativo e são instrumentos de financiamento dos programas e ações orçamentários, a fim de se atingirem as finalidades públicas e que, em geral, provocam efeito positivo sobre o patrimônio líquido.
- **Receitas de capital**: são as receitas orçamentárias que aumentam as disponibilidades financeiras do ente federativo e são instrumentos de financiamento dos programas e ações orçamentários, a fim de se atingirem as finalidades públicas e que, em geral, não provocam efeito sobre o patrimônio líquido.
- **Operações de crédito /Refinanciamento**: demonstram o valor da receita decorrente da emissão de títulos públicos e da obtenção de empréstimos, inclusive as destinadas ao refinanciamento da dívida pública.

  Os valores referentes ao refinanciamento da dívida pública deverão ser segregados em operações de crédito internas e externas, e estas segregadas em dívida mobiliária e dívida contratual. Esse nível de agregação também se aplica às despesas com amortização da dívida e refinanciamento.
- **Déficit**: demonstra a diferença negativa entre os totais das receitas orçamentárias realizadas e as despesas empenhadas, quando isso acontecer (receita realizada menor que a despesa ou crédito orçamentário empenhado).

ATENÇÃO!
Se a receita realizada for maior que a despesa empenhada, o superávit deverá ser lançado na linha Superávit. Se as receitas realizadas forem superiores às despesas empenhadas, essa diferença será lançada na linha Superávit (XIV).

- **Saldo de exercícios anteriores**: demonstra o valor dos recursos provenientes de exercícios anteriores que serão utilizados para custear despesas do exercício corrente. Estão compreendidos nessa rubrica:
  a) Recursos arrecadados em exercícios anteriores.
  b) Superávit financeiro de exercícios anteriores
  c) Créditos adicionais autorizados nos últimos quatro meses do exercício anterior ao de referência e reabertos no exercício de referência.

Informações da despesa orçamentária nas colunas do BO

- **Dotação inicial**: demonstra os valores dos créditos iniciais conforme consta na LOA. Os valores registrados nessa coluna permanecerão inalterados durante todo o exercício, pois refletem a posição inicial do orçamento previsto na LOA.
- **Dotação atualizada**: demonstra a dotação inicial somada aos créditos adicionais abertos ou reabertos durante o exercício de referência e às atualizações monetárias efetuadas após a data da publicação da LOA, deduzidos das respectivas anulações e cancelamentos.

ATENÇÃO!
Se não ocorrerem eventos que ocasionem a atualização da despesa, a coluna dotação atualizada apresentará os mesmos valores da coluna Dotação Inicial.

- **Despesas empenhadas**: demonstra os valores das despesas empenhadas no exercício, inclusive das despesas em liquidação, liquidadas ou pagas. Considera-se despesa orçamentária executada a despesa empenhada.
- **Despesas liquidadas**: demonstra os valores das despesas liquidadas no exercício de referência, inclusive das despesas pagas. Não inclui os valores referentes à liquidação de restos a pagar não processados.

ATENÇÃO!
No direito financeiro brasileiro, a terminologia *liquidação* não significa pagamento da despesa. Trata-se do momento do recebimento do objeto da despesa empenhada, recebimento e conferência e atesto, por autoridade competente, do que foi contratado pela administração pública (art. 63 da Lei Federal nº 4.320/1964).

- **Despesas pagas**: demonstra os valores das despesas pagas no exercício de referência. Não inclui os valores referentes ao pagamento de restos a pagar, processados ou não processados.

Informações da despesa orçamentária nas linhas do BO

- **Despesas correntes**: são as despesas que não contribuem, diretamente, para a formação ou aquisição de um bem de capital.
- **Despesas de capital**: são as despesas que contribuem, diretamente, para a formação ou aquisição de um bem de capital.
- **Reserva de contingência**: é a destinação de parte das receitas orçamentárias para o atendimento de passivos contingentes e outros riscos, bem como eventos fiscais imprevistos, inclusive para a abertura de créditos adicionais.
- **Amortização da dívida/Refinanciamento**: demonstra o valor da despesa orçamentária decorrente do pagamento ou da transferência de outros ativos para a quitação do valor principal da dívida, inclusive de seu refinanciamento.
- **Superávit**: demonstra a diferença positiva entre as receitas realizadas e as despesas empenhadas, quando isso acontecer.
- **Reserva do RPPS**: é a destinação de parte das receitas orçamentárias do Regime Próprio de Previdência Social (RPPS) para o pagamento de aposentadorias e pensões futuras. Trata-se de informação acrescida ao final do BO, para fins de interpretação dos possíveis superávits (receita total realizada maior que despesa empenhada).

Cap. 4 • Demonstrações contábeis aplicadas ao setor público (DCASP) | 165

4.2.4.4 Orientações para preenchimento dos quadros de restos a pagar, de acordo com o MCASP/STN

Para preenchimento dos quadros de execução dos restos pagar, processados e não processados, são necessárias as seguintes definições:

- **Inscritos em exercícios anteriores**: compreende o valor de restos a pagar não processados relativos aos exercícios anteriores, exceto os relativos ao exercício imediatamente anterior, que não foram cancelados porque tiveram seu prazo de validade prorrogado.

- **Inscritos em 31 de dezembro do exercício anterior**: compreende o valor de restos a pagar não processados relativos ao exercício imediatamente anterior que não foram cancelados porque tiveram seu prazo de validade prorrogado.

- **Liquidados**: compreende o valor dos restos a pagar não processados, liquidados após sua inscrição e ainda não pagos.

- **Pagos**: compreende o valor dos restos a pagar não processados, liquidados após sua inscrição e pagos.

- **Cancelados**: compreende o cancelamento de restos a pagar não processados por insuficiência de recursos, pela inscrição indevida ou para atender dispositivo legal.

- **Saldo a pagar**: compreende o saldo, em 31 de dezembro, dos valores inscritos e ainda não pagos. Corresponde aos valores inscritos nos exercícios anteriores deduzidos dos valores pagos ou cancelados ao longo do exercício de referência. Ressalta-se que a parcela do saldo que tiver sido liquidada ao longo do exercício de referência será transferida para restos a pagar processados no início do exercício seguinte.

Exercício resolvido – balanço orçamentário

A prefeitura de Taboquinha apresentou o balanço orçamentário, referente ao exercício de 20x1, como segue.

PREFEITURA DE TABOQUINHA BALANÇO ORÇAMENTÁRIO						
					Exercício: 20x1	
Receitas orçamentárias	Previsão inicial (a)	Previsão atualizada (b)	Receitas realizadas (c)	Saldo (d) = (c – b)		
Receitas correntes	3.620.000,00	3.620.000,00	3.370.000,00	(250.000,00)		
Impostos, taxas e contribuições de melhorias	1.350.000,00	1.350.000,00	1.050.000,00	(300.000,00)		
patrimoniais	70.000,00	70.000,00	–	(70.000,00)		
Transferências correntes	2.200.000,00	2.200.000,00	2.320.000,00	120.000,00		
Receitas de capital	120.000,00	148.500,00	139.900,00	(8.600,00)		
Operações de créditos	100.000,00	100.000,00	100.000,00	–		
Alienações de bens	20.000,00	20.000,00	11.400,00	(8.600,00)		
Transferências de capital	–	28.500,00	28.500,00	–		
Subtotal das receitas (I)	3.740.000,00	3.768.500,00	3.509.900,00	(258.600,00)		
Operações de crédito refinanciamento (II)						

continua

continuação

PREFEITURA DE TABOQUINHA
BALANÇO ORÇAMENTÁRIO

Exercício: 20x1

Subtotal com refinanciamento (III) = (I + II)	3.740.000,00	3.768.500,00	3.509.900,00	(258.600,00)	
Déficit (IV)					
Total (V) = (III + IV)	3.740.000,00	3.768.500,00	3.509.900,00	(258.600,00)	
Saldos de exercícios anteriores					
Recursos arrecadados em exercícios anteriores					
Superávit financeiro					
Reabertura de créditos adicionais					

Despesas orçamentárias	Dotação inicial	Dotação atualizada	Despesas empenhadas	Despesas liquidadas	Despesas pagas	Saldo da dotação
	(e)	(f)	(g)	(h)	(i)	(j) = (f – g)
Despesas correntes	3.315.000,00	3.315.000,00	3.260.000,00	3.200.000,00	3.070.000,00	55.000,00
Pessoal e encargos	2.300.000,00	2.300.000,00	2.260.000,00	2.200.000,00	2.200.000,00	40.000,00
Juros e encargos da dívida	–	–	–	–	–	–
Outras despesas correntes	1.015.000,00	1.015.000,00	1.000.000,00	1.000.000,00	870.000,00	15.000,00
Despesas de capital	425.000,00	453.500,00	120.000,00	100.000,00	100.000,00	333.500,00
Investimentos	335.000,00	363.500,00	120.000,00	100.000,00	100.000,00	243.500,00
Amortização da dívida	90.000,00	90.000,00	–	–	–	90.000,00
Reserva de contingência						
Subtotal das despesas (VI)	3.740.000,00	3.768.500,00	3.380.000,00	3.300.000,00	3.170.000,00	388.500,00
Amortização da dívida com refinanciamento (VII)						
Subtotal com refinanciamento (VIII) = (VI + VII)	3.740.000,00	3.768.500,00	3.380.000,00	3.300.000,00	3.170.000,00	388.500,00
Superávit (IX)			129.900,00			
Total (X) = (VIII + IX)	3.740.000,00	3.768.500,00	3.509.900,00	3.300.000,00	3.170.000,00	388.500,00

Quadro da execução de restos a pagar não processados

Restos a pagar não processados	INSCRITOS		Liquidados	Pagos	Cancelados	Saldo
	Em exercícios anteriores (a)	Em 31 de dezembro de 20x0 (b)	(c)	(d)	(e)	(f) = (a + b – d – e)
Despesas correntes	–	–	–	–	–	–
Despesas de capital	–	–	–	–	–	–
Total	–	–	–	–	–	–

PREFEITURA DE TABOQUINHA
BALANÇO ORÇAMENTÁRIO

Exercício: 20x1

Quadro da execução de restos a pagar processados

Demonstrativo da execução dos restos a pagar processados e não processados liquidados	INSCRITOS Em exercícios anteriores (a)	Em 31 de dezembro de 20x0 (b)	Pagos (c)	Cancelado (d)	Saldo (e) = (a + b − c − d)
Despesas correntes	-	52.250,00	52.250,00	-	-
Despesas de capital	-	-	-	-	-
Total	-	52.250,00	52.250,00	-	-

ATENÇÃO!

Na previsão atualizada da receita orçamentária corrente, somaram-se $ 28.500,00 ao valor da previsão inicial, por conta da reestimativa da receita que possibilitou a abertura do crédito adicional com recursos de convênio.

Na dotação atualizada, somaram-se $ 28.500,00 ao valor da dotação atualizada, na despesa de capital, por conta do crédito adicional aberto, com os recursos do convênio.

Pede-se (questões com respectivas respostas):

1) Resultado da execução orçamentária (REO): superávit ou déficit de execução?

Também difundido, por alguns autores, como **resultado orçamentário do exercício**. Calculado pela diferença entre o subtotal (com refinanciamento) das **receitas realizadas (RR)** (terceira coluna da receita) e o subtotal das **despesas empenhadas (DE)** (terceira coluna da despesa). A diferença deverá constar na coluna de menor valor dentre as supracitadas, de forma que os totais de ambas sejam iguais.

Aplicando ao exemplo, tem-se:

RESULTADO DA EXECUÇÃO ORÇAMENTÁRIA (REO)
REO = RR − DE = 3.509.900,00 − 3.380.000,00 = 129.900,00 (superávit orçamentário)

Analisando o REO, podem acontecer as seguintes hipóteses:

- **Se RR = DE**, significa que o **REO** foi **nulo**, ou seja, o subtotal da receita orçamentária arrecadada foi igual ao subtotal da despesa orçamentária empenhada no exercício financeiro respectivo. Os valores, nesse caso, devem ser baixados à linha dos totais, sem nenhum acréscimo.

- **Se RR < DE**, significa que o **REO** foi **deficitário**, ou seja, a receita arrecadada foi menor que a despesa empenhada, devendo a diferença ser acrescida à coluna da **RE**. Essa hipótese, em termos gerenciais, normalmente é condenada, pois evidencia uma situação em que o gestor público assumiu mais obrigações (despesas pagas e inscritas em restos a pagar) do que arrecadou de receita no exercício respectivo, proporcionando o chamado "déficit público".

- **Se RR > DE**, significa que o **REO** foi **superavitário**, ou seja, a receita arrecadada foi maior que a despesa empenhada, devendo a diferença ser acrescida à coluna da DE. Esta hipótese, em termos financeiros, é a mais favorável a uma boa gestão. No entanto, apesar do superávit, não é possível evidenciar-se se a gestão foi eficiente, eficaz e efetiva, pois seriam necessárias mais informações para que pudéssemos avaliar o impacto social da gestão.

2) **Resultado da receita orçamentária (RRO): superávit ou déficit de arrecadação?**

É o resultado da diferença entre as **receitas realizadas (RR)** (terceira coluna da receita) e a **previsão inicial (PI)** (primeira coluna da receita), demonstrando o excesso ou déficit de arrecadação do período.

Aplicando ao exemplo, tem-se:

RESULTADO DA RECEITA ORÇAMENTÁRIA (RRO):
RRO = RR – PI = 3.509.900,00 – 3.740.000,00 = – 230.100,00 (insuficiência de arrecadação).

Do cálculo do **RRO**, poderão acontecer três hipóteses:

- **Se RR = PI**, significa que o **RRO** foi nulo, ou seja, a previsão inicial foi exatamente o total da receita realizada (caso raro de acontecer).

- **Se RR < PI**, significa que o **RRO** foi deficitário, ou seja, o ente arrecadou menos do que a previsão inicial da receita orçamentária. Nesse caso, ocorre insuficiência de arrecadação.

- **Se RR > PI**, significa que o **RRO** foi superavitário, ou seja, o ente arrecadou mais do que a previsão inicial da receita orçamentária. Nesse caso, acontece o superávit ou excesso na arrecadação.

3) **Resultado da despesa orçamentária (RDO): existência de economia orçamentária ou saldo de dotação orçamentária?**

É o resultado da diferença entre a **dotação atualizada (DA)** (segunda coluna das despesas) e as **despesas empenhadas (DE)** (terceira coluna da despesa), que deverá ser registrado na coluna do **saldo da dotação** (sexta coluna).

Aplicando ao exemplo, tem-se:

RESULTADO DA DESPESA ORÇAMENTÁRIA (RDO):
RDO = DA ·· DE = 3.768.500,00 – 3.380.000,00 = 388.500,00 (dotação não empenhada).

Do cálculo do **RDO**, poderão acontecer três hipóteses:

- **Se DA = DE**, significa que o **RDO** foi nulo, ou seja, toda a despesa fixada no exercício, através da LOA e créditos adicionais, foi empenhada.

- **Se DE < DA**, significa que o **RDO** foi deficitário, ou seja, o ente empenhou menos do que efetivamente foi fixado de créditos orçamentários para a realização de despesas. Nesse caso, a diferença será registrada na coluna do saldo da dotação, tratada por alguns autores como "economia orçamentária" ou "sobra de orçamento".

- **Se DE > DA**, fica evidenciado que o ente empenhou mais do que foi autorizado via LOA e créditos adicionais. Não é aceitável pela legislação vigente no país, de modo que o gestor estará sujeito a sanções graves pela improbidade.

4) **Restos a pagar inscritos no exercício (RAP)**

Restos a pagar decorrem do resultado da diferença entre as **despesas empenhadas (DE)** (terceira coluna da despesa) e as **despesas pagas (DP)** (quinta coluna da despesa).

Aplicando ao exemplo, tem-se:

RESTOS A PAGAR (RAP):
RAP = DE – DP = 3.380.000,00 – 3.170.000,00 = **210.000,00**

5) **Restos a pagar não processados inscritos no exercício (RAP/NP)**

Restos a pagar não processados decorrem do resultado da diferença entre as **despesas empenhadas (DE)** (terceira coluna da despesa) e as **despesas liquidadas (DL)** (quarta coluna da despesa).

Aplicando ao exemplo, tem-se:

RESTOS A PAGAR NÃO PROCESSADOS (RAP/NP):
RAP/NP = DE – DL = 3.380.000,00 – 3.300.000,00 = **80.000,00**

6) **Restos a pagar processados inscritos no exercício (RAP/P)**

Restos a pagar processados decorrem do resultado da diferença entre as **despesas liquidadas (DL)** (quarta coluna da despesa) e as **despesas pagas (DP)** (quinta coluna da despesa).

Aplicando ao exemplo, tem-se:

RESTOS A PAGAR PROCESSADOS (RAP/P):
RAP/P = DL – DP = 3.300.000,00 – 3.170.000,00 = **130.000,00**

ATENÇÃO!
Os restos a pagar (processados e não processados) devem ter seus controles (inscrição, liquidação, pagamento e cancelamento), a partir do ano subsequente ao que foi inscrito, evidenciados nos quadros de execução dos restos pagar, que seguiram anexos ao balanço orçamentário.

7) **Quociente de execução da receita (QER)**

É resultante da relação entre as **receitas realizadas (RR)** (terceira coluna da receita) e a **previsão atualizada (PA)** (segunda coluna da receita), indicando, percentualmente, a existência de excesso ou insuficiência de arrecadação em relação ao valor da despesa orçamentária fixada no exercício (somando os créditos autorizados pela LOA e créditos adicionais).

Aplicando ao exemplo, tem-se:

QUOCIENTE DE EXECUÇÃO DA RECEITA (QER):
QER = RR / PA = 3.509.900,00 / 3.768.500,00 = **0,93 ou 93%**

Significando informar que o ente arrecadou 7% a menos do valor da despesa orçamentária fixada na LOA, mais os créditos adicionais abertos no exercício.

8) Quociente do desempenho da arrecadação (QDA)

É resultante da relação entre as **receitas realizadas (RR)** (terceira coluna da receita) e a **previsão inicial (PI)** (primeira coluna da receita), indicando, percentualmente, a existência de excesso ou insuficiência de arrecadação em relação ao valor da despesa orçamentária inicialmente fixada (excluídos os créditos adicionais). Utilizado para fins de indicadores fiscais.

Aplicando ao exemplo, tem-se:

QUOCIENTE DO DESEMPENHO DA ARRECADAÇÃO (QDA):
QDA = RR / PI = 3.509.900,00 / 3.740.000,00 = **0,94 ou 94%**

Significando informar que o ente arrecadou 6% a menos do valor da despesa orçamentária fixada na LOA, sem os créditos adicionais.

9) Quociente da despesa empenhada (QDE)

É resultante da relação entre as **despesas empenhadas (DE)** (terceira coluna da despesa) e a **dotação atualizada (DA)** (segunda coluna da despesa), indicando a parcela percentual do orçamento (LOA) e dos créditos adicionais empenhada no exercício.

Aplicando ao exemplo, tem-se:

QUOCIENTE DA DESPESA EMPENHADA (QDE):
QDE = DE / DA = 3.380.000,00 / 3.768.500,00 = **0,89 ou 89%**

Significando informar que o ente empenhou 89% da despesa orçamentária fixada por meio da LOA e dos créditos adicionais abertos no exercício.

4.2.5 Balanço financeiro (BF) (anexo 13 da Lei nº 4.320/1964 e Parte V do MCASP/SNT)

4.2.5.1 Preceitos

De acordo com o art. 103 da Lei Federal nº 4.320/1964:

> O Balanço Financeiro demonstrará a receita e a despesa orçamentárias, bem como os recebimentos e os pagamentos de natureza extraorçamentária, conjugados com os saldos em espécie provenientes do exercício anterior, e os que se transferem para o exercício seguinte.

Também, segundo o parágrafo único do referido artigo, os restos a pagar (despesas empenhadas e não pagas) do exercício serão computados na receita extraorçamentária para compensar sua inclusão na despesa orçamentária.

O balanço financeiro é, pois, uma demonstração contábil que evidencia o fluxo financeiro de uma entidade pública. Partindo do saldo inicial (SI) das disponibilidades (caixa, bancos, aplicações financeiras e valores em espécie de terceiros), são acrescidos os ingressos oriundos das receitas orçamentárias (RO), mais as transferências financeiras recebidas (TFR) (duodécimos e/ou quotas da programação financeira) e recebimentos extraorçamentários (RE) (somados a estes, os restos a pagar inscritos no exercício), em que, ao serem deduzidos do total das despesas orçamentárias empenhadas (DO), somadas às transferências financeiras concedidas (TFC) e pagamentos extraorçamentários (PE), obter-se-á o saldo das disponibilidades ao final (SF) do período analisado.

A equação algébrica do balanço financeiro é a seguinte:

$$RO + TFR + RE + SI_{DISPONÍVEL} = DO + TFC + PE + SF_{DISPONÍVEL}$$

Pelo exposto, podemos dizer que o balanço financeiro representa o fluxo de caixa da entidade sob a perspectiva orçamentária e extraorçamentária, incluindo as transferências financeiras intragovernamentais, devendo discriminar:

a) A receita orçamentária (RO) realizada por destinação de recurso (destinação vinculada e/ou destinação ordinária).

b) A despesa orçamentária (DO) empenhada por destinação de recurso (destinação vinculada e/ou destinação ordinária).

c) As transferências financeiras recebidas (TFR) e concedidas (TFC) decorrentes, ou não, da execução orçamentária.

d) Os recebimentos (RE) e os pagamentos (DE) extraorçamentários.

e) O saldo inicial (SI) e o saldo final (SF) em espécie (caixa e equivalente de caixa e valores de terceiros, que representam os ativos financeiros (F) da entidade).

ATENÇÃO!
A evidenciação das **transferências financeiras (TF)** será necessária quando se estiver elaborando o demonstrativo de um único órgão isoladamente (prefeitura municipal, câmara municipal, autarquia ou fundação), pois, neste caso, os valores das TFR (Transferência Financeira Recebida) ou TFC (transferência financeira concedida) têm influência na demonstração. As TFs só não afetam o balanço financeiro, quando da elaboração do demonstrativo consolidado do ente (União, estado ou município), isto porque os valores transferidos devem ser iguais aos valores recebidos entre os órgãos do mesmo ente (transações intragovernamentais), não sendo necessária a inclusão desses subgrupos no balanço financeiro.

4.2.5.2 Estrutura do balanço financeiro (BF) (anexo 13 da Lei Federal nº 4.320/1964)

De acordo com o MCASP/Parte V (STN, 2018), o BF tem a estrutura apresentada no Quadro 4.10.

172 | Contabilidade aplicada ao setor público • *Bezerra Filho*

Quadro 4.10 Estrutura do balanço financeiro segundo o MCASP

INGRESSOS	Nota	Exercício atual	Exercício anterior
\<Ente da Federação\> BALANÇO FINANCEIRO			
INGRESSOS — Exercício: _____			
Receita orçamentária – RO (I)			
Ordinária			
Vinculada			
Recursos vinculados à educação			
Recursos vinculados à saúde			
Recursos vinculados à previdência social – RPPS			
Recursos vinculados à previdência social – RGPS			
Recursos vinculados à seguridade social			
(...)			
Outras destinações de recursos			
Transferências financeiras recebidas – TFR (II)			
Transferências recebidas para a execução orçamentária			
Transferências recebidas independentes de execução orçamentária			
Transferências recebidas para aportes de recursos para o RPPS			
Transferências recebidas para aportes de recursos para o RGPS			
Recebimentos extraorçamentários – RE (III)			
Inscrição de restos a pagar não processados			
Inscrição de restos a pagar processados			
Depósitos restituíveis e valores vinculados			
Outros recebimentos extraorçamentários			
Saldo do exercício anterior – SI (IV)			
Cx. e equiv. de caixa			
Depósitos restituíveis			
Total (V) = (I + II + III + IV)			
DISPÊNDIOS			

continua

Cap. 4 • Demonstrações contábeis aplicadas ao setor público (DCASP) | 173

continuação

<Ente da Federação> BALANÇO FINANCEIRO			
INGRESSOS		Exercício: _____	
	Nota	Exercício atual	Exercício anterior
Despesa orçamentária – DO (VI)			
Ordinária			
Vinculada			
Recursos destinados à educação			
Recursos destinados à saúde			
Recursos destinados à previdência social – RPPS			
Recursos destinados à previdência social – RGPS			
Recursos destinados à seguridade social			
(...)			
Outras destinações de recursos			
Transferências financeiras concedidas – TFC (VII)			
Transferências concedidas para a execução orçamentária			
Transferências concedidas independentes de execução orçamentária			
Transferências concedidas para aportes de recursos para o RPPS			
Transferências concedidas para aportes de recursos para o RGPS			
Pagamentos extraorçamentários – PE (VIII)			
Pagamentos de restos a pagar não processados			
Pagamentos de restos a pagar processados			
Depósitos restituíveis e valores vinculados			
Outros recebimentos extraorçamentários			
Saldo para o exercício seguinte – SF (IX)			
Cx. e equiv. de caixa			
Depósitos restituíveis			
Total (X) = (VI + VII + VIII + IX)			

4.2.5.3 Orientações para preenchimento do balanço financeiro, em conformidade com o MCASP (STN, 2018)

O balanço financeiro deve ser elaborado utilizando-se as seguintes classes do PCASP:

- **Classes 1 (Ativo) e 2 (Passivo)** para os recebimentos e pagamentos extraorçamentários, bem como para o saldo em espécie do exercício anterior e para o exercício seguinte.
- **Classes 4 (VPA) e 3 (VPD)** para as transferências financeiras recebidas e concedidas, respectivamente.
- **Classe 6 (controles de receita arrecadada e despesa empenhada)** para o preenchimento dos valores totais das receitas e despesas orçamentárias.
- **Classe 6 (controles de restos a pagar)** para o preenchimento dos restos a pagar inscritos no exercício, que deverá ser incluso nos recebimentos extraorçamentários para compensar sua inclusão na despesa orçamentária, conforme o parágrafo único do art. 103 da Lei nº 4.320/1964.
- **Classe 8 (controles de disponibilidades por destinação de recursos – fontes ordinárias e vinculadas)** para o preenchimento do desdobramento, por fontes, das receitas de despesas orçamentária executadas.

Para o levantamento do balanço financeiro, é necessário apresentar as seguintes definições:

- **Receitas e despesas orçamentárias ordinárias**: compreendem as receitas e despesas orçamentárias de livre alocação entre a origem e a aplicação de recursos, para atender a quaisquer finalidades.
- **Receitas e despesas orçamentárias vinculadas**: compreendem as receitas e as despesas orçamentárias cuja aplicação dos recursos é definida em lei, de acordo com sua origem.

  A identificação das vinculações pode ser feita por meio do mecanismo fonte/destinação de recursos. As fontes/destinações de recursos indicam como são financiadas as despesas orçamentárias, atendendo sua destinação legal.

ATENÇÃO!

Como a classificação por fonte/destinação de recursos não é padronizada para a Federação, cabe a cada ente adaptá-la à classificação por ele adotada, criando uma linha para cada fonte/destinação de recursos existente.

Recomenda-se que as vinculações agrupadas nas linhas outras destinações de recursos não ultrapassem 10% do total da receita ou despesa orçamentária.

- **Transferências financeiras recebidas e concedidas**: refletem as movimentações de recursos financeiros entre órgãos e entidades da administração direta e indireta. Podem ser orçamentárias ou extraorçamentárias. Aquelas efetuadas em cumprimento à execução do orçamento são as cotas, repasses e sub-repasses. Aquelas que não se relacionam com o orçamento em geral decorrem da transferência de recursos relativos aos restos a pagar. Esses valores, quando observados os demonstrativos consolidados, são compensados pelas transferências financeiras concedidas.

- **Recebimentos extraorçamentários**: compreendem os ingressos não previstos no orçamento, por exemplo:
    a) Ingressos de recursos relativos a consignações em folha de pagamento, fianças, cauções, entre outros.
    b) Inscrição de restos a pagar (obs.: não constitui ingressos, é incluído no lado da receita extraorçamentária para compensar sua inclusão na despesa orçamentária).
- **Pagamentos extraorçamentários**: compreendem os pagamentos que não precisam se submeter ao processo de execução orçamentária, por exemplo:
    a) Relativos a obrigações que representaram ingressos extraorçamentárias (ex.: devolução de depósitos).
    b) Restos a pagar inscritos em exercícios anteriores e pagos no exercício.
- **Saldo do exercício anterior e saldo para o exercício seguinte**: compreendem os saldos dos recursos financeiros e o valor das entradas compensatórias no ativo e passivo financeiros.

ATENÇÃO!
A apresentação dos restos a pagar inscritos no exercício constitui, apenas, um ajuste do lado dos ingressos, haja vista que, no lado dos dispêndios, a despesa orçamentária deve ser evidenciada pelo valor empenhado e não pelo valor pago, em cumprimento ao citado dispositivo legal.

Exercício resolvido – balanço financeiro

A prefeitura de Taboquinha apresentou o balanço financeiro, referente ao exercício de 20x1, como segue:

PREFEITURA MUNICIPAL DE TABOQUINHA
BALANÇO FINANCEIRO
Exercício: 20x1

Ingressos	Exercício 20x1	Exercício 20x0	Dispêndio	Exercício 20x1	Exercício 20x0
Receita orçamentária – RO (I)	3.509.900,00	2.957.800,00	Despesa orçamentária – DO (VI)	3.380.000,00	2.648.050,00
Ordinária	3.370.000,00	2.950.000,00	Ordinária	3.260.000,00	–
Vinculada	139.900,00	7.800,00	Vinculada	120.000,00	–
Financiamentos	100.000,00	–	Financiamentos	100.000,00	–
Alienação de bens	11.400,00	7.800,00	Alienação de bens	20.000,00	–
Convênios	28.500,00	–	Convênios	–	–
Transferências financeiras recebidas – TRF (II)	–	–	Transferências financeiras concedidas – TRC (VII)	210.000,00	190.000,00
	–	–	Duodécimo câmara municipal	210.000,00	190.000,00

continua

continuação

PREFEITURA MUNICIPAL DE TABOQUINHA

BALANÇO FINANCEIRO

Exercício: 20x1

Ingressos			Dispêndio		
Recebimentos extraorçamentários – RE (III)	430.000,00	55.100,00	Pagamentos extraorçamentários – PE (VIII)	165.100,00	85.000,00
Inscrição de restos a pagar não processado	80.000,00		Pagamento de restos a pagar não processado	–	
Inscrição de restos a pagar processado	130.000,00	52.250,00	Pagamento de restos a pagar processado	52.250,00	85.000,00
Depósitos restituíveis e valores vinculados	220.000,00	2.850,00	Depósitos restituíveis e valores vinculados	112.850,00	
Outros recebimentos extraorçamentários	–		Outros pagamentos extraorçamentários	–	
Saldo do exercício anterior – SI (IV)	183.350,00	93.500,00	Saldo para o exercício seguinte – SF (IX)	368.150,00	183.350,00
Caixa e equivalente de caixa	180.500,00	93.500,00	Caixa e equivalente de caixa	258.150,00	180.500,00
Depósitos restituíveis	2.850,00	–	Depósitos restituíveis	110.000,00	2.850,00
Total (V) = (I) + (II) + (III) + (IV)	4.123.250,00	3.106.400,00	Total (X) = (VI) + (VII) + (VIII) + (IX)	4.123.250,00	3.106.400,00

Técnica de elaboração do balanço financeiro proposta pelo autor

No final do exercício, após o levantamento dos saldos das contas patrimoniais (ativo circulante e passivo circulante) e das contas orçamentárias (receitas realizadas e despesas orçamentárias empenhadas e pagas), proceder-se-á o preenchimento do balanço financeiro, da forma que segue.

a) Preenchimento dos "campos" receitas e despesas orçamentárias

As **receitas orçamentárias arrecadadas ou realizadas**, segregadas por fontes de recursos: ordinárias ou vinculadas e o total da **despesa orçamentária empenhada**, também segregada por fontes de recursos, deverão ser extraídos dos saldos das respectivas contas orçamentárias e de controle, Classes 6 e 8 do PCASP.

INGRESSOS			DISPÊNDIO		
	Exercício 20x1	Exercício 20x0		Exercício 20x1	Exercício 20x0
Receita orçamentária – RO (I)	3.509.900,00	2.957.800,00	Despesa orçamentária – DO (VI)	3.380.000,00	2.648.050,00
Ordinária	3.370.000,00	2.950.000,00	Ordinária	3.260.000,00	–
Vinculada	139.900,00	7.800,00	Vinculada	120.000,00	–

b) Preenchimento dos "campos" transferências financeiras recebidas e concedidas

As **transferências financeiras**, recebidas e/ou concedidas, são levantadas a partir das contas de resultado de natureza patrimonial: VPA – **transferências financeiras recebidas** e VPD – **transferências financeiras concedidas**, ambas decorrentes da execução da programação financeira prevista no art. 8º da LRF (transferências financeiras intragovernamentais, repasse ou recebimento de duodécimos aos Poderes Legislativo e Judiciário). Referidas transferências são excluídas, por ocasião do levantamento do balanço financeiro consolidado do ente federativo, pois o saldo da conta "transferências recebidas" tende a se anular com o saldo da conta "transferências concedidas".

INGRESSOS			DISPÊNDIO		
	Exercício 20x1	Exercício 20x0		Exercício 20x1	Exercício 20x0
Transferências financeiras recebidas-TRF (II)	–	–	Transferências financeiras concedidas-TRC (VII)	210.000,00	190.000,00
	–	–	Duodécimo câmara municipal	210.000,00	190.000,00

c) Preenchimento dos "campos" recebimentos e pagamentos extraorçamentários

Considere-se que o balanço financeiro é uma demonstração dinâmica, e não estática (balanço patrimonial). Assim, os valores debitados na conta do ativo circulante (F), em especial a conta sintética "**depósitos restituíveis**" (registra transações como: consignações para terceiros, retenções, depósitos de terceiros etc.) da Classe 1 do PCASP, devem constar no campo de "**recebimentos extraorçamentários**" do **BF**. Já os valores creditados na supracitada conta devem constar no campo de "**pagamentos extraorçamentários**" (ver Figura 4.4).

Figura 4.4   Movimentação extraorçamentária – pagamento de restos a pagar.

ATENÇÃO!

Como visto na Figura 4.4, sobre movimentação **extraorçamentária**, deve-se atentar no sentido de extrair informações nas respectivas contas "**razões**", apenas os valores que foram movimentados no período em análise, desconsiderando-se, portanto, o **saldo inicial** e o **saldo final** correspondentes.

Os direitos a receber da entidade, por conta de saídas não convencionais do caixa (ex.: extravio de caixa, pagamentos sem empenhamentos etc.), devem ser considerados como créditos de natureza financeira (ativo circulante – F), constituído, pois, um pagamento extraorçamentário para fins de elaboração do balanço financeiro.

Quanto aos **restos a pagar** inscritos no exercício (despesas empenhadas e não pagas até o dia 31 de dezembro do exercício financeiro, processadas e não processadas), devem ser evidenciados no lado dos **Ingressos** do BF (recebimentos extraorçamentários) para compensar sua inclusão no lado dos **dispêndios** (despesas orçamentárias empenhadas), fazendo cumprir o que determina o parágrafo único do art. 103 da Lei nº 4.320/1964. Trata-se de um **ajuste**.

> *Art. 103 – ...*
>
> *Parágrafo único. Os Restos a Pagar do exercício serão computados na receita extra-orçamentária para compensar sua inclusão na despesa orçamentária.*

Já os restos a pagar, inscritos no exercício anterior (20x0) e pagos no exercício atual (20x1), devem aparecer, no balanço financeiro, também no campo "pagamentos extraorçamentários".

INGRESSOS			DISPÊNDIO		
	Exercício 20x1	Exercício 20x0		Exercício 20x1	Exercício 20x0
Recebimentos extraorçamentários – RE (III)	430.000,00	55.100,00	Pagamentos extraorçamentários – PE (III)	165.100,00	85.000,00
Inscrição de restos a pagar não processado	80.000,00		Pagamento de restos a pagar não processado	–	–
Inscrição de restos a pagar processado	130.000,00	52.250,00	Pagamento de restos a pagar processado	52.250,00	85.000,00
Depósitos restituíveis e valores vinculados	220.000,00	2.850,00	Depósitos restituíveis e valores vinculados	112.850,00	
Outros recebimentos extraorçamentários			Outros pagamentos extraorçamentários	–	

d) Preenchimento dos "campos" saldo do exercício anterior e saldo para o exercício seguinte

A partir dos saldos das contas do **ativo circulante (F)** – caixa e equivalente de caixa e depósitos restituíveis – preencher os campos saldos iniciais, do lado dos **ingressos**, e saldos finais, do lado dos **dispêndios**.

INGRESSOS			DISPÊNDIO		
Saldo do exercício anterior – SI (IV)	183.350,00	93.500,00	Saldo para o exercício seguinte – SF (IX)	368.150,00	183.350,00
Caixa e equivalente de caixa	180.500,00	93.500,00	Caixa e equivalente de caixa	258.150,00	180.500,00
Depósitos restituíveis	2.850,00	–	Depósitos restituíveis	110.000,00	2.850,00

ATENÇÃO!
Preenchidos os campos requisitados pelo demonstrativo, a soma do total da coluna dos **ingressos** tem que ser igual ao total da coluna dos **dispêndios**.

Pede-se (questões com respectivas respostas):

1) **Resultado financeiro do exercício (RFE) ou variação das disponibilidades no exercício.**

Calculado pela diferença entre o **saldo final (SF)** e o **saldo inicial (SI)** das disponibilidades, ou a diferença entre a soma algébrica das receitas orçamentárias, **transferências financeiras recebidas e recebimentos extraorçamentários**, incluídos os **restos a pagar inscritos no exercício (RO + TFR + RE)** e a soma algébrica das **despesas orçamentárias empenhadas, transferências financeiras concedidas e pagamentos extraorçamentários (DO + TRC − PE)**.

Aplicando-se ao exemplo, tem-se:

RESULTADO FINANCEIRO DO EXERCÍCIO (RFE)
RFE = SF − SI ou RFE = (RO + TFR + RE) − (DO + TFC + PE)
RFE = 368.150,00 − 183.350,00 = **184.800,00 superavitário**
ou
RFE = (3.509.900,00 + 0 + 430.000,00) − (3.380.000,00 + 210.000,00 + 165.100,00) = **184.800,00 superavitário**

Indica o resultado do fluxo de caixa da entidade em decorrência dos ingressos (orçamentários, transferências e extraorçamentários), em comparação com as saídas de recursos. No presente caso, a variação foi superavitária em $ **184.800,00**, significando acréscimo de saldo financeiro em relação ao saldo do exercício anterior.

2) **Resultado financeiro da execução orçamentária (RFEO)**

Calculado pela diferença entre a **receita orçamentária (RO)** e a **despesa orçamentária (DO)**, deduzido dos **restos a pagar inscritos no exercício**.

Aplicando-se ao exemplo, tem-se:

RESULTADO FINANCEIRO DA EXECUÇÃO ORÇAMENTÁRIA (RFEO)
RFEO = RO − (DO − Restos a Pagar inscritos no exercício)
RFEO = 3.509.900,00 − (3.380.000,00 − 80.000,00 − 130.000) = $ **339.900,00 superavitário**

Indica o quanto das disponibilidades foram impactadas, no exercício, em decorrência dos ingressos e dos dispêndios orçamentários. No caso, a variação das disponibilidades teve uma repercussão positiva de $ 339.900,00.

3) **Resultado financeiro das transferências financeiras (RFTF)**

Calculado pela diferença entre as **transferências financeiras recebidas (TFR)** e as **transferências financeiras concedidas (TFC)**, a título de programação financeira.

Aplicando-se ao exemplo, tem-se:

RESULTADO FINANCEIRO DAS TRANSFERÊNCIAS FINANCEIRAS (RFTF)
RFTF = TFR – TFC
RFTF = 0,00 – 210.000,00 = $ **210.000,00 deficitário**

Indica o impacto, nas disponibilidades da entidade, por conta das transferências financeiras realizadas. No presente caso, houve negatividade das disponibilidades, equivalente a $ 210.000,00, pela obrigatoriedade constitucional de o Poder Executivo repassar o duodécimo do Poder Legislativo. Por ocasião da elaboração do balanço financeiro consolidado, essas transferências se anulam.

4) O resultado financeiro do movimento extraorçamentário do exercício (RFME), excluindo os restos a pagar inscritos no exercício

Calculado pela diferença entre os **recebimentos extraorçamentários (RE)**, excluídos os **restos a pagar inscritos no exercício, e os pagamentos extraorçamentários (PE)**.

Aplicando-se ao exemplo, tem-se:

RESULTADO FINANCEIRO DO MOVIMENTO EXTRAORÇAMENTÁRIO (RFME)
RFME = (RE – Restos a pagar inscritos) – PE
RFME = (439.000,00 – 80.000,00 – 130.000,00) – 165.100,00 = $ **54.900,00 superavitário**

Indica a parcela efetiva das entradas e saídas extraorçamentárias que repercutiram positiva ou negativamente a variação das disponibilidades no exercício. No caso, o superávit de $ 54.900,00 repercutiu na variação positiva das disponibilidades (caixa e depósitos restituíveis) no exercício.

ATENÇÃO!
Observe que RFEO + RFTF + RFME = $ 184.800,00 (RFE)

5) O quociente orçamentário do resultado financeiro (QORF)

É calculado pela relação entre o **resultado da execução orçamentária (REO)** do exercício (receita orçamentária – despesa orçamentária) e o **resultado financeiro do exercício (RFE)** (variação dos saldos final e inicial em espécie).

Aplicando-se ao exemplo, tem-se:

QUOCIENTE ORÇAMENTÁRIO DO RESULTADO FINANCEIRO (QORF)
QORF = REO / RFE
QORF = 129.900,00 / 184.800,00 = 0,70

Indica a parcela da variação do saldo do disponível que pode ser explicada pelo resultado orçamentário, ou seja, 70% da variação positiva das disponibilidades foi originária da execução orçamentária. Em contrapartida, 30% foram resultantes do movimento extraorçamentário e das transferências financeiras.

6) Partindo do balanço financeiro, elaborado no item "a", demonstre como poderia ser calculada a despesa orçamentária paga no exercício (DOPG)

Partindo dos dados evidenciados no balanço financeiro, a DOPG é calculada pela diferença entre as **despesas orçamentárias empenhadas e os restos a pagar inscritos no exercício**.

Aplicando-se ao exemplo, tem-se:

DESPESA ORÇAMENTÁRIA PAGA NO EXERCÍCIO (DOPG)
DOPG = DO – Restos a pagar inscritos no exercício
DOPG = 3.380.000,00 – 210.000,00 = **3.170.000,00**

Indica o quanto da despesa empenhada foi paga no exercício e, por consequência, repercutiu negativamente nas disponibilidades da entidade.

7) Construção do razão da conta "disponibilidades" (caixa e equivalente de caixa + depósitos restituíveis) partindo do balanço financeiro dado anteriormente.

Aplicando a fórmula matemática do balanço financeiro: $SI_{(disponibilidades)} + RO + TFR + RE_{(excluídos\ os\ Restos\ a\ Pagar\ inscritos)} - DOPG - TFC - PE = SF_{(disponibilidades)}$, tem-se:

	Ativo circulante/Disponibilidades		
(SI)	**183.350,00**		
(RO)	3.509.900,00	3.170.000,00	(DOPG)
(TFE)	–	210.000,00	(TFC)
(RE)	220.000,00	165.100,00	(PE)
(total)	3.913.250,00	3.545.100,00	(total)
(SF)	**368.250,00**		

4.2.6 Demonstração dos fluxos de caixa – DFC (anexo 18 da Lei nº 4.320/1964 e Parte V do MCASP/STN)

4.2.6.1 Preceitos

A DFC, estruturada na Parte V do MCASP (STN, 2018), fundamentada a partir da NBC TSP 12 (CFC, 2018), é obrigatória para todos os órgãos e as entidades abrangidos no campo de aplicação da CASP a partir do exercício de 2015 (Portaria STN nº 733/2014).

A NBC TSP 12, convergida da IPSAS 2 (IFAC, 2010), expõe que as informações da DFC podem proporcionar os benefícios a seguir descritos.

- É útil ao auxílio dos usuários para prever:
  a) futuras necessidades de caixa da entidade;
  b) sua habilidade de gerar fluxos de caixa no futuro; e
  c) financiar alterações no escopo e natureza de suas atividades.

- Proporciona meios pelos quais a administração de uma entidade pode demonstrar o cumprimento dos requisitos exigidos pelo processo de *accountability* referentes às entradas e às saídas de caixa ocorridas durante o exercício financeiro analisado.
- Quando utilizada em conjunto com as demais demonstrações contábeis, disponibiliza informações que habilitam os usuários a avaliar as variações ocorridas nos ativos líquidos/patrimônio líquido de uma entidade, sua estrutura financeira (inclusive sua liquidez e solvência) e sua capacidade para alterar os valores e prazos dos fluxos de caixa, a fim de adaptá-los às mudanças nas circunstâncias e oportunidades.
- Melhora a comparabilidade dos relatórios de desempenho operacional de diferentes entidades, porque elimina os efeitos decorrentes do uso de diferentes tratamentos contábeis para as mesmas transações e eventos.
- Informações históricas dos fluxos de caixa são frequentemente usadas como elementos que irão compor indicadores do valor, da periodicidade (prazos) e do grau de certeza dos fluxos de caixa futuros. Também são úteis para verificar a exatidão das avaliações feitas, no passado, dos fluxos de caixa futuros.

De acordo com o MCASP(STN/2018), a DFC identificará:

a) As fontes de geração dos fluxos de entrada de caixa.

b) Os itens de consumo de caixa durante o período das demonstrações contábeis.

c) O saldo do caixa na data das demonstrações contábeis.

O objetivo central da DFC é apresentar informações relevantes inerentes aos ingressos (recebimentos) e dispêndios (pagamentos), em recursos financeiros (caixa e equivalente de caixa), geridos pelos órgãos e entidades do setor público, em um determinado período, possibilitando aos usuários analisar, em conjunto com as demais demonstrações contábeis, sua capacidade de geração e consumo de caixa e equivalentes.

4.2.6.2 Estrutura da DFC (no anexo 18 da Lei nº 4.320/1964)

De acordo com o MCASP/STN (Parte V), a DFC deve ser elaborada pelo método direto e deve evidenciar as alterações de caixa e equivalentes de caixa verificadas no exercício de referência, classificadas nos seguintes fluxos, de acordo com as atividades da entidade:

a) Operacionais.

b) De investimento.

c) De financiamento.

A DFC, segundo o MCASP, deve apresentar:

a) Quadro principal.

b) Quadro de transferências recebidas e concedidas.

c) Quadro de desembolsos de pessoal e demais despesas por função.

d) Quadro de juros e encargos da dívida.

Sobre a estrutura da DFC, seguem os Quadros 4.11 a 4.14.

Cap. 4 • Demonstrações contábeis aplicadas ao setor público (DCASP) | 183

Quadro 4.11 Estrutura da DFC – quadro principal

<Ente da Federação>		
DEMONSTRAÇÃO DOS FLUXOS DE CAIXA		
		Exercício: _____
	Exercício atual	Exercício anterior
FLUXOS DE CAIXA DAS ATIVIDADES DAS OPERAÇÕES		
Ingressos (I)		
Receita tributária		
Receita de contribuições		
Receita patrimonial		
Receita agropecuária		
Receita industrial		
Receita de serviços		
Remuneração das disponibilidades		
Outras receitas derivadas e originárias		
Transferências recebidas		
Desembolsos (II)		
Pessoal e demais despesas		
Juros e encargos da dívida		
Transferências concedidas		
Outros desembolsos operacionais		
Fluxo de caixa líquido das atividades das operações (III) = (I) – (II)		
FLUXOS DE CAIXA DAS ATIVIDADES DE INVESTIMENTO		
Ingressos (IV)		
Alienação de bens		
Amortização de empréstimos e financiamentos concedidos		
Outros ingressos de investimentos		
Desembolsos (V)		
Aquisição de ativo não circulante		
Concessão de empréstimos e financiamentos		
Outros desembolsos de investimentos		
Fluxo de caixa líquido das atividades de investimentos (VI) = (IV) – (V)		

continua

continuação

<Ente da Federação>		
DEMONSTRAÇÃO DOS FLUXOS DE CAIXA		
		Exercício: _____
	Exercício atual	Exercício anterior
FLUXOS DE CAIXA DAS ATIVIDADES DE FINANCIAMENTO		
Ingressos (VII)		
Operações de crédito		
Integralização do capital social de empresas dependentes		
Desembolsos (VIII)		
Amortização/Refinanciamento de dívida		
Outros desembolsos de financiamentos		
Fluxo de caixa líquido das atividades de financiamento (IX) = (VII) – (VIII)		
Geração líquida de caixa e equivalente de caixa (X) = (III) + (VI) + (IX)		
Caixa e equivalente de caixa inicial		
Caixa e equivalente de caixa final		

Quadro 4.12 Estrutura da DFC – transferências recebidas e concedidas

<Ente da Federação>		
Transferências recebidas e concedidas		
		Exercício: _____
	Exercício atual	Exercício anterior
Transferências correntes recebidas		
Intergovernamentais		
da União		
dos Estados		
dos Municípios		
Intragovernamentais		

continua

continuação

<Ente da Federação>		
Transferências recebidas e concedidas		
		Exercício: _____
	Exercício atual	**Exercício anterior**
Outras transferências correntes		
Total das transferências correntes recebidas		
Transferências concedidas		
Intergovernamentais		
da União		
dos Estados		
dos Municípios		
Intragovernamentais		
Outras transferências concedidas		
Total das transferências concedidas		

Quadro 4.13 Estrutura da DFC – desembolso de pessoal e demais despesas por função

<Ente da Federação>		
DESEMBOLSO DE PESSOAL E DEMAIS DESPESAS POR FUNÇÃO		
		Exercício: _____
	Exercício atual	**Exercício anterior**
Legislativa		
Judiciária		
Essencial à Justiça		
Administração		
Defesa Nacional		
Segurança Pública		
(....)		
Total dos desembolsos de pessoal e demais despesas por função		

Quadro 4.14 Estrutura da DFC – juros e encargos da dívida

\<ENTE DA FEDERAÇÃO\>		
JUROS E ENCARGOS DA DÍVIDA		
		Exercício: _____
	Exercício atual	Exercício anterior
Juros e correção monetária da dívida interna		
Juros e correção monetária da dívida externa		
Outros encargos da dívida		
Total dos juros e encargos da dívida		

4.2.6.3 Orientações para preenchimento da DFC e respectivos quadros, segundo MCASP/ STN (Parte V)

A filosofia da DFC é demonstrar os ingressos e desembolsos de numerários de forma a espelhar o que realmente acontece nas disponibilidades da entidade, especificamente a movimentação da conta do ativo circulante "**caixa e equivalente de caixa**", seja orçamentária e/ ou não orçamentária.

Assim, o modelo de elaboração da DCF diferencia-se do balanço financeiro, porque a primeira trata do fluxo da conta "**caixa e equivalente de caixa**", sob a perspectiva das atividades operacionais, dos investimentos e dos financiamentos da entidade pública, enquanto o BF apresenta a dinâmica do fluxo de caixa a partir da movimentação das contas "**caixa e equivalente de caixa**" e "**depósitos restituíveis**". Esta última trata do controle das disponibilidades extraorçamentárias (depósitos de terceiro, consignações etc.), sob a posse e a responsabilidade da entidade pública.

Os dados para preenchimento da DFC são obtidos a partir de contas das receitas orçamentárias realizadas e despesas orçamentárias pagar (PCASP, Classe 6), conjugadas com as contas de controles de destinações de recursos por fontes de recursos (PCASP, Classe 8), ordinárias e vinculadas (veja estudo do PCASP no Capítulo 3 desta obra).

Para o levantamento da DFC, faz-se necessário apresentar as seguintes definições:

a) Quadro principal

a.1) Fluxo de caixa das atividades operacionais

Ingressos das operações: compreendem as receitas relativas às atividades operacionais líquidas das respectivas deduções e as transferências correntes recebidas.

Desembolsos das operações: compreendem as despesas relativas às atividades operacionais, demonstrando-se os desembolsos de pessoal, os juros e encargos sobre a dívida, as transferências concedidas e demais desembolsos das operações.

a.2) Fluxo de caixa das atividades de investimento

Ingressos de investimento: compreendem as receitas referentes à alienação de ativos não circulantes e de amortização de empréstimos e financiamentos concedidos.

Cap. 4 • Demonstrações contábeis aplicadas ao setor público (DCASP) | **187**

Desembolsos de investimento: compreendem as despesas referentes à aquisição de ativos não circulantes e as concessões de empréstimos e financiamentos.

a.3) Fluxo de caixa das atividades de financiamento

Ingressos de financiamento: compreendem as obtenções de empréstimos, financiamentos e demais operações de crédito, inclusive o refinanciamento da dívida. Compreendem também a integralização do capital social de empresas dependentes.

Desembolsos de financiamento: compreendem as despesas com amortização e refinanciamento da dívida.

a.4) Caixa e equivalentes de caixa

Compreende o numerário em espécie e os depósitos bancários disponíveis, além das aplicações financeiras de curto prazo, de alta liquidez, que são prontamente conversíveis em um montante conhecido de caixa e que estão sujeitas a um insignificante risco de mudança de valor. Inclui, também, a receita orçamentária arrecadada que se encontra em poder da rede bancária em fase de recolhimento.

b) **Quadro das transferências recebidas e concedidas**

Transferências intergovernamentais: compreendem as transferências de recursos entre entes da Federação distintos.

Transferências intragovernamentais: compreendem as transferências de recursos no âmbito de um mesmo ente da Federação.

Exercício resolvido – DFC

A prefeitura de Taboquinha apresentou a DFC, referente ao exercício de 20x1, como segue:

PREFEITURA MUNICIPAL DE TABOQUINHA		
DEMONSTRAÇÃO DOS FLUXOS DE CAIXA		
		Exercício: 20x1
	Exercício 20x1	Exercício 20x0
FLUXOS DE CAIXA DAS ATIVIDADES DAS OPERAÇÕES		
Ingressos (I)	3.398.500,00	2.950.000,00
Receita tributária	1.050.000,00	590.000,00
Receita de contribuições	–	
Receita patrimonial		
Receita agropecuária		
Receita industrial		
Receita de serviços		
Remuneração das disponibilidades		
Outras receitas derivadas e originárias		
Transferências recebidas	2.348.500,00	2.360.000,00
Fundo de participação dos municípios	2.320.000,00	2.360.000,00
Convênios	28.500,00	–

continua

188 | Contabilidade aplicada ao setor público ● *Bezerra Filho*

continuação

PREFEITURA MUNICIPAL DE TABOQUINHA		
DEMONSTRAÇÃO DOS FLUXOS DE CAIXA		
		Exercício: 20x1
	Exercício 20x1	Exercício 20x0
FLUXOS DE CAIXA DAS ATIVIDADES DAS OPERAÇÕES		
Desembolsos (II)	3.332.250,00	2.870.800,00
Pessoal e demais despesas	3.122.250,00	2.680.800,00
Despesa com pessoal	2.200.000,00	2.000.000,00
Material de consumo	350.000,00	250.000,00
Serviços (exercício atual)	520.000,00	345.800,00
Serviços (exercício anterior)	52.250,00	85.000,00
Juros e encargos da dívida	–	–
Transferências concedidas	210.000,00	190.000,00
Duodécimo à câmara	210.000,00	190.000,00
Outros desembolsos operacionais	–	
Fluxo de caixa líquido das atividades das operações (III) = (I) – (II)	66.250,00	79.200,00
FLUXOS DE CAIXA DAS ATIVIDADES DE INVESTIMENTO		
Ingressos (IV)	11.400,00	7.800,00
Alienação de bens	11.400,00	7.800,00
Amortização de empréstimos e financiamentos concedidos		
Outros ingressos de investimentos		
Desembolsos (V)	100.000,00	–
Aquisição de ativo não circulante	100.000,00	–
Concessão de empréstimos e financiamentos		
Outros desembolsos de investimentos		
Fluxo de caixa líquido das atividades de investimentos (VI) = (IV) – (V)	(88.600,00)	7.800,00
FLUXOS DE CAIXA DAS ATIVIDADES DE FINANCIAMENTO		
Ingressos (VII)	100.000,00	–
Operações de crédito	100.000,00	–
Integralização do capital social de empresas dependentes		
Desembolsos (VIII)	–	–

continua

continuação

PREFEITURA MUNICIPAL DE TABOQUINHA		
DEMONSTRAÇÃO DOS FLUXOS DE CAIXA		
		Exercício: 20x1
	Exercício 20x1	Exercício 20x0
FLUXOS DE CAIXA DAS ATIVIDADES DAS OPERAÇÕES		
Amortização/Refinanciamento de dívida	–	
Outros desembolsos de financiamentos		
Fluxo de caixa líquido das atividades de financiamento (IX) = (VII) – (VIII)	100.000,00	–
Geração líquida de caixa e equivalente de caixa (X) = (III) + (VI) + (IX)	77.650,00	87.000,00
Caixa e equivalente de caixa inicial	180.500,00	93.500,00
Caixa e equivalente de caixa final	258.150,00	180.500,00

Pede-se (questões com respectivas respostas):

1) **Indique as parcelas, em percentuais, do fluxo de caixa das atividades operacionais, quando superavitário, utilizadas para lastrear déficits de fluxos de caixas de investimentos e financiamentos (se foi o caso).**

Aplicando-se ao exemplo, tem-se:

Fluxos de caixa	Em 20x1
Fluxo de caixa líquido das atividades operacionais (I)	66.250,00
Fluxo de caixa líquido das atividades de investimentos (II)	(88.600,00)
Fluxo de caixa líquido das atividades de financiamento (III)	100.000,00
Geração líquida de caixa e equivalente de caixa (I + II + III)	77.650,00

Indica que a parcela do fluxo de caixa líquido das atividades de investimentos, negativa de $ 88.600,00, foi paga, parte com superávit do fluxo de caixa líquido das atividades operacionais (cerca de 75%), e parte com o superávit do fluxo de caixa líquido dos financiamentos.

2) **Descreva as principais diferenças da demonstração da DFC e do balanço financeiro.**

Seguem as principais diferenças:

- O BF evidencia os fluxos das disponibilidades que transitam nas contas "caixa e equivalente de caixa" (normalmente orçamentárias) e "depósitos restituíveis", (normalmente extraorçamentárias). A DFC evidencia os fluxos das disponibilidades que transitam, apenas, pela conta "caixa e equivalente de caixa".

- O BF segrega os fluxos de caixa em orçamentários, transferências financeiras e extraorçamentários. A DFC segrega os fluxos de caixa em atividades das operações, investimentos e financiamentos.

- No BF, há ajuste a fazer, mediante a inclusão dos restos a pagar inscritos no exercício, no lado dos recebimentos extraorçamentários, para compensar sua inclusão na despesa orçamentária (são incluídas pelo empenho e não pelo pagamento). Na DFC não há esse tipo de ajuste, e os valores são informados pelos efetivos ingressos e desembolsos.

- Por fim, na DFC é possível observar se houve algum fluxo líquido de caixa (operações, investimentos e financiamentos) utilizado como fonte de recurso para financiar despesa do outro, nas limitações da lei (visão gerencial). No BF não é possível, pois a estrutura é só orçamentária e extraorçamentária (visão limitada).

4.3 NOTAS EXPLICATIVAS ÀS DEMONSTRAÇÕES CONTÁBEIS (TEXTO DO MCASP/STN, PARTE V)

4.3.1 Definição

Notas explicativas são informações adicionais às apresentadas nos quadros das DCASP. São consideradas parte integrante das demonstrações. Seu objetivo é facilitar a compreensão das demonstrações contábeis a seus diversos usuários. Portanto, devem ser claras, sintéticas e objetivas.

Englobam informações de qualquer natureza exigidas pela lei, pelas normas contábeis e outras informações relevantes não suficientemente evidenciadas ou que não constam nas demonstrações.

4.3.2 Estrutura

As notas explicativas devem ser apresentadas de forma sistemática. Cada quadro ou item a que uma nota explicativa se aplique deverá ter referência cruzada com a respectiva nota explicativa.

A fim de facilitar a compreensão e a comparação das DCASP com as de outras entidades, sugere-se que as notas explicativas sejam apresentadas na seguinte ordem:

a) Informações gerais:
   i. Natureza jurídica da entidade.
   ii. Domicílio da entidade.
   iii. Natureza das operações e principais atividades da entidade.
   iv. Declaração de conformidade com a legislação e com as normas de contabilidade aplicáveis.
b) Resumo das políticas contábeis significativas, por exemplo:
   i. Bases de mensuração utilizadas. Por exemplo: custo histórico, valor realizável líquido, valor justo.
   ii. Valor recuperável.
   iii. Novas normas e políticas contábeis alteradas.
   iv. Julgamentos pela aplicação das políticas contábeis.
c) Informações de suporte e detalhamento de itens apresentados nas demonstrações contábeis pela ordem em que cada demonstração e cada rubrica sejam apresentadas.
d) Outras informações relevantes, como, por exemplo:
   i. Passivos contingentes e compromissos contratuais não reconhecidos.

Cap. 4 • Demonstrações contábeis aplicadas ao setor público (DCASP) | **191**

ii. Divulgações não financeiras, tais como: os objetivos e as políticas de gestão do risco financeiro da entidade; pressupostos das estimativas.

iii. Reconhecimento de inconformidades que possam afetar a compreensão do usuário sobre o desempenho e o direcionamento das operações da entidade no futuro.

iv. Ajustes decorrentes de omissões e erros de registro.

4.3.3   Divulgação de políticas contábeis

Políticas contábeis são princípios, bases, convenções, regras e procedimentos específicos aplicados pela entidade na elaboração e na apresentação de demonstrações contábeis.

Ao decidir se determinada política contábil específica será ou não evidenciada, a administração deve considerar se sua evidenciação proporcionará aos usuários melhor compreensão da forma como as transações, as condições e outros eventos estão refletidos no resultado e na posição patrimonial relatados.

4.3.4   Bases de mensuração

Quando mais de uma base de mensuração é utilizada nas demonstrações contábeis, por exemplo, quando determinadas classes de ativos são reavaliadas, é suficiente divulgar uma indicação das categorias de ativos e de passivos a qual cada base de mensuração foi aplicada.

Um caso especial são os ativos obtidos a título gratuito, que devem ser registrados pelo valor justo na data de sua aquisição, sendo que deverá ser considerado o valor resultante da avaliação obtida com base em procedimento técnico ou o valor patrimonial definido nos termos da doação. A eventual impossibilidade de sua valoração também deve ser evidenciada em notas explicativas.

4.3.5   Alteração de políticas contábeis

A entidade deve alterar uma política contábil e divulgá-la em nota explicativa apenas se a mudança:

a) for exigida pelas normas de contabilidade aplicáveis; ou

b) resultar em informação confiável e mais relevante sobre os efeitos das transações, outros eventos ou condições acerca da posição patrimonial, do resultado patrimonial ou dos fluxos de caixa da entidade.

1.3.6   Julgamentos pela aplicação das políticas contábeis

Os julgamentos exercidos pela aplicação das políticas contábeis que afetem significativamente os montantes reconhecidos nas demonstrações contábeis devem ser divulgados em notas explicativas; por exemplo:

a) Classificação de ativos.

b) Constituição de provisões.

c) Reconhecimento de variações patrimoniais.

d) Transferência de riscos e benefícios significativos sobre a propriedade de ativos para outras entidades.

4.3.7 Divulgação de estimativas

As notas explicativas devem divulgar os pressupostos das estimativas dos riscos significativos que podem vir a causar um ajuste material nos valores contábeis dos ativos e dos passivos ao longo dos próximos 12 meses. Devem ser detalhados a natureza e o valor contábil desses ativos e passivos na data das demonstrações.

O uso de estimativas adequadas é parte da ciência contábil e não reduz a confiabilidade das demonstrações contábeis.

Uma mudança de método de avaliação é uma mudança na política contábil e não uma mudança na estimativa contábil e deve ser evidenciada nas notas explicativas.

Se o montante não for evidenciado porque sua estimativa é impraticável, a entidade também deve evidenciar tal fato.

PROVINHA 4

1. Considere as informações a seguir, retiradas de um balanço orçamentário:

   Receitas realizadas
   Receita tributária: R$ 130.000,00
   Receita de contribuições: R$ 80.000,00
   Receita patrimonial: R$ 10.000,00
   Receita de transferência do FPM: 50.000,00
   Receita de alienação de bens imóveis: R$ 20.000,00
   Receita de operações de crédito: R$ 60.000,00

   Despesas empenhadas
   Pessoal e encargos sociais: R$ 150.000,00
   Juros e encargos da dívida: R$ 30.000,00
   Outras despesas correntes: R$ 130.000,00
   Amortização da dívida: R$ 70.000,00

   Despesas empenhadas e liquidadas
   Pessoal e encargos sociais: R$ 140.000,00
   Juros e encargos da dívida: R$ 25.000,00
   Outras despesas correntes: R$ 120.000,00
   Amortização da dívida: R$ 70.000,00

   Despesas pagas
   Pessoal e encargos sociais: R$ 135.000,00
   Juros e encargos da dívida: R$ 25.000,00
   Outras despesas correntes: R$ 100.000,00
   Amortização da dívida: R$ 60.000,00

Cap. 4 • Demonstrações contábeis aplicadas ao setor público (DCASP) | 193

Com base nessas informações, apure:

O resultado de execução orçamentária: _____

Os restos a pagar processados: _____

Os restos a pagar totais: _____

Enunciado das questões 2 a 5

Observe o balanço patrimonial elaborado de uma prefeitura, exercício de 20x1:

BALANÇO PATRIMONIAL
Exercício findo em 31/12/20x1 – Em milhares de R$

ATIVO			PASSIVO		
ESPECIFICAÇÃO	Exercício atual	Exercício anterior	ESPECIFICAÇÃO	Exercício atual	Exercício anterior
ATIVO CIRCULANTE	1.800	1.000	PASSIVO CIRCULANTE	1.300	1.100
Caixa e equivalente de caixa (F)	800	500	Obrigações trabalhistas (F)	300	200
Créditos a curto prazo (P)	700	350	Empréstimos a pagar (P)	500	500
Estoques (P)	300	150	Fornecedores a pagar (F)	400	200
			Valores de terceiros (F)	100	200
ATIVO NÃO CIRCULANTE	1.250	1.000	PASSIVO NÃO CIRCULANTE	1.300	600
Realizável a longo prazo	500	400	Empréstimos a pagar	750	350
Imobilizado	500	390	Fornecedores a pagar	250	150
Bens móveis	300	150	Provisões	300	100
Bens imóveis	300	300			
(–) Depreciação acumulada	(100)	(60)	TOTAL DO PASSIVO	2.600	1.700
Intangível	250	210	PATRIMÔNIO LÍQUIDO		
Softwares	150	110	Patrimônio social	100	100
Direito de uso de imóveis	100	100	Resultados acumulados	350	200
			TOTAL DO PATRIMÔNIO LÍQUIDO	450	300
TOTAL DO ATIVO	3.050	2.000	TOTAL DO PASSIVO + PL	3.050	2.000

Analisando o balanço patrimonial encerrado em 20x1, calcule:

2. O resultado patrimonial do exercício de 20x1, considerando que não houve ajustes de exercícios anteriores: _____.

3. A variação do índice de liquidez imediata de um exercício para o outro. _____
_____.

4. O superávit ou o déficit financeiro em 31/12/20x1, considerando que houve inscrição de restos a pagar não processados no exercício no valor de $ 20 (liquidação não iniciada): _____
_____.

194 | Contabilidade aplicada ao setor público • *Bezerra Filho*

5. O resultado da execução orçamentária do exercício de x1 da prefeitura:

_____.

6. No balanço financeiro de um ente público, levantado de acordo com as normas previstas no *Manual de contabilidade aplicada ao setor público*, foram extraídas as seguintes informações, em R$:

Saldo em espécie para o exercício seguinte	300.000,00
Transferências financeiras concedidas	20.000,00
Recebimentos extraorçamentários	60.000,00
Pagamentos extraorçamentários	70.000,00
Transferências financeiras recebidas	90.000,00
Saldo em espécie do exercício anterior	270.000,00

Calcule:

O resultado financeiro do exercício: _____

A diferença entre as receitas e despesas orçamentárias, apresentadas no citado no balanço:

_____

Dado o balanço orçamentário que segue, responda às questões 7 a 11.

Quadro principal

PREFEITURA DOS FUCAPEANOS BALANÇO ORÇAMENTÁRIO – MODELO NOVO (ANEXO 12 DA LEI Nº 4.320/64)				
Exercício: 2016 Página:	Período (mês):		Data emissão:	
Receitas orçamentárias	Previsão inicial	Previsão atualizada (a)	Receitas realizadas (b)	Saldo
Receitas correntes	50.000,00	50.000,00	48.050,00	(1.950,00)
Receitas de capital	15.000,00	15.000,00	–	(15.000,000)
Subtotal das receitas (I)	65.000,00	65.000,00	48.050,00	(16.950,00)
Operações de crédito				
Refinanciamento (II)				
Subtotal com refinanciamento (III) = (I + II)	65.000,00	65.000,00	48.050,00	(16.950,00)
Déficit				
Total (V) = (III + IV)	65.000,00	65.000,00	48.050,00	(16.950,00)
Saldos de exercícios anteriores				
(Utilizados para créditos adicionais)				
Superávit financeiro	7.500,00			
Reabertura de créditos adicionais				

Cap. 4 • Demonstrações contábeis aplicadas ao setor público (DCASP) | 195

Despesas orçamentárias	Dotação inicial (d)	Dotação atualizada (e)	Despesas empenhadas (f)	Despesas liquidadas (g)	Despesas pagas (h)	Saldo da dotação (i) = (e - f)
Despesas correntes	55.000,00	62.500,00	33.240,00	33.240,00	33.240,00	29.260,00
Despesas de capital	10.000,00	10.000,00	800,00	800,00	800,00	9.200,00
Reserva de contingência						
Reserva do RPPS						
Subtotal das despesas (VI)	65.000,00	72.500,00	34.040,00	34.040,00	34.040,00	38.460,00
Subtotal com refinanciamento (VIII) = (VI + VII)	65.000,00	72.500,00	34.040,00	34.040,00	34.040,00	38.460,00
Superávit (IX)			14.010,00			
Total (X) = (VII + IX)	65.000,00	72.500,00	48.050,00	34.040,00	34.040,00	38.460,00

7. Calcule o resultado da execução orçamentária (REO): _____

8. Calcule o resultado da receita orçamentária (RRO): _____

9. Calcule os restos a pagar processados, inscritos do exercício: _____

10. Com base no que foi demonstrado no balanço orçamentário, analise se foi aberto crédito adicional no exercício. Se positivo, informe qual fonte de recurso foi utilizada para dar suporte ao crédito: _____

11. Calcule o quociente da despesa empenhada no exercício: _____

Para o livro impresso, as respostas estão disponíveis como material suplementar no ambiente virtual de aprendizagem do GEN (www.grupogen.com.br).

REFERÊNCIAS

BEZERRA FILHO, João Eudes. *Contabilidade pública*: teoria, técnica de elaboração de balanços e 500 questões. 3. ed. Rio de Janeiro: Campus, 2007.

BEZERRA FILHO, João Eudes. *Orçamento aplicado ao setor público*. 2. ed. São Paulo: Atlas, 2013.

BRASIL. *Constituição (1988)*: Constituição da República Federativa do Brasil: promulgada em 5 de outubro de 1988.

BRASIL. Câmara dos Deputados. (2016). *Projeto de Lei Complementar nº 295, de 21 de junho de 2016*. Recuperado em 4 abril, 2020. Disponível em: https://www.camara.leg.br/proposicoesWeb/fichadetramitacao?idProposicao=2088990. Acesso em: 11 jan. 2021.

BRASIL. *Decreto-lei nº 200, de 25 de fevereiro de 1967*. Dispõe sobre a organização da administração federal, estabelece diretrizes para a Reforma Administrativa e dá outras providências. Disponível em: http://www.planalto.gov.br/ccivil_03/decreto-lei/del0200.htm. Acesso em: 11 jan. 2021.

BRASIL. *Decreto nº 6.976, de 7 de outubro de 2009*. Dispõe sobre o Sistema de Contabilidade Federal e dá outras providências.

BRASIL. *Decreto nº 7.185, de 27 de maio de 2010*. Dispõe sobre o padrão mínimo de qualidade do sistema integrado de administração financeira e controle, no âmbito de cada ente da Federação, nos termos do art. 48, parágrafo único, inciso III, da Lei Complementar nº 101, de 4 de maio de 2000, e dá outras providências.

BRASIL. *Lei nº 4320/64, de 17 de março de 1964*. Estatui normas gerais de direito financeiro para elaboração e controle dos orçamentos e balanços da União, Estados, Municípios e do Distrito Federal. Disponível em: http://www.planalto.gov.br/ccivil_03/leis/L4320.htm. Acesso em: 11 jan. 2021.

BRASIL. Lei Complementar nº 101, de 4 de maio de 2000. Estabelece normas de finanças públicas voltadas para a responsabilidade na gestão fiscal e dá outras providências. *Diário Oficial da República Federativa do Brasil*, Brasília, de 5 maio 2000.

CONSELHO FEDERAL DE CONTABILIDADE; ATRICON; STN. Orientações Estratégicas para a Contabilidade Aplicada ao Setor Público no Brasil, 18º Congresso Brasileiro de Contabilidade. Gramado/RS, 24 ago. 2008.

CONSELHO FEDERAL DE CONTABILIDADE; ATRICON; STN. Orientações Estratégicas para a Contabilidade Aplicada ao Setor Público no Brasil, 18o Congresso Brasileiro de Contabilidade. Gramado/RS, 24 ago. 2008.

CONSELHO FEDERAL DE CONTABILIDADE; ATRICON; STN. *NBC TSP Estrutura conceitual*. Estrutura conceitual para a elaboração e divulgação de informação contábil de propósito geral pelas entidades do setor público. 2016. Disponível em: https://www2.cfc.org.br/sisweb/sre/detalhes_sre.aspx?Codigo=2016/NBCTSPEC&arquivo=NBCTSPEC.doc. Acesso em: 11 jan. 2021.

FRAGOSO, A. R. *et al. Normas brasileiras e internacionais de contabilidade aplicadas ao setor público e o desafio da convergência*: uma análise comparativa – International Federation of Accountants/IFAC. Normas Internacionais de Contabilidade Aplicadas ao Setor Público. USA, 2017. Disponível em: https://www.ifac.org/. Acesso em: 11 jan. 2021.

IUDÍCIBUS, Sérgio *et al. Manual de contabilidade societária*. São Paulo: Atlas, 2016.

LIMA, Severino Cesário de; DINIZ, Josedilton Alves. *Contabilidade pública*: análise financeira governamental. São Paulo: Atlas, 2016.

MARQUES, L. R.; BEZERRA FILHO, J. E.; CALDAS, O. V. Contabilidade e auditoria interna no setor público brasileiro: percepção dos contadores públicos frente à convergência para as IPSAS/IFAC. *Revista de Contabilidade e Organizações*, v. 14, p. e161973, 8 maio 2020.

REIS, Ernando Antônio dos. *Aspectos da depreciação de ativos sob a ótica da gestão econômica*. 1997. Dissertação (Mestrado). FEA-USP, São Paulo, 1997.

SECRETARIA DO TESOURO NACIONAL. *Manual de contabilidade aplicada ao setor público* (MCASP). 8. ed. Brasília. 2018. Disponível em: http://www.tesouro.fazenda.gov.br/documents/10180/695350/CPU_MCASP+8%C2%AA%20ed+-+publica%C3%A7%C3%A3o_com+capa_3vs_Errata1/6bb7de01-39b4-4e79-b909-6b7a8197afc9. Acesso em: 11 jan. 2021.

SECRETARIA DO TESOURO NACIONAL. *Manual de demonstrativos fiscais*: aplicado à União e aos Estados, Distrito Federal e Municípios. 10. ed., Exercício 2020. – Brasília. Disponível em: https://www.tesourotransparente.gov.br/publicacoes/manual-de-demonstrativos--fiscais-mdf/2020/26-2. Acesso em: 11 jan. 2021.

SECRETARIA DO TESOURO NACIONAL. *Portaria nº 386, de 13 de junho de 2019*. Aprova o Plano de Contas Aplicado ao Setor Público a ser adotado obrigatoriamente para o exercício financeiro de 2020 (PCASP 2020) e o PCASP Estendido, de adoção facultativa, válido para o exercício de 2020 (PCASP Estendido 2020). Disponível em: https://sisweb.tesouro.gov.br/apex/f?p=2501:9:::9:P9_ID_PUBLICACAO_ANEXO:8120. Acesso em: 11 jan. 2021.

ÍNDICE ALFABÉTICO

Accountability, 2

Amortização, 78

Aquisição separada, 83

Aspecto quantitativo do patrimônio, 39

Ativo

    circulante, 43

    classificação, 41

    conceito, 39

    contingente, 88

    financeiro, 41

    imobilizado – mensuração, 65

    imobilizado – reavaliação, 69

    intangível – mensuração, 82

    inter-relacionamentos das contas, 44

    mensuração, 63

    na visão da Lei nº 4.320/64

    não circulante, 43

    não financeiro, 41

    permanente, 41

Atributos "F" e "P", 43

Autoridade, 3

Balanço financeiro (BF)

    estrutura, 171

    orientações para preenchimento, 174

    preceitos, 170

Balanço orçamentário (BO)

    estrutura, 159

    orientações para preenchimento, 162

    preceitos, 159

Balanço patrimonial

    conceito, 131

    estrutura, 132, 133

    notas explicativas, 138

    preceitos, 132

Benefícios econômicos, 39

Bens

    de uso comum, 35

    de uso especial, 34

    dominiais, 35

    dominicais, 35

    imobilizado, 34

CAF – códigos de administração financeira, 10

CASP

    legislação, 7

    normas, 7

Códigos de administração financeira (CAF), 10

Comitê de convergência Brasil, 1

Conta

    ações, 48

    aplicações financeiras, 45

    banco, 45

    bens móveis e imóveis, 49

    caixa, 44

contábil no PCASP, 113

contábil, 100

créditos de curto prazo, 46

créditos de longo prazo, 47

de natureza da informação orçamentária, 103, 121

de natureza de informação e controle, 103

de natureza patrimonial, 103, 117

depósitos de terceiros a recolher, 52

despesas pagas antecipadamente, 47

encargos sociais a pagar de CP, 51, 53

estoques de curto prazo, 46

estoques de longo prazo, 48

fornecedor a pagar de CP, 51, 54

operação de crédito por antecipação da receita, 52

operações de crédito de LP, 55

operações de créditos ou financiamentos a pagar de CP, 54

pessoal a pagar de CP (empenhado), 50

pessoal a pagar de CP (sem empenho), 53

precatórios a pagar de LP, 55

softwares, 49

Contabilidade

accountability, 2

alcance, 3

aplicada ao setor público, 1, 2

campo de aplicação, 3

função social, 2

objetivos, 2

objeto, 2

processo de mudança, 1

pública brasileira – estrutura, 131

pública brasileira – processo de mudança, 13

Contas de compensação, 137

Controle

classe 7, 110

classe 8, 110

orçamentário, 107

patrimonial, 105

do recurso, 39

Créditos (direitos), 32

Custo

mensuração inicial, 66

DCASP, 114, 129

notas explicativas, 130

Déficit financeiro, 137

Demonstração

das mutações do patrimônio líquido (DMPL), 154

das variações patrimoniais (DVP), 146

dos fluxos de caixa (DFC), 181

Demonstrações contábeis

aplicadas ao setor público (DCASP), 129

consolidadas, 131

não consolidadas, 131

notas explicativas, 190

Depreciação, 72

método científico, 77

métodos, 74

quotas constantes, 75

somas dos dígitos dos anos, 75

tabelas, 73

unidades produzidas, 77

Despesas

correntes, 164

de capital, 164

empenhadas, 164

liquidadas, 164

pagas, 164

Desreconhecimento, 80

DFC

estrutura, 182

orientações para preenchimento, 186

preceitos, 181

Diário, 99

Disponibilidades, 32

Índice Alfabético | 201

Dívida
- externa, 38
- flutuante, 37
- interna, 38
- judicial, 38
- pública consolidada, 37
- pública fundada, 37
- pública imobiliária, 38

DMPL
- elaboração, 156
- estrutura, 154
- orientações para preenchimento, 155
- preceitos, 154

DVP
- conceito, 146
- elaboração, 146
- estrutura, 147
- notas explicativas, 150
- orientações para preenchimento, 148
- origem, 146

Escrituração
- conceito, 96
- *versus* registro, 96

Estoques, 33

Estrutura da contabilidade pública brasileira, 131

Exaustão, 78

Fatos contábeis – registro, 95

Função social da contabilidade, 2

Geração interna, 83

Hierarquia normativa, 3

IFAC, 2

Impairment, 79

Índice
- de liquidez corrente, 144
- de liquidez geral, 145
- de liquidez imediata, 144
- de liquidez seca, 144
- do endividamento, 144

Informação contábil – características qualitativas, 96

Intangíveis, 36

International Federation of Accountants (IFAC), 2

Investimentos permanentes, 33

Lançamentos
- contábeis, 98
- de controles de atos potenciais de ativos, 111
- orçamentários, 109

Lei Complementar nº 101/2000, 9

Lei Federal nº 4.320/64, 7

Livro
- diário, 99
- razão, 99

Livros obrigatórios para registro contábil, 99

Manual de contabilidade aplicada ao setor público (MCASP), 15

MCASP, 15

Mensuração
- após primeiro reconhecimento, 68
- de ativos, 63
- de ativos imobilizados, 65
- de passivos, 63
- inicial do custo, 66

Método das partidas dobradas, 97

Métodos de depreciação, 74

Modelo
- da reavaliação, 68
- do custo, 68

Movimentação de contas a partir do PCASP, 104

NBC TSP
- aplicadas ao setor público, 10
- edição, 10, 12
- publicadas, 14
- vigentes, 14

Notas explicativas
- bases de mensuração, 191

definição, 190
divulgação de estimativas, 191
divulgação de políticas contábeis, 191
estrutura, 190
Objetivos da contabilidade, 2
Objeto da contabilidade, 2
Obrigações (dívidas), 37
Partidas dobradas
método, 97
no patrimônio público, 98
no PCASP, 98
Passivo
circulante, 44
conceito, 40
contingente, 88
financeiro, 42
inter-relacionamentos das contas, 50
mensuração, 63
não circulante, 44
na visão da Lei nº 4.320/64
permanente, 42
Patrimônio
aspecto qualitativo, 31
aspecto quantitativo, 39
do setor público, 31
líquido – classificação, 56
líquido – na visão da Lei nº 4.320/64, 57
na visão da NBC TSP 11, 56
público – definição, 31
visão dinâmica, 58
PCASP, 95, 100
alcance, 102
da federação-sintético, 117
detalhamento da conta, 113
estrutura, 102
manutenção, 101
movimentação de contas, 104, 108
objetivos, 101
padronização, 101

Plano de contas, 100
aplicado ao setor público (PCASP), 95, 100
Princípios orçamentários, 5
Provisões, 85
Razão, 99
Reavaliação do ativo imobilizado, 69
Recurso, 39
Redução ao valor recuperável, 79
Regime
contábil, 4, 5
orçamentário, 5
patrimonial, 6
Registro
características qualitativas, 96
conceito, 96
contábil – livros obrigatórios, 99
versus escrituração, 96
Resultado patrimonial, 60
Setor público
contabilidade aplicada ao, 1
patrimônio, 31
plano de contas, 95, 100
Sistema contábil – integração com geradores de informações, 11
Superávit financeiro, 137
Tabelas de depreciação, 73
Valor
mercado, 64
residual, 73
Variações patrimoniais, 58
aumentativas (VPA), 59
diminutivas (VPD), 59
qualitativas, 61
quantitativas, 58
Vida útil econômica limitada, 72
VPA, 59
VPD – grupos de contas, 59, 149